河南省重点学科论丛

HENANSHENG ZHONGDIAN XUEKE LUNCONG

# 中国大学生思想政治理论课程观研究

吴扬 著

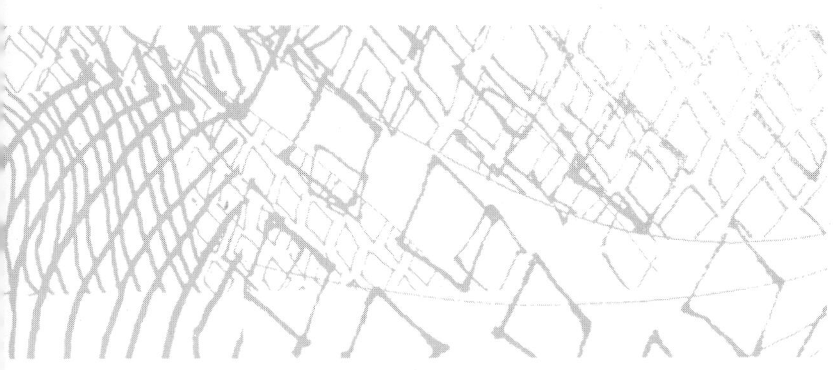

中国社会科学出版社

**图书在版编目（CIP）数据**

中国大学生思想政治理论课程观研究 / 吴扬著 . —北京：中国社会科学出版社，2016. 4
ISBN 978 - 7 - 5161 - 7552 - 1

Ⅰ. ①中…　Ⅱ. ①吴…　Ⅲ. ①大学生—思想政治教育—研究—中国　Ⅳ. ①G641

中国版本图书馆 CIP 数据核字(2016)第 018079 号

---

出 版 人　赵剑英
选题策划　罗　莉
责任编辑　刘　艳
责任校对　陈　晨
责任印制　戴　宽

---

出　　版　中国社会科学出版社
社　　址　北京鼓楼西大街甲 158 号
邮　　编　100720
网　　址　http://www. csspw. cn
发 行 部　010 - 84083685
门 市 部　010 - 84029450
经　　销　新华书店及其他书店

---

印刷装订　三河市君旺印务有限公司
版　　次　2016 年 4 月第 1 版
印　　次　2016 年 4 月第 1 次印刷

---

开　　本　710 × 1000　1/16
印　　张　20. 5
插　　页　2
字　　数　302 千字
定　　价　76. 00 元

---

凡购买中国社会科学出版社图书，如有质量问题请与本社营销中心联系调换
电话：010 - 84083683

# 追寻学科建设的教育理论与发展研究

## （代总序）

我国高等教育发展的重心正在由规模扩展向质量提升转变，以质量提升为核心的内涵式发展成为高等教育当前的发展诉求。学科是学术的土壤，是创新的源泉，是人才培养的基地，是人类在认识世界而形成知识的过程中把同类知识所进行的系统化的集合。提高教育教学质量需要充分发挥学科建设的引领作用。

教育学原理是研究教育学中的基本理论问题，探求教育的一般原理和规律。教育学的研究对象决定了教育学研究的任务主要有三：一是揭示教育的规律。即揭示教育内部诸因素之间、教育与外部诸事物之间的本质性联系，以及教育发展变化的必然趋势，阐明教育的各种规律。二是科学地解释教育问题。即对纷繁复杂的教育问题提供超越日常习俗认识和传统理论认识的新解释，促进教育知识的增长。三是沟通教育理论与实践。即通过对教育规律的揭示和教育问题的解释，为教育工作者提供理论和方法上的依据，进而成为沟通教育理论和教育实践的桥梁。教育基本理论是教育的概念、原理的体系，是对教育实践系统化了的理性认识。因此，教育学原理是教育学中的基础学科，为其他二级学科提供理论观点和思想方法，为研究各级各类教育提供理论基础。它为教育理论的发展和教育改革提供综合性的研究成果。

教育学原理学科是郑州师范学院的传统学科，也是学校的优势学科。2010 年，本学科被评为校级重点学科。通过几年的建设和发展，2012 年 10 月被评为河南省第八批重点学科。以王北生教授为学科带头人的本学科研究团队，立足中原经济区建设，面对国内经济社会发展和世界性文化转型对教育理论和实践的挑战，借助于中原独具的区位优势，通过对教育基本理论前沿的透析，引领河南省基础教育改革和人才培养的方向；同时，教育学原理重点学科研究的长足发展，对于支撑师范教育专业课程体系改革，加强教师专业发展，针对教师教育专业技能培养具有重要作用。

基于此，学校确定的教育学原理学科点的建设目标：立足于教育在河南经济与社会发展中的基础作用和先导作用进行研究和探索，在教育基本理论、基础教育改革与发展、教师教育研究、特殊教育改革与发展研究学四个学科研究方向进行研究和实践，形成明显的优势和特色。

1. 教育基本理论研究

通过对教育基本理论前沿的透析，引领我省教育改革和人才培养的方向。该方向的特色是注重传统教育理论的实践反思，关注教育中基本问题的研究；注重基础教育理论与实践的研究；注重新课程改革中学习策略与研究性学习的研究；注重学校改革与发展的研究；注重儿童青少年健康人格塑造的研究；注重人的社会性发展研究。

2. 基础教育改革与发展研究

以教育为中原经济区建设服务、以和谐校园建设为切入点，以中小学、幼儿园教育的基本理论及专业技能培养在各级各类学校教育发展过程中所遇到的宏观、中观、微观问题为研究对象，以教育资源整体优化为研究路线，探讨影响基础教育发展的影响因素，提出发展的对策和改革路径。通过对全省基础教育理论的研究和探索，实现郑州市基础教育的整体提升，引领和示范河南的基础教育发展。

3. 教师教育研究

以基础教育新课程改革和教师教育课程标准为导向，立足于我国教师教育改革与发展实际，以教师培养与培训的现实问题为切入点，重点进行教师教育模式改革的研究与实践，主要研究领域涉及教师培养与培训模式的改革、教师教育课程改革、教师教育管理、教师专业发展、师范生教育技能研究等内容。

4. 特殊教育改革与发展研究

特殊教育是教育事业的重要组成部分，它的发展对于提升社会文明程度、减轻家庭和社会负担、提高特殊需要人群素质、提高教育水平以及促进社会公平等具有重要的意义。通过对特殊教育理论的研究和探索，形成我省特殊教育研究的高地，指导河南省特殊教育的改革与发展。本学科的特色是以培养特殊教育师资人才为主，兼顾康复人才和残疾人高级应用型人才培养为辅，开创教学、科研与社会服务为一体的办学模式。

在进行上述研究领域的基础上，借助教育学原理重点学科建设，在研究成果方面提出注重理论前沿、注重学科交叉、注重实践效果的基本要求。拟出版一批教育学原理学科领域的学术专著和规划教材，形成该重点学科建设的标志性科学研究成果。

首批出版的重点学科论著，是郑州师范学院近三年来本学科的博士，在其博士论文通过答辩后，经重点学科的各位专家学者提出修改意见后进一步完善的学术专著。其学术前瞻性主要体现在吸收了现代社会发展研究的新成果，部分研究成果表现出研究者敏锐的学术洞察力，其教育实践与前沿研究成果结合的方法为学习者提供了探索新问题的路径。其中有对教育投资理论问题的分析；有对教育学学科的建设性探索；有对课程与教学理论问题的挖掘；有对古代教育思想的研究反思；还有对特殊教育师资资质标准的研究等。他们不仅关注教育学基本资料的建设和积累，强调教育实践之于教育理论的重要意义，重视教育理论之于教育实践的服务功能与教育理论审视教育实践的本质使命，而且还积极参与教育学术规范的建立，努力拓展教育学学科的研究视域。

根据重点学科的研究进程和各方向专家学者的研究成果，重点学科论丛还将陆续出版一批新的论著，如教育与人的发展的研究、师范生实践技能标准研究、教师职业化研究等。同时出版与本学科所属专业的规划教材。

理论是行动的先导，科学的理论是正确行动的指南。教育思想、教育理论、教育观念在教育发展中具有先导作用。一所大学如果没有一定的教育科学研究，就不可能是一所合格的大学。我们期望教育学原理重点学科建设，能够实现区域基础教育的整体提升，引领和示范河南的基础教育发展，形成相对完善的教师教育体系，支撑师范教育专业课程体系改革，加强教师专业发展，提升教师教育专业技能培养。殷切希望有更多的教师参与教育理论与实践的研究，产生一批有一定研究水平的成果。能够有效地引导河南省基础教育进一步深化教育教学改革，优化教育结构，整体提升教学质量和办学水平。

在此，我们真诚地将从事教育学理论研究和实践探索的部分教师的研究成果呈现给大家，恳请得到各位专家同仁的批评与指正。

**郑州师范学院重点学科论丛编辑委员会**

2014 年 10 月 26 日

# 目　　录

## 第一部分　绪论



## 第二部分　研究的背景

## 第三部分　研究的方法与设计



## 第四部分　研究的过程与发现

## 第五部分　结论与讨论

# 第一部分　绪论

# 第一章

# 研究的缘起

## 第一节　高校思想政治理论课程的改革

在世界各国现代化的历史进程中，国家政治经济的变革必然会导致其社会关系、意识形态的改变。从我国的历史发展来看，作为社会主义事业建设者和接班人的大学生的思想政治教育一向是国家关注的重点。

自 1949 年新中国成立之始，国家就一直在探索高校思想政治理论课程的有效模式，包括课程的目标要求、内容范畴、实施方式、评价标准，等等。在新中国成立初期以及 20 世纪 50 年代，高校思想政治理论课程的宗旨是以马列主义、毛泽东思想的“理论学习”来肃清和批判各种封建、资产阶级和法西斯主义思想并“逐步建立革命的人生观”①。这一阶段的高校思想政治理论课程强调以理论学习来对大学生进行思想改造为直接目的，并非使学生在掌握马列主义理论观点和方法的基础上形成观察事

---

① 《钱俊瑞在第一次全国教育工作会议上的总结报告要点》（《高等教育文献法令汇编》1949 年—1952 年节录），载教育部社会科学司《普通高校思想政治教育课程文献选编》（1949—2008），中国人民大学出版社 2008 年版，第 4 页。

物、解决问题的能力；学生的政治倾向表现也取代道德表现[①]成为学习评价的标准。以课程的共同要素为视角来检视这一阶段的高校政治课，可以发现其课程目标的性质、地位不明，课程评价偏颇，以致这一课程的功能混乱、效果不良。后至“文化大革命”期间，由于受“‘四人帮’利用来作为他们篡党夺权服务的工具”，导致这一课程“名存实亡”[②]。

“文化大革命”后恢复的高校思想政治理论课程进入了一段过渡性的“两课”（“马克思主义理论课”和“思想品德课”）阶段。这一阶段的课程目标在于系统地对学生进行马克思主义三个组成部分基本理论的教育，武装学生的头脑，转变学生的思想，培养又红又专的人才[③]，强调课程理论内容的学习，以学业考试和能力考查来评价学习效果。但由于“文化大革命”期间使人们形成的“政治课里没有真理，没有科学”[④]的观念还存在，学生们对理论学习并不重视。为了肃清学生对政治理论课的

① 《关于高等学校的政治思想教育工作——刘子载副部长在高等工业学校、综合大学校院长座谈会上的发言》（《高等教育文献法令汇编》第三辑），载教育部社会科学司《普通高校思想政治教育课程文献选编》（1949—2008），中国人民大学出版社2008年版，第20页。

② 《高等学校的政治理论课的基本情况和存在问题》（教育部政治理论教育司1979年5月20日），载教育部社会科学司《普通高校思想政治教育课程文献选编》（1949—2008），中国人民大学出版社2008年版，第76页。

③ 《教育部办公厅关于加强高等学校马列主义理论教育的意见》（全国教育工作会议征求意见稿1978年4月），载教育部社会科学司《普通高校思想政治教育课程文献选编》（1949—2008），中国人民大学出版社2008年版，第70—71页。

④ 《高等学校的政治理论课的基本情况和存在问题》（教育部政治理论教育司1979年5月20日），载教育部社会科学司《普通高校思想政治教育课程文献选编》（1949—2008），中国人民大学出版社2008年版，第76页。

这种恶劣印象，在这一时期的课程与教材内容更偏向党性教育。因此，以课程本身的属性对此阶段的课程进行检视，可以发现无论是在课程的本质、地位还是目标、内容和实施方法中都还带有50年代的印迹，与开放改革的现代化建设要求有一定的距离。如何建设大学政治课程，成为当时一项紧迫而重要的工作。

从1985年起，高校思想政治理论课经历了"85方案"、"98方案"、"05方案"三个阶段，课程体系不断完善。面对世界多极化和全球化的新形势，当前我国大学思想政治理论课程的性质定位于以马列主义、毛泽东思想、邓小平理论和三个代表重要思想为指导，系统地进行马克思主义教育和思想政治教育①；运用贴近学生实际、符合教学规律和学生学习特点的教学方法②；进行马克思主义的世界观和方法论、马克思主义中国化的理论成果、中国国史、国情、国策、社会主义道德和法制教育等内容的课程教学③；采取多种综合考核学生理论素养和道德品质的评价方法④；以实现帮助大学生树立正确的世界观、人生观、价值观，发展其成为中国特色社会主义事业建设者和接班人的课程目标。

---

① 《中共中央宣传部、教育部关于进一步加强和改进高等学校思想政治理论课的意见》(教社政〔2005〕5号)，载教育部社会科学司《普通高校思想政治教育课程文献选编》(1949—2008)，中国人民大学出版社2008年版，第213页。

② 同上书，第216页。

③ 《中共中央宣传部、教育部关于印发〈中共中央宣传部、教育部关于进一步加强和改进高等学校思想政治理论课的意见〉实施方案的通知》(教社政〔2005〕9号)，载教育部社会科学司《普通高校思想政治教育课程文献选编》(1949—2008)，中国人民大学出版社2008年版，第219页。

④ 《中共中央宣传部、教育部关于进一步加强和改进高等学校思想政治理论课的意见》(教社政〔2005〕5号)，载教育部社会科学司《普通高校思想政治教育课程文献选编》(1949—2008)，中国人民大学出版社2008年版，第216页。

从课程理论的角度来看，以上高校思想政治理论课的转变，应该说在新时期的这一课程较以前有本质的不同。首先，从课程文本来看，课程的定位明确了思想政治理论课与政治运动、政治工作的不同，强调知识理论的学习；课程的目标也由对个体思想的改造转而为顺应时代社会背景对学生个体发展的培养，在立场坚定的基础上强调学生对社会主义建设规律的把握和辨识能力；课程的内容更强调马克思主义理论体系在当代中国化的发展。并开始加强课程组织与实施过程中的资源、师资、教学以及学生的学习[①]。

尽管这不断更新的课程新方案日趋完善，但从当前学界、媒体、学生大众、教育部等各界对这门国家高度重视的课程的反映来看，褒贬不一，并不一致：不少学者认为高校思想政治理论课程的改革面临不少“问题”，处于“困境”之中[②]，他们从理论的角度阐述思想政治理论课程的内容虽有所精简但仍存在“空”、“大”的问题；具体实施过程中的教学方式枯燥单一，教学针对性、实效性不强；师资素质差异过大；评价考量的是学生的知识性记忆……与课程文本中各项内在要素的预定标准并不相符，存在不少偏差。据相关学者调查显示，大学生“讨厌这一课程是空洞说教、老生常谈、教育内容一个模式一个腔调的做法”[③]。也有媒体探访到教师对新一轮课程的教材反映不佳，认为这些教材“可用性不强，薄薄的一本小册子，显得‘干巴巴’

---

① 《教育部关于印发〈高等学校思想政治理论课建设标准（暂行）〉的通知》（教社科〔2011〕1号），2011年1月19日（http：//www.moe.gov.cn/publicfiles/business/htmlfiles/moe/s6342/201102/xxgk_114966.html）。

② 班秀萍：《公民教育：高校思想政治教育的突破口》，载《理论前沿》2008年第21期。

③ 郭忠孝：《新形势下提高大学生思想政治教育有效性的思考》，载《沈阳农业大学学报》2005年第7卷第2期。

的，主要是一些文件语言式的结论性概括”①。而教育部在全国200所高校所做的测评结果却给出一个相当乐观的景象：85%的大学生对政治课教学“满意”或“基本满意”，近91%的学生对教师感到“满意”或“基本满意”，北大学子表示《思想道德修养与法律基础》“一学期上下来，没有失望，老师很好，总是能带动我们思考。讨论课异常有活力，同学们很积极，争相发表自己的看法。课就这样上着，时间过得飞快，有惋惜，更多的是怀念”②。

面对此景，不由得引起笔者的思考：到底当前高校的思想政治理论课是怎么样的？从课程决策层次理论来看，处于最上层理论家所设想的课程与最下层学生经验的课程一定会有较大的落差③。正是看到不同群体对当前大学思想政治理论课的不同理解和诠释，激起了研究者对学生课程观的关注。因为课程就其本身来讲是为学生而设置的，无论这一课程是出于国家、社会、组织、教师、家长或其他哪一外部利益者的何种目的，都是要使学生通过对课程的学习达到一定的目标。而学生对课程的看法直接影响着学生的学习行为和效果，对“当前思想政治理论课程是什么”这一问题的回答，学生应该最有发言权。

---

① 《高校政治课调整并统一教材7门必修课减为4门》，载《中国青年报》2007年4月23日（http://edu.cyol.com/content/2007－04/23/content_1742232.htm）。

② 《教育部：近年高校思想政治理论课工作取得新进展》，中央政府门户网站，2008年7月10日（http://www.gov.cn/gzdt/2008－07/10/content_1040958.htm）。

③ Goodlad J. I., Klein M. F., Tye K. A., “The Domains of Curriculum and Their Study”, Goodlad J. I., *Curriculum inquiry: The study of curriculum practice*, New York: McGraw－Hill, 1979, pp. 43－76.

## 第二节　学生对课程的观念是课程落实的关键

从现代学习理论来看，学生对课程的基本看法会直接影响到学生的学习动机与学习方式，进而影响他们学习的结果，也即学生的学习和行为表现①。现象描述分析学认为，每一个个体都是通过自身的经验而形成对客观现象的本质理解即观念，每个人都有自己的观念世界，对他人来说，这个观念的世界也是客观世界的一个部分，可以通过研究经历客观现象的人的描述来了解人的"观念世界"，从而有助于更全面地了解客观世界②。学生对于课程最基本的、本质的看法和理解，即抽象于学生个体课程经验之上的观念，就是学生的课程观。这一观念能够直接影响到学生对课程价值的感知、学习目的的确定以及学习方法的选择，进而影响其学习的结果③。也就是说，学生对具体课程的观念会影响到他们对这门课的学习。因此，为了探索当前高校思想政治课程的改革效果，有必要从学生的角度入手来了解学生对这一课程的本质看法，以丰富对当前高校思想政治理论课程研究的认识。

有关课程观的研究，在课程哲学以及理论取向层面已有不少成果，而具体的与实践相连的实证研究起步较晚。20 世纪 60 年

① Lucas U., Meyer J. H. F., "'Towards a mapping of the student world': the identification of variation in students' conceptions of, and motivations to learn, introductory accounting", *The British Accounting Review*, Vol. 37, No. 2, 2005.

② Richardson J. T., "The concepts and methods of phenomenographic research", *Review of Educational Research*, Vol. 69, No. 1, 1999.

③ Meyer J. H. F., "An overview of the development and application of the Reflections on Learning Inventory (RoLI)", First RoLI Symposium, London: Imperial College, July 25, 2000.

代末，在概念重构思潮的影响下，课程研究由学科转向个人①。在西方，对教师课程观的研究始于20世纪70年代末80年代初，但是对课程最终落脚点学生的课程观研究却一直没有重视。在我国，有关教师课程观的研究从90年代后期传入，并在当前有了一定的理论和实践研究成果，虽然研究者们也一直标榜“学生中心”、倡导“主体性教育”、“以人为本”等，但对于具体学生课程观的研究可以说还尚未起步。

从现今已有的对学生课程观的研究发展来看，自20世纪60年代末期起，研究者们就对教育民族志、人种志研究中不同文化背景的学生所呈现出的课程界定感到惊叹，这些界定明显呈现出与其社会文化背景密切相关的“务实”和“指向未来”② 的取向特征。到了80年代，随着学者们对课程决策层次的探究，开始认为课程最终的落实是在学生身上，并将学生的课程观指向学生的学习。在量化研究的传统影响下，对于学生课程观的研究开始由单纯的质性转向使用封闭式问卷来调查学生的课程态度、满意度等的量化研究，并进一步关注学生的课程观与其学习动机、学习结果等的关系。直到90年代中后期，研究者们在长期研究中发现，采用封闭式的调查研究只能简单地获得学生在某种程度上的反应，并不能很好地表达学生的真实想法和发现其中的意义③，于是融合质的与量的更为开放式的研究开始兴起。在传统等级量表、个体访谈的基础上，小组群体访谈、开放式问卷、画图分析等方法开始在探究学生观念的研究中运用。不少研究发

---

① 张华：《经验课程论》，上海教育出版社2001年版，第120—148页。

② 黄鸿文、汤仁燕：《学生如何诠释学校课程》，载《教育研究集刊》2005年第51卷第2期。

③ Haney W., Russell M., Bebell D., “Drawing on Education: Using Drawing to Document Schooling and Support Change”, *Harvard Educational Review*, Vol. 74, No. 3, 2004.

现，学生对于课程的观念、理解以及诠释对改进学校教育具有重要意义和启示[①]，并呈现出一些取向特征。学生数据不仅具有良好的信度与效度，而且还可以验证教师数据的质量，有利于促进课程变革走向成功[②]。如今，随着研究的不断深入，有部分学者也开始在已有研究的基础上尝试将课程观的理论取向与实践相结合[③]，以加深理论与实践的联系。因此，将课程理论中的取向分类运用于学生课程观的研究是可行而且亟待研究和开发的。

通过了解学生在实际的课程中对课程的感知以及思考，了解其真正学习到了什么，能够使我们除了得到好坏、需要或者不需要的答案之外，还能够得到更多有关学校以及课程运作实施的确定性的评价，这才应该是决定课程成效的关键[④]。正是基于课程领域对学生研究出现的由行为研究向思维研究转向的这一关注，本研究欲在前人研究的基础上，尝试在综合已有理论层面课程观取向维度以及实践研究的基础上，运用质量结合的方法来探查大学生对当前高校思想政治理论课的课程观，以期讨论当前我国高校思想政治理论课程实施与改革中的问题。

基于前面的讨论与回顾可以得出如下结论。

首先，学生的课程观是学生对其所学习课程最基本的看法，可以反映出这一课程本身以及课程实施中的问题，是进行课程研究与课程改革的重要信息来源。而且，学生的这一课程观会通过

---

① 黄鸿文、汤仁燕：《学生如何诠释学校课程》，载《教育研究集刊》2005 年第 51 卷第 2 期。

② 尹弘飚、李子健：《论学生参与课程实施及其研究》，载《课程·教材·教法》2005 年第 1 期。

③ 林伟伦：《离岛高中学生体育课程价值取向研究》，硕士学位论文，台湾师范大学，2009 年。

④ Goodlad J. I., Klein M. F., Tye K. A., "The Domains of Curriculum and Their Study", Goodlad J. I., *Curriculum inquiry: The study of curriculum practice*, New York: McGraw - Hill, 1979, pp. 43 - 76.

学生的学习直接影响其学习行为和结果表现，是课程方案落实和成效的关键。但是由于课程决策者对于课程内容以及形态的一贯掌控，处于弱势地位的学生没有得到充分的重视，对他们的课程观的研究一直处于一种零散状态。正如埃里克森所说，“学生在目前教育话语中的匮乏限制了教育者的洞察力”①，学生数据的缺失在一定程度上影响了课程研究的效度。因此，寻找、理解学生的视角，从学生的视角来探讨课程，是亟待研究者去探究的领域。面对当前我国高校思想政治理论课程改革建设的需求以及存在的问题，十分有必要探寻大学生对思想政治理论课程的观念。

鉴于此，本研究试图在高校思想政治理论课程改革的背景下，通过实证的方法从学习者的角度来探究大学生对思想政治理论课程的看法和认识，并提炼和归纳出有代表性的和有实质性区别的各种具体课程观，探讨影响这一观念形成的课程因素，以进一步反观当前我国高校思想政治理论课程改革中的问题。

因此，本研究包括两个大的问题。（1）大学生的思想政治理论课程观是什么？（2）当前大学生的思想政治理论课程观总体上是怎样的（现状如何）？其中第一个问题是本研究的核心。

本研究在理论和实践方面具有一定的意义和价值。

首先，尽管当前我国已有部分研究者开始关注到学生在课程参与中的观点的重要性，但是从国内外已有文献来看，关于此方面的实证研究并不多，国内更是罕见。现有的研究成果虽然指出了学生对课程的看法与理论、专家、教师等的差异性和重要性，但总体上还是停留在说理的层面，缺少适宜于研究学生观念的研究方法一直是限制此类研究发展的瓶颈。本研究将学生的观念纳入课程研究领域，一方面，可以丰富我们对课程的认知视角，提

① Erickson F., Shultz J., “Students' experience of the curriculum”, Jackson P. W., *Handbook of research on curriculum: A project of the American Educational Research Association*, New York: Macmillan, 1992, p. 482.

高课程理论的丰度；另一方面，有助于推进对学生的研究由行为向思维的转向。

其次，在已有的学生观念研究中，课程观的哲学以及理论的观点并没有很好地运用到学生的课程观念研究中来，以致理论的探讨未能发挥其应有的实践导向作用。本书从文献的梳理和在实践的修正中建立的学生课程观的框架维度可以为后人的研究提供一定参考。

最后，在当前我国高度重视大学生思想政治理论课程建设的时代背景下，虽然不少学者从各方面对此课程进行反思并给出建议，但鲜有人从课程和学习理论的视域出发，从探究学生观念的角度来研究这一课程中的问题。本书对当前大学生思想政治理论课程观的深入分析，有助于我们更真实地了解当前大学生对这一课程的理解和看法，以探讨当前大学生对这一课程的观念形成原因以及转变机制。这既可以丰富当前我国高校思想政治理论课程的理论和实践研究，也可以为我国高校思想政治理论课程的改革提供一定的思路借鉴和参考。

# 第二部分　研究的背景

课程观，是指在一定社会文化传承影响下，个体在对某一具体课程本质属性（包括课程目标、课程内容、课程教学、课程评价等课程共同要素）把握的基础上形成的对这一课程本质的认识。而这一认识又具体表现出课程共同要素对个体需求的满足程度，呈现出一定的取向或类型。就本书所探讨的主要问题“大学生的思想政治理论课程观及其现状”来看，如何去了解人的课程观？可以从哪些维度着手？学生的课程观主要包括哪些维度？学生的课程观如何影响学生的学习？大学思想政治理论课是一种什么性质的课程？是否存在有学生对这一课程看法的相关研究？等等，是展开本研究首先需要解决的问题。因此，在研究背景的阐释部分，首先从课程观的内涵入手来对体现课程观的课程共同要素进行界定，并将影响个体课程观形成的文化背景以及已有课程观的理论取向进行梳理，从而从理论上对了解个体课程观的维度与已有取向分类进行把握。其次，对学生课程观的相关理论研究与实证研究做进一步厘清，阐明学生的课程观念与个体学习的关系，归纳已有研究中学生课程观研究的主要维度，并据此确立本研究的预设维度。最后，在回顾我国高校思想政治理论课程演变历程的基础上对相关的课程研究进行梳理，从而对这一课程进行本质上的把握。以为本研究的可行性与可操作性提供理论与实践上的支撑依据。

# 第二章

# 课程观的内涵与演变

## 第一节　课程观的内涵解析

对于“什么是课程”，不同的人有不同的回答。虽然一些人在使用“课程”这一名词来表述他们的意思，但另一些人也在同样使用“课程”来表述另一些不同的含义①。因此，本书在开始正式研究探讨课程观问题之前，有必要对相关的概念进行界定。

### 一、什么是课程（curriculum）

根据《辞海》的解释，课程是教学科目，也可以指学校的或一个专业全部的教学科目，或指一组教学科目②。《中国大百科全书》（教育卷）解释，课程有广义和狭义两种。广义的课程是指所有学科（教学科目）的总和，或指学生在教师的指导下各种活动的总和。狭义的课程是指某一门具体学科③。

---

① Print M., *Curriculum development and design*, NSW, Australia: Allen & Unwin, 1993, p. 4.

② 辞海编辑委员会：《辞海》（教育心理分册），上海辞书出版社1980年版，第5页。

③ 《中国大百科全书》（教育卷），中国大百科全书出版社1985年版，第207页。

实际上，人们对课程的理解要远比《辞海》的解释复杂得多，《中国大百科全书》也没能完全概括。如何界定课程的概念，理论家们众说纷纭，各自从不同的理论和角度出发做出不同的界定。我国学者黄甫全[①]归纳了国内的七种具有代表性意义的定义，将其界定为：（1）课程是根据理解对具体存在课程的描述；（2）课程是教学科目及进程；（3）课程是学生认识活动的媒体；（4）课程是特殊的经验活动；（5）课程是使学生获得教育性经验的计划；（6）课程是预期的学习结果（目标）；（7）课程是一种操作性的阐释。澳大利亚学者马什（Marsh，C. J.）[②]归纳了国外关于课程具有代表性的八种界定：（1）课程是学校所教的东西；（2）课程是一系列学科科目；（3）课程是教学内容；（4）课程是一系列的材料；（5）课程是一系列的行为目标；（6）课程是由学校指导的在校内和校外所教的东西；（7）课程是个体学习者所受的教育经历；（8）课程是学校人员所安排的所有事情。

从教育的角度来看课程，它不仅仅是“为人”的，也同样是“人为”的，当人们回答什么是课程时就已经包含了他们对课程不同的理解，并赋予其一定的个人主观旨趣[③]。从上述国内外观点也能看出，不同的个体从不同的视角和观点出发，对课程可以有不同层次的理解。当前关于课程的定义没有统一的界定，在这些不同的界定中隐含着不同个体所持有的不同观念。

本研究旨在探寻大学生关于思想政治理论课程的基本看法，以发现其所持有的观念类型，因而并不限定于某一视角下的某一

---

① 黄甫全：《现代课程与教学论》，人民教育出版社 2006 年版，第 94—96 页。

② Marsh C. J. , *Perspectives: Key Concepts for Understanding Curriculum* 1, New York: Routledge, 2004, pp. 3 - 6.

③ 徐继存：《课程本质研究及其方法论思考》，载《当代教育科学》2003 年第 14 期。

定义。但需要指出的是，本研究中所指的这一课程采用的是在“大课程”①基调下包括了教学过程的一门具体学科课程。在以往的文献中，许多研究者以“思想政治教育”、“德育”等来指代我国从小学至大学各阶段所开设的各种政治课程，但本书所探讨的政治课仅指在高等教育本科（大专）阶段，高等院校按国家规定所开设的《马克思主义基本原理概论》《毛泽东思想和中国特色社会主义理论体系概论》《思想道德修养与法律基础》《中国近现代史纲要》四门必修课以及包括《形势与政策》《当代世界经济与政治》等选修课在内的一系列具体的思想政治理论课程。

## 二、什么是观念（conception）

观念是人们的一种抽象、普遍的想法，即一种充当指明实体、事件或关系的范畴或类的实体的意义载体。根据《辞海》的解释，观念有两方面的含义：一是指“看法，思想。思维活动的结果”；二是指译自希腊文的“idea”，通常指思想，有时亦指表象或客观事物在人脑里留下的概括的形象②。这两种定义都将观念视为个人的心理现象。

从心理学的角度看，观念是“关于某事物的一种心理态度”③。从哲学的角度看，观念是“客观事物在人脑中的一种能动反映形式”④。从社会学的角度看，观念是指人们在社会的文化因素与经济因素影响下，所形成的一种持久性的态度、价值观及意识形态，会随着社会的变迁而加以改变。观念不仅仅是一种

---

① 黄甫全：《大课程论初探——兼论课程（论）与教学（论）的关系》，载《课程·教材·教法》2000年第5期。

② 夏征农：《辞海》，上海辞书出版社1999年版，第1235页。

③ ［美］雷伯·A. S.：《心理学词典》，李伯黍译，上海译文出版社1996年版，第161页。

④ 冯契：《哲学大辞典》，上海辞书出版社2001年版，第60页。

个人的建构，也包括一些共享的文化继承[①]。从现象描述分析学（phenomenography）的角度看，观念反映了人对自身所经历的现象的本质和意义的理解[②]，即人通过自身的经验而形成个体对客观现象的本质理解。

对观念的内涵的种种解释中，值得注意的是现象描述分析学对观念的解释。现象描述分析学认为，人所面对的世界可以分为“客观现象的世界”与人们经历这一客观现象世界而形成的“观念世界”，即第一层次的世界（first order world）与第二层次的世界（second order world）这两个层次。对于一个个体来讲，第一层次的客观现象世界是客观的，其个人的第二层次的观念世界是主观的，但这一观念世界对于除了持有者之外的其他个体来讲则是客观的，可以作为一种客体对象加以研究。因此，人们除了可以站在自身的立场研究第一层次客观现象世界中的现象，还可以通过研究经历客观现象世界的他人描述来了解他人的“观念世界”，从而更全面、更真实地了解这一客观现象世界。从目前的情况看，研究者以直接面对第一层次世界的方式所做的课程研究相对比较多，以面对第二层次的世界，也即透过了解他人的观念来研究课程的则很少，特别是透过学生的观念世界来认识课程的寥寥可数。因此，为了更全面地了解“课程”这一问题，本研究欲通过探究学生的观念世界中的课程来对思想政治理论课程的问题进行探讨。

在本研究中，对观念的假设和理解采用现象描述分析的观点，即假设人们可以沿不同的方式和途径经历同一现象，他们通过个体经验对这些现象的描述和理解也可以归结为一些有实质性区别的、数量有限的类型。这些有实质区别的类型所反映的是他们经

---

① 王恭志：《教师教学信念与教学实务之探析》，载《教育研究资讯》2000 年第 8 卷第 2 期。

② Richardson J. T.，“The concepts and methods of phenomenographic research”，*Review of Educational Research*，Vol. 69，No. 1，1999.

历客观世界时的方式和途径，基于人的观念与其实践经验是两位一体的基本假设，可以认为每一种途径对应了一种观念。这样，研究者就可以通过研究人们对具体现象所做的描述来找出反映人们对现象的观念，即从人们的经验描述中发现其观念的取向模式。

本研究中的观念是指人对现象或事物本质的一种内在看法（view/perspective/image/perception/conceive）和思想（thought/idea），它反映了人的某种态度（attitude）、倾向性（tendency/orientation）、信念（belief）或价值观（value）。由于观念具有能动性和实践性，因此对于人自身的意识以及对周围事物和现象的理解具有重要的影响作用。从这一意义上说，观念是人们观察事物的透镜，是人与客观现象相互作用的媒介①。

## 三、什么是课程观（conceptions of curriculum）

由上述观念的界定可知，课程观是人们对课程最基本的看法，即对“课程是什么”的回答。

国内外学者对于课程是什么的探讨一直很多，但对于什么是课程观并没有很多的论述与探讨。我国学者郭元祥提出课程观是指对“课程的本质、课程的价值、课程的要素与结构、课程中人的地位等基本问题”② 的看法，当前国内的课程观研究大都也以此为据。因此，在当前我国的已有的课程观研究当中：有部分学者专门研究的是个体对课程本质的认识，如前述学者对课程的各种概念和界定以及课程本质③的理论研究；也有部分学者专门研究的是个体对课程自身的内容、目标、教学、结构、设计、评价等课程要素的认识，以及以这些课程要素为基本维度来研究个体

---

① Gao L. B., *A study of Chinese teacher's conceptions of teaching*, Wuhan: Hubei Education Press, 2004, pp. 20–120.

② 郭元祥：《课程观的转向》，载《课程·教材·教法》2001年第6期。

③ 徐继存：《课程本质研究及其方法论思考》，载《当代教育科学》2003年第14期。

对课程的价值心理倾向与行为趋向[①]；还有部分学者专门研究的是个体的课程哲学观[②]以及时代发展中的课程哲学观[③]理论。故文献中常用的各种“课程本质”、“课程取向”[④]、“课程价值取向”[⑤]、“课程价值观”[⑥]、“课程哲学观”等均应属于课程观的范畴，也有学者提出“课程意识”[⑦]的核心即是课程观。

从观念的概念界定出发，课程观应该是关于课程最基本、最本质的看法。本质是事物本身所固有的属性，是对事物现象本身的抽象，可以通过描述其内在的本质属性，即课程区别于其他事物的共同要素的特性和关系来掌握。因此，课程的本质决定于构成课程各基本要素的内在联系[⑧]，也就是说，可以从课程的共同要素入手来把握课程观的内涵。当然，由于观念是在社会文化传承影响下的个人建构，是在时代一般价值取向的影响下而形成的，因此个体对课程的本质看法也会受到一定课程哲学观的影响。需要指出的是，个体的课程观并非等同于直接用哲学的观点来认识和阐释课程问题，而是在一定课程哲学影响下对课程共同要素所

---

① 李广、马云鹏：《课程价值取向：含义、特征及其文化解析》，载《东北师大学报》2010年第5期。

② 苏强、罗生全：《教师课程哲学观的生成及其实践功能》，载《课程·教材·教法》2011年第2期。

③ 黄甫全：《美国多元课程观的认识论基础探析》，载《比较教育研究》1999年第2期。

④ 马云鹏：《国外关于课程取向的研究及对我们的启示》，载《外国教育研究》1998年第3期。

⑤ 李广、马云鹏：《课程价值取向：含义、特征及其文化解析》，载《东北师大学报》2010年第5期。

⑥ 曹侠：《多元文化视角下的课程价值观及其对课程建设的启示》，载《现代教育科学》2009年第3期。

⑦ 郭元祥：《教师的课程意识及其生成》，载《教育研究》2003年第6期。

⑧ 廖哲勋、田慧生：《课程新论》，教育出版社2006年版，第41页。

进行的价值判断和选择[①]。个体通过判断课程的本质属性满足其价值需求的程度来建构其自身对课程共同要素的看法，从而表现出个体独特的课程取向或类型。因此，课程的价值取向是课程观的具体体现。

具体来说，课程观即是在一定社会文化传承（表现为时代背景下的课程哲学思想）影响下，个体在对某一具体课程本质属性（包括课程目标、课程内容、课程教学、课程评价等课程共同要素）把握的基础上，形成的对这一课程最本质的认识。而这一认识又具体表现出课程要素对个体需求的满足程度，呈现出一定的取向或类型。

需要指出的是，现象描述分析所研究的课程观并不直接等同于课程主体对“第一层次客观现象世界”的课程理解或阐释，而是隐藏在其对客观现象的阐释和描述背后，作为“第二层次世界”存在的观念，是渗透在其课程经验中、与其课程经验密切相关以至两位一体的对课程本质的看法。即课程观抽象于个体的课程经验，并支配着个体在课程运作的整个过程环节中的认知、行为以及发展。

综合以上两个方面，本研究以反映课程观的课程目标、课程内容、课程教学以及课程评价这四个课程共同要素作为研究预设维度，通过大学生对思想政治理论课的具体描述来探究其课程观的取向类型。由于当前我国高校的思想政治理论课程包括四门必修课以及部分选修课，而选修课会因学校的不同而不同，因此在本研究中并不限定其中具体的某一门课程或是几门课程。

## 四、课程观的内涵与结构

由以上对课程、观念以及课程观的概念界定来看，课程观是个体对课程最本质的看法，是抽象于课程现象本身，存在于观念

---

① 苏强：《教师的课程观研究》，博士学位论文，西南大学，2011年。

个体的主观之中的课程世界。根据现象描述分析学的观点，对于这一客观存在着的不同个体的主观看法，研究者可以通过研究个体对其所经历的客观现象世界的描述来了解，并且可以将其归纳为有限的观念取向类型。因此，个体的课程观是可以被他人了解，而且可以通过一定的取向类型来进行把握的。另外，根据马克思主义原理，事物的本质都要通过这样或那样的现象表现出来，即通过一定外在化的属性来表现。就事物的属性而言，又可以分为本质属性与非本质属性，它通过事物本身各要素及其相互作用关系来表现，以使这一事物与其他的事物相区别。对于课程而言，可以通过反映其本质属性的共同要素来发现其本质，如图 2 -1 -1所示。对于个体课程观的把握则可以从研究个体对课程共同要素的看法来入手。

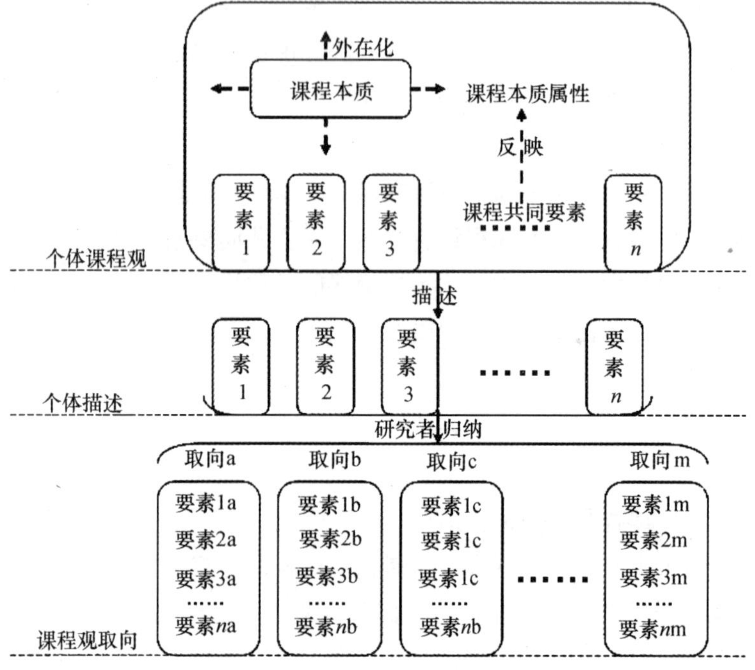


**图 2 -1 -1　个体课程观内涵结构**

课程共同要素（curriculum commonplace）[①]是指实质性的课程现象，这些课程要素主要是指那些不会因为具体课程的不同或参与个体的不同而有所改变的东西，如一个课程一定会具有的课程目标、课程内容等。因此，有学者指出课程的共同要素可以说是课程概念的基准点（conceptual reference points）[②]，可以把课程问题和实践概念化，也可以指导实践和使实践合理化。对于这一课程共同要素，当前还没有统一的界定，不同的学者从不同的角度对此有不同见解。总体可以分为关注课程整体性质的宏观共同要素（macro curricular commonplaces）和关注课程内容组织的微观共同要素（micro curricular commonplaces）两大类。由于本研究的关注点在于课程的本质，应属于宏观共同要素的范畴，因此以下针对宏观共同要素进行梳理。

“现代课程理论之父”泰勒（Tyler, R.）[③]最初认为，课程的发展必须考虑到学科内容、学习者和社会这三方面要素。而后在其研究发展中又提出只要涉及课程问题，必然要从以下四个方面回答并处理：（1）学校应该达到哪些教育目标？（2）提供哪些教育经验才能实现这些目标？（3）怎样才能有效地组织这些教育经验？（4）我们怎样才能确定这些目标正在得到实现？这四个方面即课程目标、学习活动、组织和评价，是一种我们较为广泛认同的课程共同要素。施瓦布

---

① Goodlad J. I., "The Scope of the Curriculum Field", Goodlad J. I., *Curriculum inquiry: The study of curriculum practice*, New York: McGraw - Hill, 1979, pp. 27 - 41.

② Walker D. F., *Fundamentals of Curriculum*, New York: Harcourt Brace Jovanovich, 1990, p. 135.

③ ［美］拉尔夫·泰勒：《课程与教学的基本原理》，施良方译，人民教育出版社1994年版，第1—3页。

(Schwab, J. J.)①在泰勒三要素的基础之上又把教师独立抽出作为一个研究的中心，认为课程探究的“共同要素”为学科内容、学习者、环境脉络和教师。古德莱德（Goodlad, J. I.)②在研究学校教育时，制定出16个课程的共同要素：(1)教学实践（teaching practices)；(2)内容或学科内容；(3)教学材料；(4)学校环境；(5)活动；(6)人力资源；(7)评鉴；(8)时间；(9)组织；(10)通信；(11)决策；(12)领导；(13)目的；(14)课题与问题；(15)潜在课程；(16)控制或阻碍条件。黄显华③在研究香港中文课程的基础上提出了9类课程的共同要素：(1)目标；(2)教学机会（教材）的选择；(3)教学机会（教材）的组织；(4)教学方法的建议；(5)学生学习成果评估方法的建议；(6)实施方法的建议；(7)学习时间；(8)学习空间；(9)对课程的整体看法。那么，将以上四位学者对课程共同要素的界定进行归纳，可以看到其基本的界定仍体现在课程目标、课程内容、课程教学、课程评价这四方面，见表2-1-1。

因此，本研究将以课程的目标、内容、教学以及评价这四个共同要素来作为理论归纳以及具体分析的预设维度。下面对已有课程观以及理论课程取向的梳理也以此维度来进行综述。

---

① Schwab J. J., “The Practical: A Language for curriculum”, Schwab J. J., *Science, Curriculum and Liberal Education (Selected Essays)*, Chicago: The University of Chicago Press, 1978, p. 287.

② Goodlad J. I., “The Scope of the Curriculum Field”, Goodlad J. I., *Curriculum inquiry: The study of curriculum practice*, New York: McGraw-Hill, 1979, pp. 27-41.

③ 黄显华：《寻找课程与教学的知识基础》，香港中文大学出版社2000年版，第16—17页。

表 2-1-1 课程共同要素之归纳

<table>
<tr><th>共同要素<br>研究者</th><th>课程目标</th><th>课程内容</th><th>课程教学</th><th>课程评价</th></tr>
<tr><td>泰勒</td><td>课程目标</td><td colspan="2">学习活动、学习组织</td><td>学习评价</td></tr>
<tr><td>施瓦布</td><td>学生</td><td>学科内容</td><td>教师、环境脉络</td><td>教师、学生</td></tr>
<tr><td rowspan="2">古德莱德</td><td>目的</td><td>学科内容、教学材料</td><td>教学实践、学校环境、活动、人力资源、时间、组织、通信</td><td>评鉴</td></tr>
<tr><td colspan="4">决策、领导、课题与问题、控制或阻碍条件</td></tr>
<tr><td rowspan="2">黄显华</td><td>目标</td><td>教学机会的选择、教学机会的组织</td><td>教学方法、实施方法、学习时间、学习空间</td><td>学生学习成果评估</td></tr>
<tr><td colspan="4">整体看法</td></tr>
</table>

## 第二节 宏观哲学层面的"主义式"课程观

自 19 世纪斯宾塞（Spencer, H.）提出“什么知识最有价值”这一命题开创课程研究的哲学思路之始，对于课程价值的讨论吸引了众多学者的目光。时至今日，对于课程到底是什么的探究仍是人们的关注热点，国内外不同专家学者从不同的哲学理论层面出发给出了不同的解释。而这一哲学层面的课程思考往往会通过实施过程中的课程专家、政策制定者、学校领导、任课教师、社会大环境、家庭环境等途径，或多或少地影响课程学习中的学生个体对具体课程的认知与理解。因此，有必要对已有的课程哲学观的发展进行梳理和把握。

自 18 世纪启蒙运动开始，以夸美纽斯（Comenius, J. A.）、卢梭（Rousseau, J. J.）、裴斯泰洛齐（Pestalozzi, J. H.）等为代表的浪漫自然主义（romantic naturalism）教育哲学思潮开启了经验课程之门。虽然在他们的论著中并未指明过经验课程，但作为自然中心、儿童中心、经验论以及发展论的倡导者，其论著中表达出明确的以儿童天性、身心和谐的自然发展作为课程的基本精神；以儿童的自主、理性的人格，即“自然人”作为课程与教学的目标；将儿童、自然、知识、社会相整合作为课程内容的来源；将儿童的天性和兴趣作为发现教学、活动教学的出发点。卢梭曾指出，“每一个人的心灵有它自己的形式，必须按它的形式去指导他”，课程的顺序应服从于“儿童的内部发展”①。希望按照学生自有的心灵形式和内部发展状态去开发和实施课程，并通过这一浪漫自然主义的经验课程，将个体从封建戕害中解救出来而得以解放。这一观点对后期杜威（Dewey，J.）的经验自然主义以及20世纪课程开发的实践有重要的指导意义。

随着19世纪产业革命的到来，自然科学得到普遍发展，人们越来越意识到教育与生产的关系，教育的社会需求在这一时期得到肯定。人们对课程的关注也由此出现转向，实证主义（positivism）在理性、科学与社会进化的渲染下开始发展。斯宾塞作于19世纪中期的《教育论》中阐述了其对课程价值的探索，提出②：教育的目的是为了人们完备地生活，强调从个人生活和发展需要出发，凸显其功利主义（utilitarianism）的教育的目的；在课程内容上反对古典主义教育，强调课程应当建立在有用的和人类基本活动的基础上，应从学科知识与社会需求之间寻求协调；反对无视儿童身心发展规律的灌输教条式教学方法，认为教学应建立在学生的自主性之上，提倡实物教学、自我教育与快乐教育。其实证主义和功利主义的课程观念来自资本主义的自然科

① ［法］卢梭：《爱弥儿·论教育》，李平沤译，商务印书馆1999年版，第112页。

② ［英］斯宾塞：《教育论》，胡毅译，人民教育出版社1962年版，第5—43页。

学发展以及资产阶级个体的生活需要，显示出明显的社会取向。

到了19世纪末20世纪初，新教育运动和进步教育运动（progressive educational movement）进一步推动了实用主义（pragmatism）的发展，深受实用主义影响的杜威秉承其经验主义的观点，引发了经验自然主义（empirical naturalism）课程。杜威提出“教育即生活”、“学校即社会”、“教育即生长”、“教育即经验的改造或改组”等观点。在其课程思想中①：把教育看作是社会的职能和生活的需要，课程的目标在于培养所谓的社会所需的能力；认为学校课程的开发和实施必须站在儿童的立场上，以儿童的经验作为课程开发的起点，反对传统教育的学科中心，尊重儿童的身心发展，倡导使课程的逻辑经验与儿童的心理经验相一致，并用儿童的经验和主动活动来消解儿童与知识和社会的二元对立；提倡儿童主动做作业，提出从做中学的原则；把整个课程视为由各种独立的价值聚集而成的混合体，强调在关注课程是否给学生提供丰富而完善的经验、是否为儿童所欣赏等内在价值的基础上，然后再考虑不同科目在特定情境中的工具价值。杜威的经验自然主义课程观相对于浪漫自然主义而言，更突出了对二元论的消解，力图将儿童、社会和学科进行统一，体现了将实践理性与工具理性相结合与统一的尝试。

20世纪30年代第二次世界大战之后，人们发现杜威所倡导的“经验课程”的推行没有如预想中那样很好地提高学生的知识水平，传统流派的要素主义（essentialism）等观念对立于进步主义（progressivism）又重新开始强调学科课程，出现了传统观念中的教师和学科中心的回流。要素主义课程观认为：应将学生的学术水平和理性作为课程的主要目标，强调对学生的心智训练

① ［美］约翰·杜威：《学校与社会·明日之学校》，赵祥麟、任钟印、吴志宏译，人民教育出版社1994年版，第64—67、125页。

和道德驯化；课程内容重视学科知识自身的系统性和联系性，注重文化遗产的传递；强调教师的作用，采用灌输的教学方法以提高教育的社会效率。虽然要素主义主导的学科课程限制了学生个人的发展，并且以理性和道德的驯化控制了学生的文化和观念，但这一课程的理念在实践中确实能够积极地促进教育的社会效率，因而容易受到政府的重视。有学者将这一要素主义哲学观照下的课程观的控制逻辑称为“官方哲学”①的根源。

随着工业社会所带来的科技的发展，工具理性在20世纪中叶极度膨胀，科学研究范式被推向顶峰。布鲁纳（Bruner, J. P.）在认知心理学的基础上，将学生的认知结构发展与学科的知识逻辑结构相连，形成了结构主义（structuralism）课程。结构主义课程②③强调“学科结构”，其所形成的“学术中心课程”的目标在于提高学生对于科学知识和能力方法的掌握，以获得更好的智力发展；主张螺旋式的课程内容，要求突出学科的基本结构；倡导发现学习、探究教学；认为课程评价是指导课程建设和促进教学的智慧，提倡过程性评价。结构主义的课程观体现出一种唯科学主义的学科中心思想，它将课程理解为学校的生产工具，将课程与知识结构化，旨在提高知识的产出和效率。虽然这一理念因忽视了学生的个体差异而并未达到理论上的预设，但作为课程现代化进程中的重要里程碑，将个体认知结构融入到课程与学习之中确实有其合理之处，为课程理论的现代化发展做出了卓越的贡献，因而其观点不断受到推崇。

到了20世纪70年代，随着上一时期过度工具理性的推崇，

① 单丁：《课程流派研究》，山东教育出版社1998年版，第106—107页。

② ［美］布鲁纳：《布鲁纳教育论著选》，邵瑞珍译，人民教育出版社1989年版，第20—46页。

③ ［美］布鲁纳：《教育过程》，邵瑞珍译，文化教育出版社1982年版，第4—32页。

使得人们又重新回到对个体的关怀和人性的关注。罗杰斯（Rogers，C. R.）提出“以学习者为中心”① 的人本主义，主张一种人性化的课程，强调人的全面发展和个体解放：认为课程不仅是为学生提供知识，而是应通过知识达到个性自由和解放，应以培养“完整的人”为目标，以学生的需要为目标取向，强调个体认知、行为以及情感的共同发展；倡导课程内容必须与学生的需求、兴趣相适应，倡导个性化的课程，以满足每一位学生的发展需要；采用非指导性的课程教学，提倡合作和探究学习；提倡学生内部自我评价，反对考试、测验等外部评价。人本主义的观点强调以学生为中心，其理念中有许多值得借鉴和关注的地方。但如何在具体实践中更好地解决感性与理性，学生与教师、社会之间的关系，以实现个性化的课程和学生知、行、意的共同发展，一直是个难题。

20 世纪 80 年代，面对资本主义繁荣背景下的传统人文科学危机以及第二次世界大战之后对现代科学理性的怀疑，人们开始抛弃对课程价值中立的工具性关注，转而将课程作为价值负载的文本，开始了对泰勒原理等现代课程理论的反思和批判。在对这一传统课程进行批判、概念重建的过程中，逐渐形成了以解释学、知识社会学为理论基础的着眼于社会意识形态批判的“批判性后现代主义课程”（critical post - modernism curriculum），以及以现象学、存在主义为理论基础的着眼于个体自我意识的“建构性后现代主义课程”（constructive post - modernism curriculum）。② 这两种课程形态，通称为“概念重构主义”（reconceptualization）或后现代主义（postmodernism）。批判性后现代主义课程认为课程是社会生活的组成部分，会随着社会政治、经济、文化的发展

---

① Rogers C. R., *A Way of Being*, Boston: Houghton Mifflin, 1980, p. 202.

② 张华：《经验课程论》，上海教育出版社 2001 年版，第 120—148 页。

而变化，因而课程的目标与课程内容间没有线性关系。虽然车里霍尔姆斯（Cherryholmes，C.）提出了“课程的后结构观”及相应的课程策略，但主要还是对泰勒原理、施瓦布的实践论、布卢姆的教育目标分类，以及批判性的后现代主义课程观的批判，并未建构出具体的课程体系。建构性后现代主义以多尔（Doll，W.）的4R理论为代表，他提出：课程目标应是生成的而非预设的；课程内容应是更新的而非一成不变的知识体系；课程实施应是师生通过对话与反思共同探究而非灌输的过程；课程评价应是一种反馈协调过程，是进行课程实施反思的起点。在当今社会更关注个体的基调下，概念重构和后现代主义的出现是对人本主义的超越，这两种课程观都强调课程的经验价值决定于具体观念下的人的经验，反对绝对权威，关注人文、整体、内在、不确定、差异和多元性，强调个体的自然、社会、自主性的有机统一，追求最终的个体解放和民主。虽然这一课程观表达了人们对课程的人文价值的美好意愿，培养目标也由传统个人的发展指向了社会、自然中的主体性发展，呈现出摈弃二元趋向统整的新主体趋势，但在实践中的操作还有待于进一步的探索。

从以上哲学层面课程观的发展变迁分析，可以看出宏观哲学层面的主义式的课程观带有的深深时代烙印，是社会价值取向对课程领域的具体要求的体现。从这些课程观的发展中我们可以看出，其演变趋势是一种不断消解，进行统整、融合，以建构一种统一自然与社会于个体的新的课程。从其演变历程来看，随着课程目标、课程内容、教学方法、课程评价的变迁，课程总体的价值取向也由最初传统古典教育着眼于人的自然性发展，到现代社会工具理性化的社会性发展，再到后现代主义克服现代社会中的将个体“物化”，以谋求生命与自然伦理、生活世界的融合，即表现为一种谋求认知、情感与个体实践相统一的理想型的人格。但是在具体的理论层面，并不是一种时代仅存在一种单一的课程观理论，而是同时存在着来自不同立场的不同课程观念，其表现为不同的课程取向，并且研究者发现“在课程取向方面建立起来的一些模式，对于研究课程的人们来说，用其认识具体课程的一些特征，要比一般的哲学观点，如实用主义、现实主义、理想主义有更多的实用价值，也比那些诸如学生中心、学科中心或社会中心等关于课程的提法要精确得多”①。因此，下面就过往不同学者对课程观所进行的取向分类进行概括梳理。

## 第三节　具体理论层面的“取向式”课程观

对于宏观哲学层面的主义式课程观，不少学者将其与之相应的教育实践相连，在理论层面将课程观进行划分，以形成不同价值取向的课程观。最初对于这一问题的探讨更遵循于哲学层面课程观的原貌，如乔治·内勒（Kneller，G. F.）提出将教育哲学与教师角色相连，划分为永恒主义、进步主义、要素主义、改造主义和存在主义五种课程观取向②。奥恩斯坦（Ornstiein，A. C.）也根据传统教育哲学与当代教育哲学的影响从哲学基础、教育目的、知识、教师的角色、课程的关注点、相关的课程动向这六个方面将课程归纳为永恒主义、进步主义、要素主义和改造主义这四种课程观③。此后在对这一问题的理论探讨中，不同学者就其在课程中关注点的不同而进行不同取向划分，如表2－3－1所示。

---

① Eisner E. W.，Vallance E.，*Conflicting conceptions of curriculum*，Berkeley，CA：McCutchan，1974，pp. 1－17.

② Kneller G. F.，*Introduction to the philosophy of education*，New York：Wiley，1971，pp. 42－84.

③ ［美］阿伦·C. 奥恩斯坦、琳达·S. 贝阿尔·霍伦斯坦、爱德华·F. 帕荣克：《当代课程问题》，余强主译，浙江教育出版社2004年版，第7页。

**表 2－3－1　　　　课程观的理论取向划分**

| 时间 | 学者 | 课程观取向 | 关注 |
| --- | --- | --- | --- |
| 1974 | 艾斯纳和瓦兰斯①（Eisner, E. W., Vallance, E.） | 就深层次课程目标，将课程观分为五种取向：<br>1. 认知过程取向：课程在于磨炼理智，发展认知能力；<br>2. 技术取向：课程在于高效传递知识和促进学习的技术；<br>3. 自我实现取向②：课程在于使个人不断地完善；<br>4. 社会重构取向：课程在于对社会的改造与责任；<br>5. 学术理性取向：课程是使人们融于传统文化的工具 | 课程目标与课程教学 |
| 1977 | 麦克尼尔③（McNeil, J. D.） | 就课程设计层面，将课程观分为四种取向：<br>1. 学术理性取向：课程在于理性内容的传递以使学生获得才智的发展；<br>2. 社会重构取向：课程在于对社会的改造与重建；<br>3. 人文主义取向：课程在于使学生对学科精熟以及个人成长，倡导合流课程（confluent curriculum）；<br>4. 技术取向：课程被视为学生的生产线，强调模式与程序 | 课程设计 |

① Eisner E. W., Vallance E., *Conflicting conceptions of curriculum*, Berkeley, CA: McCutchan, 1974, pp. 1－17.

② 艾斯纳于 1985 年又将自我实现取向修正为自我适应（personal relevance）和社会适应（social adaptation）两种取向。Eisner E. W., *The Educational Imagination: On the Design and Evaluation of School Programs*, New York: MacMillan, 1985, pp. 61－86.

③ McNeil J. D., *Curriculum: A comprehensive Introduction*, Boston: Little Brown, 1977, pp. 23－55.

**续表**

| 时间 | 学者 | 课程观取向 | 关注 |
| --- | --- | --- | --- |
| 1983 | 米勒①（Miller, J. P.） | 就教与学，从个体行为到内心将课程观分为六种取向：<br>1. 行为取向：课程在于学生特殊行为的形成；<br>2. 学科取向：课程在于学科内容与组织；<br>3. 社会取向：课程在于社会文化传递；<br>4. 发展取向：课程在于儿童的发展；<br>5. 认知过程取向：课程在于培养发展认知能力；<br>6. 超个体（主体）或整体取向：课程在于自我的完善 | 课程教学 |
| 1986 | 瓦兰斯②（Vallance, E.） | 在之前（艾斯纳和瓦兰斯）五种取向的基础上又提出在大学水平上存在的两种取向：<br>1. 个人成功取向：课程是直接体现实用性的工具，在大学中有更多的学生选择商业、计算机等而不选择人文社会科；<br>2. 迷恋学习取向：课程体现一种对努力和智力探究的乐趣，表现为学生对学习和知识的热情 | 课程目标 |

① Miller J. P., *The educational spectrum: orientations to curriculum*, New York: Longman, 1983, pp. 1-9.

② Vallance E., "A second look at Conflicting Conceptions of Curriculum", *Theory Into Practice*, Vol. 25, No. 1, 1986.

**续表**

| 时间 | 学者 | 课程观取向 | 关注 |
|---|---|---|---|
| 1988 | 恩尼斯和胡柏① (Ennis, C. D. & Hooper, L. M.) | 就学校课程决策层面，将课程观分为五种取向：<br>1. 学科精熟取向：课程在于通过学科知识与技能的传递使学生对学科达到精熟；<br>2. 学习过程取向：课程在于使学生学会学习；<br>3. 社会重构取向②：课程在于使学生学会批判，以对社会进行改造；<br>4. 自我实现取向：课程在于个人的成长与自主性；<br>5. 生态有效性取向③：课程在于学生与环境的整体性，强调个体在环境中的意义 | 课程决策 |

---

① Ennis C. D., Hooper L. M., "Development of an instrument for assessing educational value orientations", *Journal of Curriculum Studies*, Vol. 20, No. 3, 1988.

② 陈（Chen）和恩尼斯在具体研究中发现教师在教学中更注重的是社会互动以及合作而并非社会重构，因此将社会重构取向（social reconstruction）改为了社会责任取向（social responsibility）。参见 Ennis C. D., Chen A., "Domain specification and content representativeness of the revised value orientation inventory", *Research Quarterly for Exercise and Sport*, Vol. 64, No. 1, 1993.

③ 杰维特（Jewett）随后又与恩尼斯将生态有效性取向（ecological validity）改成生态整合取向（ecological integration），在延续人是环境中的一部分的基础上更强调学习者与环境的互动。参见 Jewett A. E., Ennis C. D., "Ecological integration as a value orientation for curriculum decision making", *Journal of Curriculum and Supervision*, Vol. 5, No. 2, 1990.

续表

| 时间 | 学者 | 课程观取向 | 关注 |
| --- | --- | --- | --- |
| 1991 | 黄政杰① | 就课程设计层面，将课程分为四种取向：<br>1. 学科取向：课程在于尊重学科传统将学生引入该领域，既涵括促进学生认知过程的发展也包括注重文化内容传递的学术理性主义观点；<br>2. 学生取向：课程在于学生个人的意义创造，是学生去经验以获得的知识；<br>3. 社会取向：分为两种，一种认为课程在于协助学生适应现存社会，另一种则在于提升学生批判能力以改造社会（即社会适应与社会重构）；<br>4. 科技取向：分为两种，一种认为课程在于加入各种媒体和方法以高效传递知识和促进学习，另一种则在于按照模式程序以提高效率（即方法与程序） | 课程设计 |
| 1993 | 普英特②<br>（Print，M.） | 就学校课程设计与实施层面，将课程分为五种取向：<br>1. 学术理性主义取向：课程在于传递知识以使学生学会学习；<br>2. 认知过程取向：课程在于培养学生认知和过程；<br>3. 人本主义取向：课程在于个体的自我实现；<br>4. 社会重构取向：课程在于适应社会需要以使其改造为更理想状态；<br>5. 技术取向：课程在于达到一定学习目标的方法和设备 | 课程设计与实施 |

① 黄政杰：《课程设计》，东华书局1991年版，第103—141页。

② Print M.，*Curriculum development and design*，NSW，Australia：Allen & Unwin，1993，pp. 93 – 108.

续表

| 时间 | 学者 | 课程观取向 | 关注 |
| --- | --- | --- | --- |
| 2001 | 郭元祥① | 在综合国内外课程定义的基础上，将课程分为三种取向：<br>1. 知识或学术理性主义取向：课程被视为未来生活做准备或提供有用知识和理性能力的“学科”或为“知识”（即生活预备和理性主义）；<br>2. 经验或自我实现取向：课程被视为促进儿童自我实现的经验；<br>3. 生活经验重构或批判取向：课程是学生生活经验的重组，在传递文化的同时又被文化修正 | 课程本质 |
| 2004 | 艾利斯②（Ellis，A. K.） | 从教学实践出发，在理论层面将课程分为三种取向：<br>1. 知识本位取向：课程在于培养拥有丰富知识的学者；<br>2. 社会本位取向：课程在于培养公民和民主意识，为了赋权而改变社会，甚至是世界；<br>3. 学习者本位取向：课程在于强调爱、关心和养育的方式 | 课程教学 |

除了以上较为具有代表性的课程观取向分类，我国也有学者在综合国外课程取向分类的基础上，将课程分为学术理性主义、

① 郭元祥：《课程观的转向》，载《课程·教材·教法》2001 年第 6 期。

② Ellis A. K., *Exemplars of Curriculum Theory*, Larchmont, N. Y.: Eye on Education, 2004, pp. 13 – 16.

认知过程、社会重建、人文主义和科技发展五种取向①；另外，有从历史与现实的角度考察将课程归结为知识本位、社会本位、人本位这三种基本的取向②；也有学者从对教师考察的基础上将课程分为学术理性主义、社会责任、人文主义、技术理性、折中主义与生态整合这六种取向③，并进一步提出发展性课程观④是课程价值取向的必然选择。

结合课程哲学观的发展背景来看国内外学者对课程观不同理论取向的划分可以发现，学者们对课程观的探讨从 20 世纪 70 年代开始由宏观的哲学层面转入与实践相连的理论层面，随着社会经济的发展与工业技术的进步，科学与人文、工具与理性、个体与社会、近观与远虑等价值冲突使得人们对课程的关注逐渐由认知取向、过程取向、行为取向、学科取向等向人本主义取向过渡。到了 80 年代末 90 年代初，随着后现代主义与新主体哲学观念的渗入，在实际的教育过程中，对课程的强调再一次由人本主义演化到开始关注学生主体与课程、环境的不同关系，凸显出课程取向随着时代性的发展脉络。也就是说，个体的课程观是社会一般性价值取向在课程领域的具体化。

---

① 靳玉乐、罗生全：《中小学教师的课程取向及其特点》，载《课程·教材·教法》2007 年第 4 期。

② 刘志军：《课程价值取向的时代走向》，载《教育理论与实践》2004 年第 10 期；陈玉琨：《课程价值论》，载《学术月刊》2000 年第 5 期。

③ 苏强、罗生全：《教师课程哲学观的生成及其实践功能》，载《课程·教材·教法》2011 年第 2 期。

④ 苏强：《发展性课程观：课程价值取向的必然选择》，载《教育研究》2011 年第 6 期。

## 第四节　小结

### 一、“主义式”课程观的课程共同要素审视

对于个体的课程观，可以从体现其本质属性的课程目标、课程内容、课程教学以及课程评价等共同要素来把握。依据这四个课程共同要素为维度来审视宏观哲学层面以及具体理论层面的课程观，我们可以发现其呈现如下特征。

（一）课程的目标

从在实用主义与人本主义之间的徘徊走向理想的人格培养。从最初卢梭所倡导的自然教育之中的回归自然，强调人的本性就是自然的发展开始，古典人文主义的关怀在现代工业社会发展之初便遇到了功利的实用主义。伴随科学技术的发展，人们逐渐认识到教育在社会生产以及个人生活中的经济效益或者说功利实用性价值，进而对于课程目标关注由个体的发展转向了实用性的价值，企图通过课程使个人专有所长以获得更大的社会价值。但当人们对实用性的追求带来科学技术的发展和丰富的物质财富过于片面膨胀时，工具技术统治所导致的精神贫困和人性匮乏又使得其开始回归到对个体的关注。并在进一步的发展中试图将这一个体拓展为涵括自然与社会的有机主体，在消解主客二元的同时也强调将教育定位于培养理想人格的主体。

（二）课程的内容

从理性主义到经验主义走向超越经验之体验。随着资本主义工业社会的发展，科学技术的日新月异使得理性科学主义迅速发展，课程在此背景下变成了再生产工具，传统课程自然主义经验的内容为各种科学内容所取代。但人们渐渐地发现这种完全理性的教育内容不能满足现代生活的需求，现代教育运动将教育推向了生活。于是杜威的自然主义经验课程曾尝试将实践理性与工具理性相融合，以消解儿童与学科知识的二元对立，但在实践中由

于没能有效地提升学生学业成绩，结构主义所倡导的工具理性又重蹈覆辙。面对第二次世界大战后人文与理性的双重危机和怀疑，通过对现代课程理性与自然经验主义的批判和反思，超越客观表象经验世界的体验（lived experience）精神脱颖而出，对课程内容的主张不是以科目为特征的客观性知识，而是建立在个性化的“理解课程”①（understanding curriculum）基础之上的建构生成。

（三）课程的教学

对学生的关注重点是永恒不变的。从现代课程研究发展之始，除了早期短暂的要素主义以教师为中心的课程观回流而强调教师的作用以外，在整个课程发展的历程中都呈现出强调以学生为中心的状态。无论是从最初关注儿童天性的自然主义经验课程，还是关注课程工具价值的实用主义课程，关注学科结构、以学科为中心的结构主义课程，又或是当前对传统课程进行重构的经验存在课程和批判课程，无不强调的是激发学生的学习兴趣，使学生主动地去做、去发现、去探究与合作。

（四）课程的评价

随着课程目标的辗转由关注课程的工具性价值转向课程的经验价值，以促进个体发展的完善。在现代科学技术与社会工业大发展的背景下，课程评价的关注点也由个体的发展转向了强调其实用性的工具价值。但随着极度的工具理性导致人性匮乏问题的出现，人本主义的回归与建构主义时代的到来，使得课程评价在关注个体发展的基础上开始强调过程性与生成性。并在后现代主义的发展中进一步拓深其含义，采用质量结合、过程与结果并重的方法，强调个体经验、背景以及意义的协商建构。

---

① Pinar W. F. , et al. , *Understanding Curriculum: an introduction to the study of historical and contemporary curriculum discourses*, N. Y. : Peter Lang, 1995, pp. 3 - 65.

除以上四个共同要素之外，主义式的课程观还显现出课程主体从个人走向包含自然与社会的主体的特征。无论是从历史上传统教育的教师中心、现代教育的社会中心还是经验主义的学生中心来看，课程的主体都是一种把人与自然和社会相割裂的个体，是一种单一的个体，这与教学的双主体性相悖。现代教育在工业文明的驱使下追求科学理性和技术理性而忽视了学生个体的差异性，虽然它能够暂时带来大量的社会财富以及学生的知识积累，但这种完全理性控制的课程所带来的效益是短期的，长远来看它使人们逐渐丧失了精神以及人格的独立。从笛卡尔"我思故我在"的二元主体开始，到杜威尝试对儿童与社会、儿童与知识的二元消解，经过海德格尔后期存在主义的发展，以及后现代主义的反表象、反基础、反本质的批判与重构，建立起了新的历史性打破二元的主体，并将其推向包含着自然与社会的新主体。

## 二、取向式课程观的课程共同要素审视

以课程的共同要素为维度来审视以上理论层面不同学者对课程观取向的划分，我们可以发现如下特征（见表 2－4－1）：（1）对于课程取向的理论划分，目前共有技术、学术理性、认知发展、迷恋学习、学科精熟、自我实现、个人成功、生态整合、社会重构、社会适应这十种具体取向，总体上与台湾学者黄政杰所提出的观点相一致，呈现出技术、学科、学生以及社会这四大取向；（2）几乎所有研究者在对理论层面课程观取向的探讨中并不以课程评价或者说对学生的学业评价为关注中心，而是以课程内容的选择、组织以及教学为关注重点；（3）也有学者将课程的目标、内容以及实施综合起来，从课程决策角度来关注课程观的取向。

**表 2－4－1　　　　　　课程观理论取向整合**

<table>
<tr><th>共同要素</th><th>课程目标</th><th colspan="3">课程内容</th><th colspan="2">课程教学</th><th>课程评价</th><th>课程决策</th></tr>
<tr><td>学者<br>取向</td><td>艾斯纳和瓦兰斯</td><td>麦克尼尔</td><td>黄政杰</td><td>普英特</td><td>米勒</td><td>艾利斯</td><td></td><td>恩尼斯和胡柏</td></tr>
<tr><td>技术</td><td>技术</td><td>技术</td><td>科技</td><td>技术</td><td></td><td></td><td></td><td></td></tr>
<tr><td>学术理性</td><td>学术理性</td><td>学术理性</td><td rowspan="2">学科</td><td>学术理性</td><td>学科</td><td>知识本位</td><td></td><td rowspan="2">学习过程</td></tr>
<tr><td>认知发展</td><td>认知过程</td><td></td><td>认知过程</td><td>认知过程<br>发展</td><td></td><td></td></tr>
<tr><td>迷恋学习</td><td>迷恋学习</td><td></td><td></td><td></td><td></td><td></td><td></td><td></td></tr>
<tr><td>学科精熟</td><td></td><td rowspan="2">人文主义</td><td></td><td></td><td>行为</td><td></td><td></td><td>学科精熟</td></tr>
<tr><td>自我实现</td><td>自我实现</td><td>学生</td><td>人本主义</td><td></td><td>学习者本位</td><td></td><td>自我实现</td></tr>
<tr><td>个人成功</td><td>个人成功</td><td></td><td></td><td></td><td></td><td></td><td></td><td></td></tr>
<tr><td>生态整合</td><td></td><td></td><td></td><td></td><td>超个体</td><td></td><td></td><td>生态整合</td></tr>
<tr><td>社会重构</td><td>社会重构</td><td>社会重构</td><td rowspan="2">社会</td><td>社会重构</td><td>社会</td><td>社会本位</td><td></td><td>社会重构</td></tr>
<tr><td>社会适应</td><td></td><td></td><td></td><td></td><td></td><td></td><td></td></tr>
</table>

综观“主义式”与“取向式”在哲学与理论层面的课程观，都是将其作为一种纯粹的形式来进行探讨。但在实际的教育情境中，鲜有教育参与者采用某一绝对化的单一课程哲学观念或理论取向，无论是对于课程理论家，还是课程设计者或决策者、教师、学生等，研究者们在实践中较为一致地发现，人们常常处于两个或多个课程取向相结合①的位置，即采用一种综合取向（eclectic conception）②来认识具体的课程。从以上两类课程观的梳理中也可以看出，有些取向是在一定时代的背景下融合而成的，可以分为两种不同的观点，如社会取向下的社会适应与社会重

① 黄政杰：《课程设计》，东华书局 1991 年版，第 140 页。

② Print M., *Curriculum development and design*, NSW, Australia: Allen & Unwin, 1993, pp. 93－108.

构；但也同样存在有些取向虽然合乎逻辑，但却彼此相冲突的现象，如常见的人本与技术取向。因此，当面对某一具体课程时，个体同时所具有的多个取向便呈现出依据这一具体课程的具体情况而表现出以某种取向为主的状态。

为了更好地把握学生的课程观，除了对以上宏观哲学层面主义式的课程观以及具体理论层面取向式的课程观的梳理，给我们提供了一个认识课程的出发点，还需要在实践层面了解国内外已有的关于学生在不同学科领域内课程观的具体研究，并据此来确定本研究的预设维度框架。

# 第三章

# 学生课程观的认识与相关研究

## 第一节　学生课程观研究的忽视

学生观念的研究是随着儿童发展心理学的兴起而产生的，自20世纪初皮亚杰时期对儿童科学概念的探究之始，越来越多的研究者开始关注儿童在科学、数学（包括统计、概率）以及程序的概念[①]。在此后的半个世纪里，关于儿童对科学概念理解的研究数以千计[②]。从大量的研究中发现[③]，学生对于自然现象都持有其自身的描述和解释系统，然而这些信念和解释系统与其所学习的课程并不见得一致，但是这些观念系统的表现又与其不同的年龄、能力以及国籍等有较显著的一致性，最重要的是，这些观念系统并不能轻易地通过传统的课堂教学而使其改变。

---

① Confrey J.，"A Review of the Research on Student Conceptions in Mathematics，Science，and Programming"，*Review of Research in Education*，Vol. 16，1990.

② Shymansky J. A.，Kyle W. C.，"A Summary of research in science education in 1986"，*Science Education*，Vol. 72，No. 3，1988.

③ Osborne J.，Wittrock M. C.，"Learning science：A generative process"，*Science Education*，Vol. 67，No. 4，1983.

另外，随着20世纪30年代课程作为经验的观点开始在课程领域中受到关注，有研究者开始基于学生自身经验探究其对课程的看法，有关学生课程观念的研究逐渐出现。在60年代传统工具理性转向概念重构模式的思潮影响下，课程探究模式由科学中心转向个人，社会中的权力结构、阶级冲突、个体经验等问题开始进入课程研究者的探索领域，教师和学生在课程过程中的观点与感受逐渐受到重视。

有关学生课程观研究的最初形态，在20世纪60和70年代是以对各种文化背景学生的教育民族志、人种志研究中所呈现出的课程诠释①。最早开始于1961年贝克尔（Becker，H. S.）等人运用符号互动论的观点对医学院学生的研究②。通过对刚入学的医学院新生进行一整年的研究，贝克尔发现学生在一年之内对其所学课程的观点有很大的转折和变化：从最初"学习所有成为医生所学的知识"到将不同的课程给予不同的定位，如"填鸭式"（spoon－feeding）、"大课"（big course）等更具"务实性"的判断，甚至于到最后仅将课程定位于"教授要我们知道什么"，以教师的期望或者说"考试的导向"来做判断。因此，贝克尔等人认为，学生的文化其实就是学生的观点，即学生面对问题发展出来的共同的想法与行动。

虽然在早期阶段，很少有研究者直接探讨学生的课程观念，但从其部分研究者针对不同群体的学生进行课程相关研究中发现，学生对课程的界定令人惊叹：他们会根据其自主的观念对课程进行分类和定义，例如：否定理论与心智活动的价

---

① Brooker R., Macdonald D., "Did we hear you?: issues of student voice in a curriculum innovation", *Curriculum Studies*, Vol. 31, No. 1, 1999.

② Becker H. S., Geer B., Hughes E. C., et al., *Boys in white: Student culture in medical school*, New Brunswick, Chicago: University of Chicago Press, 1961.

值，认为理论对未来工作没有帮助[①]，所以不想继续升学也不愿意太努力读书[②]；认为学校课程是主流族群的文化[③]；认为课程的内容与成绩是教师主观认定的，因此课程只有工具性价值[④]；认为课程可以分为"背科"和"主科"两种，"背科"只需要划重点、背重点，不听就可以懂，而"主科"除了背更重要的是理解[⑤]，甚至于有学生认为课程太难，将其定义为一种符号暴力[⑥]；等等。根据这些界定，学生会决定其自身如何学习，学习到何种程度。虽然在这些早期的研究中并没有从这一系列学生具体的课程经验中概括出其抽象的课程观念，但从部分学生对于课程的价值定位中，有学者归纳出学生的课程界定呈现出与其社会文化背景密切相关的"务实"、"指向未来"[⑦]的取向特征。

---

① Willis P., *Learning to labor: How working class kids get working class job*, New York: Columbia University Press, 1977.

② 黄鸿文：《国中中学生文化之民族志研究》，学富文化出版社2003年版，第134页。

③ Ogbu J. U., "Low school performance as an adaptation: The case of blacks in Stockton", Gibson M. A., Ogbu J. U., *Minority status and schooling: A comparative study of immigrant and involuntary minorities*, New York: Garland, 1991, pp. 249-286.

④ Holland D. C., Eisenhart M. A., *Educated in romance: Women, achievement, and college culture*, Chicago: The University of Chicago Press, 1990, pp. 71-75.

⑤ 黄鸿文：《国中中学生文化之民族志研究》，学富文化出版社2003年版，第61页。

⑥ Lyons T., "Different Countries, Same Science Classes: Students' experiences of school science in their own words", *International Journal of Science Education*, Vol. 28, No. 6, 2006.

⑦ 黄鸿文、汤仁燕：《学生如何诠释学校课程》，载《教育研究集刊》2005年第51卷第2期。

20 世纪 60 年代末 70 年代初期，美国课程专家古德莱德首次提出，教师和学生是课程决定的重要层级[①]，并提出课程决策中存在的五种不同课程，即理论家所构想出的“理想的课程”(ideological curricula)、在现实的政策下制定设置出的“正式的课程”(formal curricula)、教师对着课程文本所“领悟的课程”(perceived curricula)、在课程实施中“运作的课程”(operational curricula)和学生个体“经验的课程”(experiential curricula)间会存在一定的落差。最开始人类社会对于教育的价值理念，经过了这五种不同层级课程环节都会因为各种实际情况与沟通、实施等问题而大量的流失和蒸发。教育的价值理念落实到最根本之处就在于学生“经验的课程”——虽然，学生的观点与教师、家长、学校、社会等的课程观点和期许会有差异，甚至于相去甚远。但是，通过了解学生在运作课程中的感知以及思考，了解学生在教室中真正学习到了什么，使我们除了能够得到好坏、需要或者不需要的答案之外还能够得到更多有关学校的功能以及运行等确定性的评价，这才是决定课程成效的关键[②]。部分学者开始强调学生在课程决策中的地位[③]，强调课程改革不能忽略学生的声音。继而有学者提出 20 世纪 60 年代的课程变革造就了“防教师”(teacher - proof) 的课程方案，今天的研究者们也发现了长

① Goodlad J. I. , “Curriculum: The state of the field”, *Review of Educational Research*, Vol. 39, No. 3, 1969.

② Goodlad J. I. , Klein M. F. , Tye K. A. , “The Domains of Curriculum and Their Study”, Goodlad J. I. *Curriculum inquiry: The study of curriculum practice*, New York: McGraw - Hill, 1979, pp. 43 - 76.

③ Schwab J. J. , “The Practical: A language for Curriculum”, *The School Review*, Vol. 78, No. 1, 1969.

期以来我们的课程变革是“防学习者”（learner - proof）[①②] 的课程。

从 20 世纪 90 年代以来，课程“是什么”的问题一直是人们关注的热点，而后随着课程改革的推进，教师专业发展问题、教师经验问题的研究开始涌现。从这些关于课程观基本问题的研究以及教师课程观问题的研究结果中，有学者开始发现和提出学生在课程中的经验是最为珍贵的课程开发资源。自此，对学生的课程经验、态度、观念等的研究在教育领域开始兴起，但由于学生在课程要素中一直居于被教育、被指导、被安排的弱势被动地位，关于学生课程经验与观念的研究一直处于零星散落的状态，主要存在于科学[③]、体育[④]、医学[⑤]、统计[⑥]（数学）、英语[⑦]等一

---

① Erickson F., Shultz J., “Students' experience of the curriculum”, Jackson P. W., *Handbook of research on curriculum: A project of the American Educational Research Association*, New York: Macmillan, 1992, p. 481.

② 尹弘飚、李子健：《论学生参与课程实施及其研究》，载《课程·教材·教法》2005 年第 1 期。

③ Osborne J., Collins S., “Pupils' views of the role and value of the science curriculum: A focus group study”, *International Journal of Science Education*, Vol. 23, No. 5, 2001.

④ Campbell D. E., “Student attitudes toward physical education”, *Research Quarterly*, Vol. 39, No. 3, 1968.

⑤ Curry L., “Individual differences in cognitive style, learning style, and instructional preference in medical education”, Norman G., Van der Vleuten C., Newble D., et al., *International Handbook of Research in Medical Education*, Dordrecht: Kluwer Academic Publishers, 2002, pp. 263 - 276.

⑥ Roberts D. M., Saxe J. E., “Validity of a Statistics Attitude Survey: A Follow - Up Study”, *Educational and Psychological Measurement*, Vol. 42, No. 3, 1982.

⑦ John T., Francis C. I., Lucas A. O., “Students' Perspectives on the Secondary School English Curriculum in Kenya: Some Related Implications”, *Educational Research*, Vol. 2, No. 1, 2011.

些学生关于具体学科的态度、理解、取向和观念，或作为研究学校课程改革对教师和校长等研究的补充观点而存在[①]。这其中包括部分研究者通过教育叙事、观察等方法来研究学生的课程经验和课程阐释，也有部分研究者通过问卷和访谈来了解学生的课程理解和态度取向，但是鲜有研究者纯粹地来探讨学生眼中的课程是什么样的，思考从学生的课程经验中去发现这些观点是否不仅仅在于积极或消极、喜欢或不喜欢的态度，而是存在不同取向，这些不同的取向与学生个体的文化背景以及其校园文化、教师的课程观是否有关，或者说更深入地去探索学生的这些观点与其自身的课程实践、学习行为、学习结果的关系。

无论是从理论上还是从实践上来看，作为学校课程主体的学生对于课程"是什么"的看法是极为重要的，它不仅关系到个体的学习，也同样关系到正在进行中的教师教学实践、学校课程实施运作、教育课程改革以及学生个体的未来发展。面对学生课程观研究的缺失，虽然已有不少研究者注意并提出了此问题，如埃里克森（Erickson，F.）和舒尔茨（Shultz，J.）[②]，克莱恩（Klein，M. F.）[③]，波拉德（Pollard，A.）、西森（Thiessen，

① Cheung D.，Hatti J.，Bucat R.，Gouglas G.，"Students' perceptions of Implication of School - based Assessment Schemes for Practical Science"，*Curriculum and Teaching*，Vol. 11，No. 1，1996.

② Erickson F.，Shultz J.，"Students' experience of the curriculum"，Jackson P. W.，*Handbook of research on curriculum*：*A project of the American Educational Research Association*，New York：Macmillan，1992，pp. 465 - 485.

③ Klein M. F.，"A conceptual framework for curriculum decision - making"，Klein M. F.，*The politics of curriculum decision - making*：*Issues in centrallizing the curriculum*，New York：SUNY Press，1991，pp. 24 - 41.

D.）和费乐尔（Filer，A.）[①]，黄政杰[②]，等等，但具体关于学生课程观的研究仍十分匮乏。对此，研究者们十分有必要在此问题上进一步归纳梳理已有的个别研究，深入了解学生对于课程的看法，抽象学生的课程经验，探寻学生的课程观，以促进课程的改革和学生的学习。

## 第二节　学生的课程观与学生的学习

从哲学上来讲，观念作为个体掌握外部现实、在意识中创造外部对象的形式化结果，是个体对某一现象和事件的本质认识。课程观即是人们对课程的基本看法。这种看法可以是源于思辨的探讨或理论的演绎，也可以是人通过自身的经验而构建起来的一种用于理解和认识所经历课程现象的本质的思维框架。前者往往是高度概括的，是某种理论或思潮在课程领域引起的回响。后者一般是个性化的，它既抽象于个体的课程经验，又同时受到周围文化的影响，即在社会文化价值取向影响下个体通过对课程满足其价值需求程度的判断而形成的认识。

学生的课程观指的是学生个人对课程的基本看法，或者说是对课程本质的认识。就学生而言，他们对课程的看法不太可能直接来源于某种理论思辨或演绎，而是来源于其个人的课程经验。事实上，在面对课程的时候，学生不是被动地接受某种关于课程的抽象认识，而是如现象描述分析学所阐述的那样，基于自己的学习经验逐步构建起自己的课程观，并且随着学习的进程调整自己的课程观。同时，个体观念的意义建构从根本上来说是无法脱

① Pollard A., Thiessen D., Filer A., *Children and Their Curriculum: The perspectives of primary and elementary school children*, London: Falmer, 1997, pp. 1 – 12.

② 黄政杰：《课程改革》，汉文书店出版社 1999 年版。

离时代、社会、家庭、学校、班级等文化背景的，个人对经验的感知必然会受到一定的来自周围社会文化的影响，是一种在社会文化传承影响下的个人建构。就课程本身而言，其与文化也有着天然的联系，被广泛地认为是一种文化。也就是说，学生会出于个人的社会文化背景来认识定位于社会主流或大众文化下的课程。那么，学生在课程活动中建构起来的课程观就会既有个人的独特性，又有类群的相近性。这是因为，一方面，基于观念与个体的二位一体性，每个学生的课程经历都是个体化和个性化的。即使在同一课堂中，不同的学生出于自身的背景和立场对课程的感受和看法也不相同，他们对课程的经历也不完全相同。另一方面，学生课程观的构建当然还受到来自学校、家庭和社会文化因素的影响。从学生类群的总体上看，大家都生活在相同的社会与文化环境之中，在相同或相近的学校与课程环境中进行课程学习活动，因此各人所构建的课程观又不可避免地带有一定的相近之处，可以概括为一些有代表性的类型。

同时，观念是联结个体与行为的操控中心。从根本上来说，是个体行为的导向，支配着不同观念持有者在课程与教学整个过程环节中的认知、行为、结果和发展。因此，学生的课程观除了以上所谈及的特征外，更重要的还在于它对学生学习行为会产生直接的影响。

实际上，从20世纪80年代开始，部分研究者就通过现象描述分析学研究发现并证明了学生对于学习本身的看法（即学习观）与学生采用何种方式进行学习密切相关。[①][②] 随着研究的深入，研究者们进一步发现，学生的学习方式并不是一种简单不变

① Saljo R.，*Learning and understanding: A study of differences in constructing meaning from a text*，Goteborg：ACTA Universitatis Gothoborgensis，1982.

② Prosser M.，Trigwell K.，*Understanding learning and teaching: the experience in higher education*，Buckingham：Open University Press，1999.

的学习风格，而是会根据其自身对周围不同学习情境的感知而变化[①]。即便是在同一个课堂中，不同学生对于教师的教学、教学的目标、布置的作业、学习的评估等，都会有各种不同的看法，而这些看法都会对学生的学习行为有直接的影响[②]。就仿佛同一间教室中重叠着不同维的时空一样，不同的学生对于所学的课程与内容有着自己的观念世界，需要对其进行描绘[③]。个别研究者在一系列具体学科内的实证调查研究[④][⑤][⑥]中发现，学生个体对具体课程（subject）的观念与其学习的动机显著相关，并以此影响其对不同深层或表层学习方式的选择。

图 3 – 2 – 1 为迈耶（Meyer，J. H. F.）的学习过程结构模型[⑦]。

---

① Lucas U.，Meyer J. H. F，"'Towards a mapping of the student world'：the identification of variation in students' conceptions of，and motivations to learn，introductory accounting"，*The British Accounting Review*，Vol. 37，No. 2，2005.

② Tight M.，*Researching Higher Education*，Maidenhead：McGraw Hill，2003.

③ Marton F.，"Phenomenography：exploring different conceptions of reality"，Fetterman D. M.，*Qualitative Approaches to Evaluation in Education：A Silent Scientific Revolution*，New York：Praeger，1988，p. 180.

④ Crawford K.，Gordon S.，Nicholas J.，et al.，"University mathematics students' conception of mathematics"，*Studies in Higher Education*，Vol. 23，No. 1，1998.

⑤ Meyer J. H. F.，Eley M. G.，"The development of affective subscales to reflect variation in students' experiences of studying mathematics in higher education"，*Higher Education*，Vol. 37，No. 2，1999.

⑥ Meyer J. H. F.，Shanahan M.，Martin P.，"Developing metalearning capacity in students：actionable theory and practical lessons learned in first – year economics"，*Innovations in Education and Teaching International*，Vol. 41，No. 4，2004.

⑦ Meyer J. H. F.，"A nested model of student learning"，*Accounting Education Symposium：Approaches to Learning*，University of Sydney，Feb. 2003.

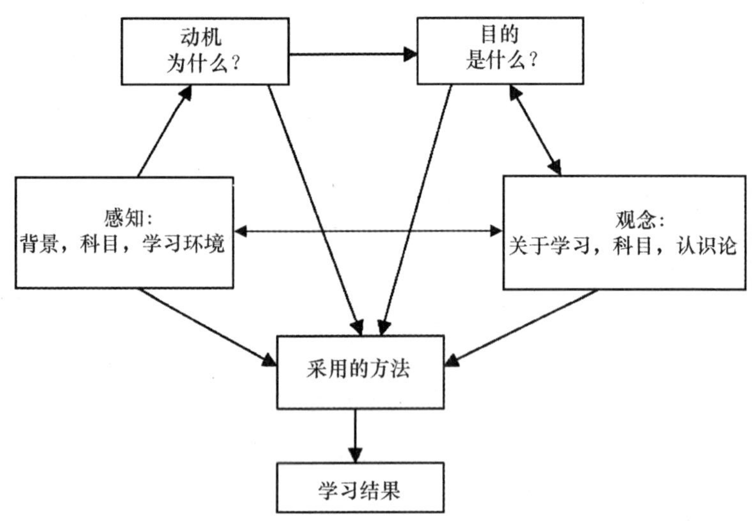


**图 3-2-1　学习过程结构模型**①

这里假设学习是一个有目的的过程，学习者要在动机的驱使和目的的塑造下进行学习。动机是个体行为的决定性因素，指的是在一定学习情境下学习者“为什么”要这样做，“为什么”要选择某种方式来进行。学习目的则是指在这一情境下要“做到什么”或“学会什么”。那么，在具体的课程与教学实践中，学习者在学习某一内容之前，都会有一定先前的认知，既包括对这一课程的听闻或看法，也涵括其自我的认识信念。当展开这一具体的学习时，同样又是一个新的认识的过程。学习者在这些已有观念的基础上首先对学习的内容、背景以及环境等进行感知，从而进行判断为什么要学习、要学会什么，以进一步加深或调整其已

① Lucas U., Meyer J. H. F., "'Towards a mapping of the student world': the identification of variation in students' conceptions of, and motivations to learn, introductory accounting", *The British Accounting Review*, Vol. 37, No. 2, 2005.

有的观念，将其分类定义进行自我建构，进而选取对他们有价值的内容，选择不同的方法去实施，并得到一定的学习结果，同时并依据自己认定的合适的标准来评价自己的表现①。因此，学生对于课程的观念不仅会影响学生对这一课程具体内容的学习，还会影响其对后续课程的参与度，以及将来对于该领域内容更进一步的学习②。

从现有的关于学生课程观的研究来看，学生面对课程会主动地理解和阐释，进而形成自己的观念，给其定位，在他们自己的学习与生活中成为课程的掌控者、设计者以及实践者，因此学生对于学校课程的独特看法对于促进个体学习、提高学业成绩、推进学校教学实践、促进课程改革以及了解教育问题可能会有重要的启示和价值。③④⑤ 毕竟在课程的传递过程中，教师所教的并不见得是学生所学习到的。因此，无论是从学生作为受教育的主体，应该具有表达其个人的课程观点和看法以及参与课程决策的方面来考虑；还是从施教的主体教师，应该了解学生的课程经验并将其提升为观念取向以真实地了解学生需求来考虑；又或是从教学的过程、课程改革的进程出发，以消

---

① 黄鸿文、汤仁燕：《学生如何诠释学校课程》，载《教育研究集刊》2005 年第 51 卷第 2 期。

② Lyons T.，“Different Countries，Same Science Classes：Students' experiences of school science in their own words”，*International Journal of Science Education*，Vol. 28，No. 6，2006.

③ Klein M. F.，“A conceptual framework for curriculum decision making”，Klein M. F.，*The politics of curriculum decision - making：Issues in Centralizing the curriculum*，New York：SUNY Press，1991，pp. 24 - 41.

④ Rogers V.，“Assessing the curriculum experienced by children”，*Phi Delta Kappan*，Vol. 70，No. 9，1989.

⑤ Pollard A.，Thiessen D.，Filer A.，*Children and Their Curriculum：The perspectives of primary and elementary school children*，London：Falmer，1997，pp. 1 - 12.

除学生的经验课程与教师的经验课程、学校实施的课程、课程制定者理想课程之间的隔阂来考虑，“学生的课程观念”都应该是沟通学生个体与课程、教师、学校、课程制定者的话语之源。

## 第三节　学生课程观的相关研究

### 一、西方学者关于学生课程观的研究

在 20 世纪 60 年代，西方学者对学生课程观的研究最初是以教育民族志、人种志的形态展开以探究不同文化背景下的学生对学校课程的看法，结果发现学生对课程的看法与其自身的社会文化背景相关。到了 80 年代，一方面，随着学者们对课程决策的探究，认为课程的最终落实在于学生，教育价值理念落实的最根本之处在于学生“经验的课程”。另一方面，随着课程中教师发展的关注，不少学者发现学生观点的缺少也使得课程图景不完整，于是开始了探究学生对具体课程的态度、解释、诠释和价值观念，结果发现学生对于课程的看法具有较强的务实性与未来指向性，与教师、家长、学校等有较大差异。具体来说，包括三种着重点不同的研究：第一种为探究群体学生在个人文化背景下对课程的理解和个人意义建构的质性研究；第二种为探讨学生对于学校课程的态度、满意度等的调查研究；第三种为探讨学生如何看待学校课程以及所持有的学习动机、采取的学习行为或学习结果等的实证研究。其中，以第二种类型的研究居多。

自 90 年代中后期开始，有学者提出要在不同类型学生对学校课程看法差异的基础上探究这些差异观点的特质、来源、背景和结果，以及课程观的不同取向分类。包括探究学生对具体某一学科领域或具体课程的看法，又或对这些学科课程在生活中的运用的看法，如探究学生对于运动学、学校体育课和体

育锻炼的不同理解[①]。自这一时期始，学者们对学生课程观的探究开始由零散的学生观点和单纯的偏好调查转向对于这些学生观点背后的原因。

在已有的研究中，不少学者发现学生的观点与其学习行为和经验相关，而且学生的视角较为微观和局限，更多地集中于从课程的目标是否与个体发展、学科精熟相连，课程的内容是否有趣或是否与生活经验、未来相关，课程的教学方法是否有趣多样、是否是单一知识传递、是否具有激发性，课程的评价是否导致挫败感或强迫感，课程的实施者（教师）与自身的关系和给自己留下的印象，课程的整体定位如何等几个方面，总是与自身的学习相连。因此，学生对基于学习经验的具体课程的看法较为多元，与教师、教育研究者的课程观有一定差距，但“差异的所在即是相互学习的起点”[②]，教育者应了解学生的看法，并立足于此作为与学生沟通对话的起点，使学生重新反思他们对课程与未来的定位，做真正务实的未来向导。

从 21 世纪开始，在原有关于学生零散的课程观研究的基础上，有学者开始试图将学生多元的课程观念进行统整，开始对以往的研究成果进行对比和整合，以归纳出学生对于某一具体课程观念取向的意义系统。表 3－3－1 整理了近年来西方关于学生课程观的主要研究文献。

① Lake J., "Young people's conceptions of sport, physical education and exercise: implications for physical education and the promotion of health－related exercise", *European Physical Education Review*, Vol. 7, No. 1, 2001.

② Morgan F. B., Doyle W., "Children's Interpretations of Curriculum Events", *Teaching and Teacher Education*, Vol. 13, No. 5, 1997.

表 3－3－1 国外关于学生课程观的研究

| 时间 | 研究者 | 研究方法/对象 | 研究问题 | 研究结论 |
| --- | --- | --- | --- | --- |
| 2000 | 奥斯本与柯林斯①（Osborne, J., Collins, S.） | 群体访谈＋个人访谈（16 岁中学生及其家长） | 学生和家长对学校科学课程的看法。哪些是感兴趣的，哪些是不感兴趣的 | 1. 学生认为科学课程是重要的；<br>2. 具体对科学课程的看法表现为：从学科特性来看是困难的；从教学来看是仓促的，有限时间内的知识传递使学生无暇思考；从内容来看是知识的堆积 |
| 2001 | 奥斯本和柯林斯②（Osborne, J., Collins, S.） | 群体访谈（16 岁中学生） | 学生对学校科学课程的观念。着力发现学生认为有趣或有价值的内容以及对未来课程的设想 | 1. 学生认为科学知识是课程中最重要的，课程的价值体现在内容知识是否有用，是否成体系；<br>2. 学生对课程的兴趣取决于课程内容是否与生活经验相连，课程的教学方法能否激起学生的兴趣和疑问，课程的评价是否给他们以压迫和挫败感，以及授课的教师是否有趣 |

① Osborne J., Collins S., *Pupils' and parents' views of the school science curriculum*, London: King's College, 2000, pp. 1－133. (http://www.kcl.ac.uk/content/1/c6/02/21/14/pupils.pdf)

② Osborne J., Collins S., "Pupils' views of the role and value of the science curriculum: A focus group study", *International Journal of Science Education*, Vol. 23, No. 5, 2001.

**续表**

| 时间 | 研究者 | 研究方法/对象 | 研究问题 | 研究结论 |
|---|---|---|---|---|
| 2002 | 里德和彼陀霍兹①（Reid，A.，Petocz，P.） | 现象描述分析（大学一至三年级学生） | 学生对统计课程的看法、如何学习和理解统计课程，以及对教师的期望 | 1. 学生对统计课表现为技术取向、实用取向、意义取向这三种取向下的六种具体观念；2. 这些观念呈现出由外在工具水平、外部意义水平向内在意义水平的过渡；3. 持有越高层次水平观念的学生所采用的学习方式更为广泛和有意义；反之，越低水平学生的学习方式更为单一死板 |
| 2003/2004 | 马克菲尔和金晨②〈科瑞克〉③（MacPhail，A.，Kinchin，G.，〈Kirk D.〉） | 画图＋群体访谈（小学五年级学生） | 学生对运动和体育课程的看法 | 1. 学生从体育课的本质、体育课的特征，以及对体育课看法的来源这三个维度来表达对体育的看法；2. 五年级的小学生认为体育课程就是游戏，没有区分其本质。学生对体育课程的观念与班级、教师相关 |

① Reid A.，Petocz P.，"Students' Conceptions of Statistics：A Phenomenographic Study"，*Journal of Statistics Education*，Vol. 10，No. 2，2002.（http：//www. amstat. org/publications/jse/v10n2/reid. html）

② MacPhail A.，Kinchin G.，"The use of drawings as an evaluative tool：students' experiences of Sport Education"，*Physical Education and Sport Pedagogy*，Vol. 9，No. 1，2004.

③ MacPhail A.，Kinchin G.，Kirk D.，"Students' conceptions of sport and sport education"，*European Physical Education Review*，Vol. 9，No. 3，2003.

续表

| 时间 | 研究者 | 研究方法/对象 | 研究问题 | 研究结论 |
|---|---|---|---|---|
| 2006 | 莱昂斯①（Lyons，T.） | 对比评述（15—16岁中学生） | 学生对学校科学课程的看法 | 1. 归纳出学生对于科学课程的观念主要有：认为科学课程在于知识传递的学术理性取向、科学课程内容是否有吸引力的经验取向、科学课程很难的学科取向这三种；2. 指出教学方法单一使学生认为科学内容权威不可变；课程内容的外在价值与学生个体经验的无关联性冲突使学生认为课程内容无吸引力；学习的挫败感、与个体经验无关、科学术语的权威神秘性使学生认为科学课程学习是困难的 |
| 2010 | 森普特②（Sumpter，L.） | 开放式问卷+画图+问卷（小学二年级和五年级） | 学生对数学和数学课程的看法，学习数学的动机以及情感倾向 | 学生较为一致地认为数学课程是在学校的个体活动，学数学就是学习书本上的计算 |

① Lyons T.，"Different Countries，Same Science Classes：Students' experiences of school science in their own words"，*International Journal of Science Education*，Vol. 28，No. 6，2006.

② Sumpter L.，"Younger students' conceptions about mathematics and mathematics education"，2010.（http：//www. tktk. ee/bw_client_files/tktk_pealeht/public/img/File/yldine/2010/mavi/MAVI16_Sumpter. pdf）

续表

| 时间 | 研究者 | 研究方法/对象 | 研究问题 | 研究结论 |
| --- | --- | --- | --- | --- |
| 2011 | 特拉等①（Tella, J., Indosh, F. C., Othuon, L. A.） | 开放式问卷（高中生） | 学生对英语课程的目标、内容、方法、评价和整体的看法，以及在性别因素的差异 | 整体学生在各方面对英语课程具有积极的认识，男女生在性别上没有明显差异。 |

从以上西方学者的研究来看：（1）对学生课程观研究的方法，最初在 20 世纪 60 年代始于对学生课程文化探究的民族志等纯质的研究；在 80 年代秉承量化研究的影响以及对学生课程态度的关注转向封闭式的问卷调查；从 90 年代中后期开始，研究者们在长期以学生为对象中发现，采用封闭式的研究只能简单地获得学生在某种程度上的反应而并不能很好地反映学生的真实想法，随着对学生观念研究的深入，开始转入了融合质的与量的更为开放式的研究，在传统等级量表、个体访谈的基础上，小组群体访谈、开放式问卷、画图等方法开始在探究学生观念的研究中运用。不少学者通过研究实践证明并指出，通过群体访谈所获得的关于受访者真实想法的信息相比其他方法更为精确②，画图分

① Tella J., Indosh F. C., Othuon L. A., "Students' Perspectives on the Secondary School English Curriculum in Kenya: Some Related Implications", *Educational Research*, Vol. 2, No. 1, 2011.

② Osborne J., Collins S., "Pupils' views of the role and value of the science curriculum: A focus-group study", *International Journal of Science Education*, Vol. 23, No. 5, 2001.

析也是评价学生观念的有效方法[①]。（2）在对学生课程观研究的关注点上也由最初对学生课程经验的阐释，发展到关注对具体课程的态度喜好，再到以探究这些喜好背后的原因以发现课程中的问题所在，发展至探究学生的这些观点与其自身的课程实践和学习行动的关系以及这些观念的个别取向。（3）在对学生课程观研究的分析维度上并不一致，但仍主要集中在课程目标、课程内容、课程教学（包括教学的方法和教师两方面）、课程评价这四个课程共同要素之上。同时，还包括从课程的价值、课程的整体定性、课程的难度、课程的有趣度这些维度来进行分析，但这些维度更多的是运用于理科和体育课程之中。（4）研究发现更多的还是对于学生所感知的课程现象的平行归纳，仅有个别学者从纵向归纳得出技术取向、实用取向、意义取向以及学术理性取向这四种课程取向类型。

## 二、内地与港台学者关于学生课程观的研究

从 20 世纪末 21 世纪初开始，包括港台在内的我国学者就提出要关注学生的经验，关注学生对学校课程、教师、教学、学习以及学校改革的看法和价值取向，但具体的研究实践还较为匮乏。

在内地，我国学者陈桂生从 21 世纪初期就开始不断地提出要“理解学生”[②]、聚焦学生经验的课程[③]，并提出相关研究的建

---

① MacPhail A., Kinchin G., “The use of drawings as an evaluative tool: students' experiences of Sport Education”, *Physical Education and Sport Pedagogy*, Vol. 9, No. 1, 2004.

② 陈桂生：《漫画“理解学生”》，载《河南教育》2001 年第 6 期。

③ 陈桂生：《聚焦学生经验的课程》，载《江苏教育学院学报》2006 年第 22 卷第 1 期。

议[①]，但在当前的具体实践中更多地呈现为一种运用量化手段调查学生基于具体课程经验的价值观态度偏好程度，或学生在课堂中对问题的反应和理解，而且多集中在该研究领域研究较为成熟的体育和医学两个学科。

在香港地区，更偏重于强调学生的观念在课程改革实施中的作用[②]，主要是作为一种对课程实施状况调查中教师和学校研究的数据补充。

在台湾地区，早期主要呈现的是以民族志的个案研究和具体科目的价值意义来进行学生的课程诠释[③]，偏重于探究一种学生对于课程价值所建立起来的意义图示，近年来开始有研究者尝试将课程观的理论取向框架运用于实践调查。表 3－3－2 整理了近年来港台及内地关于学生课程观的主要研究文献。

**表 3－3－2　　港台及内地关于学生课程观的研究**

| 时间 | 研究者 | 研究方法 | 研究问题 | 研究结论 |
| --- | --- | --- | --- | --- |
| 1996 | （港）张善培等[④]（Cheung，D.，Hatti，J.，Bucat，R.，Gouglas，G.） | 问卷（中学生） | 学生对教师、课程、学习以及学校改善的看法 | 课程变革不仅会影响学生的学业成绩，还会影响学生更深层的方面，如动机、情感、态度与价值观等 |

① 陈桂生：《关于研究“学生经验的课程”的建议》，载《现代中小学教育》2003 年第 7 期。

② 尹弘飚、李子健：《论学生参与课程实施及其研究》，载《课程·教材·教法》2005 年第 1 期。

③ 黄鸿文、汤仁燕：《学生如何诠释学校课程》，载《教育研究集刊》2005 年第 51 卷第 2 期。

④ Cheung D.，Hatti J.，Bucat R.，Gouglas G.，“Srudents' perceptions of Implication of School－based Assessment Schemes for Practical Science”，*Curriculum and Teaching*，Vol. 11，No. 1，1996.

**续表**

| 时间 | 研究者 | 研究方法 | 研究问题 | 研究结论 |
| --- | --- | --- | --- | --- |
| 2005 | 李敬阳、韩东梁、刘畅① | 问卷（大一到大三学生） | 临床医学专业学生对学习人文社会医学课程持有的态度，包括课程的内容、方法、学习行为以及课程的必要性和个人的兴趣态度 | 1. 大部分学生持积极态度，认为该课程可以使他们获得新的知识和方法；<br>2. 存在“积极”认知与“消极”学习行为的矛盾 |
| 2007 | 高庆琦、廖建媚② | 问卷（大一至大四学生） | 学生对健美操课程的看法，包括学习的兴趣、动机、需求 | 1. 学生对健美操课程呈现积极认同感；<br>2. 学生对课程内容的需求表现出社会流行性的取向 |
| 2008 | （港）徐慧璇③ | 对比评述（大学生） | 国内外港台不同大学生对通识教育课程的看法 | 1. 大学生对通识教育课程的理解主要体现在课程学习目的和学习结果两方面；<br>2. 在课程目的方面，学生对职业发展和实用技能方面最为重视；<br>3. 在课程学习结果上表现为外在需求的学分、高学业成绩，以及有价值和有意义的学习经验的内在需求两方面 |

① 李敬阳、韩东梁、刘畅：《临床医学专业学生对人文社会医学课程的态度》，载《中国临床康复》2005 年第 9 卷第 32 期。

② 高庆琦、廖建媚：《新增本科院校学生学习健美操课程的取向调查研究——以厦门理工学院为例》，载《福建体育科技》2007 年第 26 卷第 4 期。

③ 徐慧璇：《大学生如何理解通识教育课程》，载《大学通识报》2007 年第 2 期。

**续表**

| 时间 | 研究者 | 研究方法 | 研究问题 | 研究结论 |
| --- | --- | --- | --- | --- |
| 2008 | （台）蔡碧夆① | 民族志（高三学生） | 高中生在升学环境下对学校课程的理解和看法 | 1. 学生对学校的课程有独特的分类系统：一种是将其分为主科和非主科，一种是将主科继续分为背科、理解的和难以准备的；2. 学生的课程观受教师、班主任、同学以及班级环境的影响 |
| 2009 | （台）林伟伦② | 问卷＋访谈 | 1. 高中学生体育课程价值取向；2. 四种不同背景变量（校别、性别、年级、运动经验）的差异状况 | 1. 学生对于体育课程价值取向有相当程度的认同感；2. 学生体育课程价值取向优先级为生态平衡取向、自我实现取向、社会责任取向、学科精熟取向、学习历程取向；3. 不同性别学生在学科精熟取向、学习历程取向、自我实现取向上呈现显著差异，且男生均高于女生；不同运动经验学生在学科精熟取向、学习历程取向、自我实现取向、生态平衡取向上有显著差异，且有运动经验者均高于无运动经验者；不同年级、校别的学生的体育课程价值取向无显著差异 |

① 蔡碧夆：《升学氛围下国中学生的课程观——一个班级的民族志研究》，硕士学位论文，台湾师范大学，2008年。

② 林伟伦：《离岛高中学生体育课程价值取向研究》，硕士学位论文，台湾师范大学，2009年。

续表

| 时间 | 研究者 | 研究方法 | 研究问题 | 研究结论 |
| --- | --- | --- | --- | --- |
| 2009 | 杨天庆、崔学梅① | 问卷+访谈（大一、大二学生） | 高校学生对体育课中的野外生存生活训练课程的课程目标、课程内容、课程类型、野外实践形式等方面的价值取向 | 1. 学生在课程目标方面倾向于运动技能和社会适应目标；2. 在课程内容方面倾向于基本知识与技能、急救知识等方面，较忽视能力训练；3. 学生生活地域对其课程类型选择具有影响 |
| 2011 | （台）林金叶② | 访谈+问卷（高中生） | 高中生对公民与社会科课程的看法，包括对课程内容实用性、趣味性、难易和升学价值的诠释 | 1. 学生认为课程内容大多较具有实用性和趣味性，然而感觉过半数的内容较难，并将其定义为“非主科”；2. 学生性别、学校环境、家庭背景因素对学生的课程观无显著差异；3. 学生对课程实用性和趣味性的认同与其教师多元的教学方式相关 |

① 杨天庆、崔学梅：《甘肃省高校学生野外生存生活训练课程价值取向的研究》，载《卫生职业教育》2009年第27卷第1期。

② 林金叶：《台北市公立高中学生对公民与社会科的课程诠释》，硕士学位论文，台湾师范大学，2011年。

**续表**

| 时间 | 研究者 | 研究方法 | 研究问题 | 研究结论 |
| --- | --- | --- | --- | --- |
| 2011 | 蔡先锋① | 问卷（大学生） | 1. 大学生体育课程观；2. 大学生对体育课程的价值观与锻炼行为之间的相互影响程度 | 1. 大学生的体育课程观存在身心健康和乐观积极两个取向，锻炼行为包括参与性和坚持性两个取向；2. 性别因素在两个课程取向上存在显著差异；3. 锻炼频率越高的学生越能从课程内容中领悟到课程价值；4. 课程观与锻炼行为存在显著相关 |

从以上我国学者的研究成果来看：（1）对学生课程观研究的方法，还停留在20世纪60年代和80年代国外对于学生课程观探究的民族志等纯质的研究以及对学生课程态度的量化调查和封闭式的问卷。虽然目前台湾地区多从民族志和个案研究中较为集中地探寻学生对于具体课程的意义系统，但并未从学生的经验阐释中概括提炼出学生对于课程基本看法的观念取向，多是集中在对课程本身的重要性、实用性、趣味性、难易度等方面来对课程进行喜好、价值定性等的分类，即是一种对于其自身所处经验脉络中对课程的定义而形成的结构意义图。在内地也是处于一种对课程的态度和喜好的量的调查，并没有将课程观的理论与研究实践很好地结合。（2）在对学生课程观研究的关注点上，仍处于对学生课程经验的阐释与对具体课程态度喜好的调查并存状态，对于学生课程观背后的原因论述较多，但较少以实证的方法

① 蔡先锋：《大学生对体育课程价值观与锻炼行为的相关研究》，载《湖北体育科技》2011年第30卷第2期。

来进行检验。与国外学者一致的是，同样将学生课程观指向学生的学习。（3）在对学生课程观研究的分析维度上并不一致，但仍主要集中在课程目标、课程内容、课程教学（包括教学的方法和教师两方面）、课程评价这四个课程共同要素之上。同时还体现出一种关注课程内容，以课程内容的有趣度、难易度、有用性、需求度、必要性、价值等这些维度来进行分析的形态。（4）关于研究发现，更多的也是对于学生所感知的课程现象的平行归纳，仅有一名台湾研究者完全采用恩尼斯和胡柏的观点作为分析的框架，就体育课程的整体决策层面归纳出学科精熟、学习过程、自我实现、社会重构、生态整合五种课程取向类型。

## 第四节　小结

从以上对国内外主要相关研究的梳理中可以看到，不论是大学生、中学生还是小学生，也不论是对体能训练型的课程、基础知识型的课程还是专业型的课程，学生都有他们自己对课程的看法、理解和解释。其所具有的课程观念与他们经历这一课程所得的课程经验，以及各种直接影响他们的课程经验的因素，如课程的目标要求、内容、教学方式、评价方式等密切相关。同时还受学习环境的影响，诸如与班级的氛围、课堂的互动、社会的文化环境有关。但无论这一影响是来自直接的课程经验，还是间接的文化因素，学生课程观最主要的还是在于学生自身的价值体系，即一种对生活、未来和世界的实用的看法，并以此决定着他们对相关课程的态度以及与课程观相匹配的学习方式的采用。

因此，在课堂教学互动的背景下，学生对课程的看法既与教师的看法不同，又与理论中主义式、取向式的课程观都存在一定的差距，虽然从各学者的研究结果中能够体现出部分理论中课程观的取向，但只有国外部分研究者就其研究结果概括出了学生课程观的学术理性取向、技术取向、实用取向、经验取向、意义取向等，以及个别台湾学者完全运用恩尼斯和胡柏的课程观框架来调查学生的课程观取向。可以说，在学生课程观研究的领域中目前仍呈现出一种实践与理论脱节的现象，而这种现象目前在我国内地尤为明显，显示出一种实践研究的混乱。

从当前课程观的理论维度与已有相关研究的维度划分来看，呈现出来的仍是以课程目标、课程内容、课程教学、课程评价这四个课程共同要素为主的形态。在理论取向的梳理讨论中也发现没有涉及课程评价这一要素，猜测其原因可能在于课程评价的涵盖面很广，既包括课程文本的评价，又包括课程实施中的组织落实措施的评价、教学评价、学生评价，等等。其中每一方面的评价又包括了许多更小方面的内容，如学生评价中又包括了终结性的学业评价以及过程性的学习质量考评等。要对覆盖如此广泛的概念的各种看法加以统整本来就已经很困难了，将其与课程的其他方面的看法进行统整的难度就更大。理论家也许因此而并未将课程评价这一要素纳入到课程观，而单独进行评价观的研究。考虑到对学生而言，学业评价是其学习成果检测和反馈的重要指标，必定会受到学生的关注。故在本研究中，将课程评价这一要素的内涵缩小界定为学业评价的范围。另外，从已有研究的关注维度来看：课程内容要素中可以涵括有关课程内容的趣味性、必要性、实用性、价值性、需求性等方面；而在课程教学要素中则涵括了课程的类型、教学的方法、教师的因素等方面。

因此，本研究结合已有的理论与研究实践，欲采用课程的目标、内容（趣味性、必要性、实用性、价值性、需求性）、教学（类型、方法、教师）、评价（学业评价）这四个课程共同要素作为分析的预设维度。

# 第四章

# 高校思想政治理论课的沿革及其相关研究

## 第一节　高校思想政治理论课程的发展

从新中国成立至今的60多年间，高校思想政治理论课程从最初的设立、探索、曲折、恢复、改革、发展等，大致可以分为七个发展阶段，虽然在不同的阶段曾使用过“公共必修课”、“政治理论课”、“共同政治理论课”、“马列主义课”、“马克思主义理论课（公共课）”、“共产主义思想品德课程”、“两课”等名称，但惯称为“思想政治理论课”。以下从课程的共同要素来审视我国高校思想政治理论课程的发展，可以看出，其总体是随着我国的具体国情和社会发展的实际情况而变化调整的。

第一阶段（1949—1956年）：新中国成立初期的思想政治理论课，主要是依据苏联高等教育模式，在吸收老解放区思想政治教育经验的基础上建立起来的。最初，主要包括“辩证唯物论与历史唯物论（包括社会发展史）”、“新民主主义论（包括近代中国革命运动史）”、“政治经济学”这三门课程①。“主要目的乃是

---

① 华北人民政府高等教育委员会：《华北专科以上学校一九四九年度公共必修课过渡时期实施暂行办法》（高教秘字第一七二九号），载教育部社会科学司《普通高校思想政治教育课程文献选编》（1949—2008），中国人民大学出版社2008年版，第2页。

逐步地建立革命的人生观。"[①] 在经过一系列的探索之后，教育部于 1956 年颁布了《中华人民共和国高等教育部关于高等学校政治理论课程的规定（试行方案）》[②]，将高校思想政治理论课确定为"马列主义基础"、"中国革命史"、"政治经济学"和"辩证唯物主义和历史唯物主义"四门课，并规定了"四比一或五比一"的讲授与讨论课时比例，以及考试与考查相结合的评价方式[③]。这一时期的思想政治理论课着重于"给青年知识分子和旧知识分子以革命的政治教育，以适应革命工作和国家建设工作的广泛需要"[④]，通过马列主义、毛泽东思想以及中国革命史内容的传授，旨在强调思想的肃清和改造，帮助大学生不断地提高社会主义觉悟，树立辩证唯物主义世界观和人生观。这一阶段的课程建设虽然并未以大学生形成观察事物、解决问题的能力为目标，也并未强调如何去考查评价学生的学习结果，但其课程和教学内容的设置在几十年的政治课程变革中一直保留了下来，具有较深远的意义。

第二阶段（1957—1965 年）：社会主义建设初期的思想政治理论课，随着社会主义初期国内的反右、反修正主义等形势的变化而经历了一系列曲折的过程。1957 年的反右阶段，高校原设的四门思想政治理论课全部停开，改设社会主义教育课，

---

① 《钱俊瑞在第一次全国教育工作会议上的总结报告要点》（《高等教育文献法令汇编》1949 年—1952 年节录），载教育部社会科学司《普通高校思想政治教育课程文献选编》（1949—2008），中国人民大学出版社 2008 年版，第 4 页。

② 《中华人民共和国高等教育部关于高等学校政治理论课程的规定（试行方案）》，载教育部社会科学司《普通高校思想政治教育课程文献选编》（1949—2008），中国人民大学出版社 2008 年版，第 27—30 页。

③ 同上书，第 28 页。

④ 《中国人民政治协商会议共同纲领（节录）》（摘自《人民日报》1949 年 9 月 30 日），载教育部社会科学司《普通高校思想政治教育课程文献选编》（1949—2008），中国人民大学出版社 2008 年版，第 1 页。

毛泽东《关于正确处理人民内部矛盾的问题》被设为中心教材；提倡在讲授教学的基础上以“团结—批评—团结”为原则的讨论和辩论；改变记忆考核的学习评价模式，提倡期末学习总结与学生平时思想行为表现相结合的学习评价模式①。随着1959年中苏关系进一步恶化，反对修正主义的内容更加明显，1961年教育部提出《改进高等学校共同政治理论课程教学的意见》②，规定高等学校政治课程为“马克思列宁主义基础理论”和“形势和任务”两大块，其中“马克思列宁主义基础理论”在文、理校内容设置不同：文科专业包括党史、马列、政经、哲学四门；理科、体育、艺术专业则仅设党史和马列，“形势和任务”为各专业年级必修课，主要讲解国内外形势、党和国家的任务、方针、政策。到了1964年，随着党中央判断上的失误，思想政治理论课这一课程也逐步偏差，提出“政治理论课必须从思想上和理论上积极参加这一场阶级斗争，兴无产阶级思想，灭资产阶级思想”③，强调加强毛泽东思想的教育。在这一阶段的思想政治理论课程实质上仍是以“改造大学生思想，

---

① 《中华人民共和国高等教育部、教育部关于在全国高等学校开设社会主义课程的指示》[(57)厅秘载字第242号，(57)高师教柳字第214号，1957年12月10日]，载教育部社会科学司《普通高校思想政治教育课程文献选编》(1949—2008)，中国人民大学出版社2008年版，第31—32页。

② 《改进高等学校共同政治理论课程教学的意见》(1961年4月8日)，载教育部社会科学司《普通高校思想政治教育课程文献选编》(1949—2008)，中国人民大学出版社2008年版，第41页。

③ 《中央宣传部、高教部党组、教育部临时党组关于改进高等学校、中等学校政治理论课的意见》[中发(64)650号，(1964-10-11)]，载教育部社会科学司《普通高校思想政治教育课程文献选编》(1949—2008)，中国人民大学出版社2008年版，第50页。

提高社会主义觉悟”[①] 为主要目的，着重突出毛泽东理论思想，并将学生的政治觉悟作为衡量其学习评价的首要标准[②]，而非强调道德表现。

第三阶段（1966—1976 年）：“文化大革命”时期的思想政治理论课并没有因为中国高等教育遭到破坏停止招生而停止，而是依照毛泽东的教导，确立无产阶级教育路线，无论是在培养目标、教育目的还是教材使用上，都是以毛泽东思想为主旨。由个人崇拜的膨胀逐渐转化为“‘四人帮’利用来作为他们篡党夺权服务的工具”，导致这一课程“名存实亡”[③]。

第四阶段（1977—1984 年）：改革开放初期的思想政治理论课，随着“文化大革命”批判以及高等教育的恢复开始了其自身的恢复阶段。从 1977 年宣布恢复高考开始，高校政治课程从最初 60 年代初的课程形态经历了教育部、中宣部颁布印发的一系列“关于加强高等学校马列主义理论教育的意见”[④]、“改进和

---

① 《对高等学校政治教育工作的几点意见（草稿）》，载教育部社会科学司《普通高校思想政治教育课程文献选编》（1949—2008），中国人民大学出版社 2008 年版，第 33 页。

② 《关于高等学校的政治思想教育工作——刘子载副部长在高等工业学校、综合大学校院长座谈会上的发言》（《高等教育文献法令汇编》第三辑），载教育部社会科学司《普通高校思想政治教育课程文献选编》（1949—2008），中国人民大学出版社 2008 年版，第 20 页；《中共中央、国务院关于教育工作的指示》［节录（1958 - 09 - 19）］，转引自《人民日报》（1958 年 9 月 22 日），载教育部社会科学司《普通高校思想政治教育课程文献选编》（1949—2008），中国人民大学出版社 2008 年版，第 38 页。

③ 秦宣：《新中国成立 60 年来高校思想政治理论课沿革及其启示》，载《思想理论教育导刊》2009 年第 10 期。

④ 《教育部办公厅关于加强高等学校马列主义理论教育的意见》［全国教育工作会议征求意见稿（1978 - 04）］，载教育部社会科学司《普通高校思想政治教育课程文献选编》（1949—2008），中国人民大学出版社 2008 年版，第 70—74 页。

加强高等学校马列主义课的试行办法"[①]、"关于高等学校逐步开设共产主义思想品德课的若干规定"[②]、"关于加强和改进高等院校马列主义理论教育的若干规定"[③] 形成了最初的"两课"（"马克思主义理论课"和"思想品德课"）课程形态，思想政治理论课程正式作为高等院校的学科和专业进行规范化建设[④]。在此恢复阶段，主要是根据社会主义建设需要对学生进行共产主义人生观和共产主义道德教育，并开设适时的"中国社会主义建设基本问题"和"共产主义思想品德"课，以增强马列教育的时代性，为改革开放铺平道路；同时，开始注重教学方法的研究和改进，强调启发式、实践性的教学，以使学生能够独立思考、运用马克思主义的立场、观点和方法；考查和考试也开始强调学生对马列主义基本原理的理解、运用、分析的能力[⑤]。与改革开放前的思想政治理论课程大有不同。

---

① 《教育部关于印发〈改进和加强高等学校马列主义课的试行办法〉的通知》[（80）教政字 010 号（1980－07－07）]，载教育部社会科学司《普通高校思想政治教育课程文献选编》（1949—2008），中国人民大学出版社 2008 年版，第 85—90 页。

② 《教育部关于印发〈关于高等学校逐步开设共产主义思想品德课的若干规定〉的通知》[（84）教政字 013 号（1984－09－12）]，载教育部社会科学司《普通高校思想政治教育课程文献选编》（1949—2008），中国人民大学出版社 2008 年版，第 100—102 页。

③ 《中央宣传部、教育部关于印发〈关于加强和改进高等院校马列主义理论教育的若干规定〉的通知》[中宣发文（1984）36 号（1984－09－04）]，载教育部社会科学司《普通高校思想政治教育课程文献选编》（1949—2008），中国人民大学出版社 2008 年版，第 94—99 页。

④ 秦宣：《新中国成立 60 年来高校思想政治理论课沿革及其启示》，载《思想理论教育导刊》2009 年第 10 期。

⑤ 《中央宣传部、教育部关于印发〈关于加强和改进高等院校马列主义理论教育的若干规定〉的通知》[中宣发文（1984）36 号（1984－09－04）]，载教育部社会科学司《普通高校思想政治教育课程文献选编》（1949—2008），中国人民大学出版社 2008 年版，第 96 页。

第五阶段（1985—1997 年）：新时期思想政治理论课的建设，是围绕 1985 年中央颁布的《中共中央关于改革学校思想品德和政治理论课程教学的通知》[①] 所展开的一系列方案建立起的包括“马克思主义原理”、“中国革命史”、“中国社会主义建设”、“世界政治经济与国际关系”，以及“法律基础”、“大学生思想修养”、“人生哲理”、“职业道德”的“两课”体系（“85 方案”）。这一阶段的思想政治理论课程主要对大学生进行历史、理论和现实相结合的思想政治理论教育，以马克思主义基础理论，包括马克思主义的哲学、历史学、经济学、政治学、科学社会主义，以及在当代中国的运用发展、当代其他社会思潮、社会世界时事、法律常识等为内容；旨在引导当代学生逐步树立正确的人生观和世界观，学会运用正确的观点和方法分析、思考所面临的问题，认清青年一代的崇高使命；强调理论联系实际的教学方针，倡导启发、探索和讨论式教学；学习评价也转而在检查学生对理论内容理解程度的考试成绩基础上结合对理论的接受程度和日常运用能力的考核来确定[②]。从这一时期开始，党和国家对高校思想政治理论课的教育和能力培养功能越来越重视，设立各种专门机构，使用全国通用教材，并建立起明确的“马克思主义理论与思想政治教育”学科。

第六阶段（1998—2004 年）：世纪之交的思想政治理论课。1998 年，中央在十五大精神指导下颁布下发了《关于普通高等学校“两课”课程设置的规定及其实际实施工作的意见》[③]（“98

① 《中共中央关于改革学校思想品德和政治理论课程教学的通知》（中发〔1985〕18 号［1985 - 08 - 01］），载教育部社会科学司《普通高校思想政治教育课程文献选编》（1949—2008），中国人民大学出版社 2008 年版，第 106—108 页。

② 同上。

③ 《中共中央宣传部、教育部关于印发〈关于普通高等学校“两课”课程设置的规定及其实际实施工作的意见〉的通知》（教社科〔1998〕6 号［1998 - 06 - 10］），载教育部社会科学司《普通高校思想政治教育课程文献选编》（1949—2008），中国人民大学出版社 2008 年版，第 182—185 页。

方案”）对“两课”方案重新调整。意见中明确规定四年制本科院校开设“马克思主义哲学原理”、“马克思主义政治经济学原理”、“毛泽东思想概论”、“邓小平理论概论”和“当代世界经济与政治”（文科）这五门马克思主义理论课，同时将“思想道德修养”、“法律基础”、“形势与政策”三门课设为必修课。这一阶段的“两课”方案调整主要还是针对“马克思主义理论课”这一部分，除了将“马克思主义原理”课分设为“哲学原理”和“政治经济学原理”两门，着重突出了马列主义与我国特色社会主义理论历史性飞跃成果的结合，还将毛泽东思想、邓小平理论、“三个代表”思想一脉相承而又与时俱进的关系有机结合了起来。这一阶段的课程设置仍坚持在马列主义基础理论学习的基础上“要精，要管用”，强调培养学生“分析和解决实际问题的能力，树立正确的世界观、人生观和价值观”①。并在课程内容上提出要注重与中学阶段政治课程的衔接，做到结构合理，功能互补，以减少重复。

第七阶段（2005 年至今）：新世纪新阶段的思想政治理论课程，是以 2005 年《中共中央宣传部、教育部关于进一步加强和改进高等学校思想政治理论课的意见》②，将“98 方案”的七门

---

① 《中共中央宣传部、教育部关于印发〈关于普通高等学校“两课”课程设置的规定及其实际实施工作的意见〉的通知》（教社科〔1998〕6 号［1998－06－10］），载教育部社会科学司《普通高校思想政治教育课程文献选编》（1949—2008），中国人民大学出版社 2008 年版，第 184 页。

② 《中共中央宣传部、教育部关于进一步加强和改进高等学校思想政治理论课的意见》（教社政〔2005〕5 号［2005－02－07］），载教育部社会科学司《普通高校思想政治教育课程文献选编》（1949—2008），中国人民大学出版社 2008 年版，第 213—217 页。

必修课调整为四门[①]必修课，并加上“形势与政策”和“当代世界经济与政治”等选修课，形成了新的“05方案”。打破原先省、市、区自编教材模式，组织全国社会哲学领域专家和教师编写统一教材，并于2006年秋季新生开始全面使用，实现“一课一本”。2008年又进一步出台《中共中央宣传部、教育部关于进一步加强高等学校思想政治理论课教师队伍建设的意见》[②]加强专业教师队伍的组织、选配、培养、保障建设；并于2011年印发《高等学校思想政治理论课建设标准（暂行）》[③]，进一步规范高校思想政治理论课的组织管理、教学管理、队伍管理和学科建设。在这一阶段的高校政治课程改革当中，课程内容除了又重新恢复吸纳了“85方案”中注重历史教育的方面重新设立“近代史纲要”，同样也延续了“98方案”中所注重的理论体系，以努力完善学科课程体系。从课程目标来看，在培养学生分析和解决实际问题能力的基础上，更强调引导学生正确认识国情、认识社会、认清国际形势和发展的趋势以及客观规律；课程教学在发挥教师主导作用的基础上要贴近学生实际、社会生活，并增强实践教学以激发学生的积极性和主动性；学习评价提倡采用多种方

---

① 将“马克思主义哲学原理”、“马克思主义政治经济学原理”整合为“马克思主义基本原理概论”；原“毛泽东思想概论”、“邓小平理论和‘三个代表’重要思想概论”整合为“毛泽东思想、邓小平理论和‘三个代表’重要思想概论”；原“思想道德修养”、“法律基础”则整合为“思想道德修养与法律基础”，另增开“中国近现代史纲要”。

② 《中共中央宣传部、教育部关于进一步加强高等学校思想政治理论课教师队伍建设的意见》（教社科〔2008〕5号），2008年9月25日（http://www.moe.gov.cn/publicfiles/business/htmlfiles/moe/moe_772/201001/xxgk_80380.html）。

③ 《教育部关于印发〈高等学校思想政治理论课建设标准（暂行）〉的通知》（教社科〔2011〕1号），2011年1月19日（http://www.moe.gov.cn/publicfiles/business/htmlfiles/moe/s6342/201102/xxgk_114966.html）。

式，以全面客观地考核学生的理论素养和道德品质。①

## 第二节　高校思想政治理论课程相关的学生研究

目前国内以学生为对象展开的高校思想政治理论课程的相关看法的研究，主要有两种形式：第一种实际上是理论述说，但研究者往往自称是以“学生视角”② 出发来述说的；第二种多数为问卷调查，针对相关的课程与教学上的问题或影响进行调查。在这类调查中，针对学生对这一课程的满意度和实效性情况的自编问卷调查仍是我国当前此类学生研究的主要形式。具体来看，主要包括调查学生对这一课程在现实中如课程内容、考试、教学、实效性、满意度、影响等各方面的看法，从学生学习视角出发对课程学习的心理、态度、主体参与、行为等的看法，以及在现实调查的同时也加入学生对这一课程的期望调查。

### 一、从课程出发调查学生对现实课程的看法

从课程的角度出发来了解学生对思想政治理论课程的看法的研究，当前主要集中在学生对课程总体各方面的满意度和实效性这两方面。

#### （一）满意度

教育部在2008年对全国31个省、市200所高校的10万名

---

① 《中共中央宣传部、教育部关于进一步加强和改进高等学校思想政治理论课的意见》（教社政〔2005〕5号［2005－02－07］），载教育部社会科学司《普通高校思想政治教育课程文献选编》（1949—2008），中国人民大学出版社2008年版，第213—217页。

② 唐星、郭学军：《高校思想政治理论课教学现状分析的学生视角》，载《今日中国论坛》2012年第10期。

2006级本科大学生进行了专门的思想政治理论课教学测评[①]。结果表明，大学生对思想政治理论课教师的教学满意度很高，有"85.29%的大学生对思想政治理论课'满意'或'基本满意'，90.85%的大学生对思想政治理论课教师'满意'或'基本满意'"。此后，不少学者也曾就此问题做过相关的类似调查。

朱红艳和金萍[②]曾采用课程价值、任课教师、教学态度、教学内容、教学方法、教学效果这六个维度来编制问卷，调查湖北省全日制本科生对思想政治理论课教学的满意度。结果发现，大学生对思想政治理论课课程价值的实际满意度接近较满意，对任课教师的总体满意度一般，但对教学态度较满意，对教学内容、教学方法的实际满意度只稍高于一般。

施章清等人[③]曾采用课程价值、课程内容、课程教学这三个维度来编制问卷，调查浙江省某重点师范大学大学生对思想政治理论课程的满意度。结果显示，不同性别、生源、年级、专业、政治面貌以及独生子女与非独生子女的学生在思想政治理论课满意度各维度上存在显著差异。其中，在课程价值维度上，男生显著高于女生；在课程教学方面，男生满意度显著低于女生，文科学生显著高于理科学生；在课程内容维度上，文科学生显著高于理科学生。

郭秀兰和张丽娜[④]从大学生对思想政治理论课教学方法的认

① 杨光：《扎扎实实贯彻落实好加强和改进高校思想政治理论课工作会议精神——访教育部社科司司长杨光》，载《思想理论教育导刊》2008年第9期。

② 朱红艳、金萍：《湖北省思想政治理论课程教学学生满意度调查》，载《湖北经济学院学报》2011年第8卷第7期。

③ 施章清、周幼萍、施丽君：《高校思想政治理论课学生满意度调查研究》，载《吉林教育学院学报》2008年第24卷第7期。

④ 郭秀兰、张丽娜：《基于学生满意度的高校思想政治理论课教学方法创新》，载《思想政治教育研究》2011年第27卷第2期。

可度和满意度两个维度出发编制问卷，具体则涉及理论教学法、实践教学法、批评教学法等14种教学方法，来调查湖北地区普通高校大学生对该课程教学方法的满意度。调查表明，当前大学生对思想政治理论课教学方法的认可度良好，但对具体现实中的各种教学方法的效果不是很满意，且大学生对思想政治理论课的认可度远高于满意度。但凡与学生自尊心、自我效能感及其角色地位相关，以及能尊重学生主体地位、激发其自信心的教学方法都得到学生的高度认同；而将学生的自尊心、自信心置于不顾，并将学生置于被动，强制服从的教学方法，则不受到学生的认同。

（二）实效性

何林智①曾以学校和政府对课程的限定性、课程目标的适切性、课程内容的实用性与吸引力、课程评价方式、课堂教学状况、任课教师这六个影响大学生对课程所持态度以及行为表现的因素自编问卷，调查华中科技大学大二学生对“思想道德修养与法律基础”课实效性的看法。调查显示，学生总体对这门课程的评价还是正面的、肯定的，尤其是赞同教师具有独特的个性化教学内容，且感受到任课教师所持的道德观念对自己有一定的启发。不同性别、专业学生在“态度”及“行为意向”项目上不存在显著差异。但学生也同样反映出对该课程由政府强制开设政策的反感，因而课堂实际的教学情况并不理想，大部分课堂还是以教师讲授为主，课程评价方式也同样形式化，致使学生参与度不高。同时，该研究者也发现大学生对理想中的课程、小班化教学等问题的看法与专家和研究者的看法存在明显的差距。

陈爱华②曾就“思想道德修养与法律基础”课的教学成效在

---

① 何林智：《〈思想道德修养与法律基础〉课程实效性实证研究》，硕士学位论文，华中科技大学，2007年。

② 陈爱华：《〈思想道德修养与法律基础〉课教学实效性研究》，硕士学位论文，西南大学，2011年。

西南大学进行过实效性的调查。结果发现，多数大学生对这一“基础”课程很感兴趣，认为学习“基础”课是很有必要的，可以帮助和指导他们适应大学学习、生活等各个方面。而且，通过课程的学习，提高了自身的思想觉悟、增强了自身的道德与法律修养。但同时也有不少学生认为，这一课程的效果并不是很好，在面对学生所遇到的实际问题时，实效性并不强，因此这部分学生往往消极对待。

杨玲和谭晓岚①也曾就“思想道德修养与法律基础”课的重要性、教学以及考核方式这三方面自编问卷，调查云南农业大学的学生对这一课程实效性的认识。调查显示，大多数学生能够认识到这一课程的重要性，并且对课程理论内容也较认可，但仍有少部分学生认为课程的理论内容陈旧且与现实差距过大，“理论内容赶不上形势的发展变化”。大多数学生对教学的基本情况是满意的，他们认为通过学习获得了“将来走向社会时必需的一部分社会知识”。且对教师的教学态度、教学准备、教授方式都是较为满意的，而这一满意度来源于教师的具体授课内容和教学的手段。但对于单纯闭卷考核的形式，学生较为反感，不得不背诵式的学习造成了他们理论与实践的分离状况。

王敏和文红梅②曾以课程方案的实施效果、课程影响、课堂教学、教学效果影响因素、任教教师这五个因素编制《思想政治理论课新课程方案实施效果调查问卷》，调查西南大学的学生。结果发现，大学生对思想政治理论课教学是基本认可的，近半数的学生认为思想政治理论课程对他们的世界观、人生观、价值观

① 杨玲、谭晓岚：《“思想道德修养与法律基础”课实效性调查与思考——以云南农业大学为例》，载《云南农业大学学报》2008 年第 2 卷第 5 期。

② 王敏、文红梅：《从学生视角看高校思想政治理论课新课程方案实施的效果》，载《教育探索》2010 年第 3 期。

具有一定影响。但对具体四门课程的感受，文科生与理科生存在较明显的差异。如文科生认为“概论”课对他们帮助最大，而理科生则认为对他们帮助最大的是“基础”课。但矛盾的是，虽然学生最喜欢的教学方式是“案例分析”，但在具体课堂上，学生会因“存在顾虑、缺乏自信”而不愿意主动参与课堂讨论。对于“影响思想政治理论课教学效果的因素”，学生排在第一位的是“社会”，其次是“教师”，其中的原因，有近半数学生认为是“理论与实际相脱节”。而对于教师的看法，六成以上的学生认为自己的任教教师是好或很好的。

吴宏洛和俞歌春[①]，曾调查过福建省 12 所省属本科院校在校大学生对思想政治理论课实效性的看法。调查发现，学生对思想政治理论课重要性存在模糊认识，并有一定程度的厌学情绪。虽然有过半数的学生认为思想政治理论课对他们自身“树立正确的人生观、价值观和社会责任感有帮助”，但也有近半数学生认为该课程对他们没有帮助或不确定是否有帮助。对课程的排斥情绪表现在，有近 1/4 的学生表示不爱听这一类课程，也有 1/3 的学生表示视教师讲课的情况而定。

（三）其他

除了调查学生对思想政治理论课程整体满意度或时效性之外，部分学者也就影响学生对课程实效性看法的原因等进行了更深入的研究。

李艳春[②]在访谈的基础上编制出高校思想政治理论课实效性的开放式问卷，提出影响学生对课程看法的五个主观因素——对课程内容的评价、对课堂讲授的评价、学习态度、动机以及课外实践，

① 吴宏洛、俞歌春：《把握学生思想脉络提高教学实效性——福建省高校思想政治教育理论课教学调查》，载《思想教育研究》2005 年第 9 期。

② 李艳春：《思想政治理论课对大学生社会凝聚力作用的定量研究》，博士学位论文，哈尔滨工程大学，2011 年。

并依据这五个主观因素以及课程的实际效果来调查黑龙江地区大学生对思想政治理论课时效性的看法。结果发现，大学生对思想政治理论课的态度是不太明确或比较中立的，但在上课动机和课程效果上却反映良好。该研究者因此提出其原因在于有相当多的学生为了获得更容易的学分而保持较强的上课动机。在授课形式和社会实践因素上学生的认同度较高，而在课程内容上则是所有因素中最低的。这是因为学生认为课程内容僵化过时，不能与现实有机地结合，故表示与其自身关系不大。同时，该研究者也通过因素相关分析表明，大学生对思想政治理论课的态度、动机、内容评价等主观看法在很大程度上与思想政治理论课的效果有关。

赖黎明①从意识形态功能出发，依据大学生的价值观、马克思主义信念以及课堂总效果这三个方面来编制问卷，调查广东省大学生在课堂所触及到的西方社会思潮对他们认识思想政治理论课的影响。通过调查发现，大学生能够认识到西方社会思潮对其价值观的客观影响，反映出教师在思想政治理论课堂的教学会影响学生的价值观；教师在课堂上对西方思潮的介绍方式，也会影响学生对马克思主义的信仰；虽然教师教授西方社会思潮的动机是为了让学生更好地学习和认识马克思主义理论，但从调查数据显示，其效果并不很理想，近2/3的学生认为老师介绍西方社会思潮对思想政治理论课的效果要“视社会思潮的具体内容而定”。

## 二、从学习出发调查学生的课程学习心理和行为

### （一）学习心理与行为

李军和黎宇②曾依据学生对思想政治理论课程的兴趣、对实

---

①　赖黎明：《西方社会思潮对思想政治理论课的影响初探——对广东部分高校学生调查结果的分析》，载《中国农业教育》2007年第6期。

②　李军、黎宇：《医科学生对思想政治理论课兴趣的调查分析》，载《宜春学院学报》2010年第32卷第1期。

践活动的兴趣、参加实践活动的状况以及产生兴趣的原因这四个方面来编制问卷，调查遵义医学院学生对思想政治理论课的看法。研究发现，学生对思想政治理论课的兴趣不高，但对思想政治教育实践活动却非常有兴趣。影响医学院学生对思想政治理论课程感兴趣的关键因素在于教师教授的形式、教师自身素质、学生个人认识水平以及学习负担。具体调查结果中，仅有不到1/10的学生表示对这一课程感兴趣，但对参加思想政治教育实践活动表示有兴趣和一般的学生有近九成。

王晓辉[①]对高职学生的调查研究显示，学生对思想政治理论课的学习行为状况自我认定，表现为：思想上的肯定认识与行为上的消极应付并存，求知欲望强烈与学习行为懒惰并存，以及崇高理想与学习行为功利性并存这三方面。调查的数据结果显示，学生总体对思想政治理论课学习行为评价较高，但与实际中他们的学习行为是相矛盾的。其中，在选择最喜欢的老师上课方式时，竟有过半的学生希望是以老师讲或者请他人讲解，传统的“灌输”式讲授仍是高职生最默认的教学方式。对此，研究者提出是由于高职生本身的文化基础较差、缺乏良好的自觉学习习惯，从而导致其学习行为与认识上的矛盾。

史祝云[②]也曾对高职医学院学生进行过有关思想政治理论课的学习积极性的调查，该调查主要包括高职生对思想政治理的论课学习认识、学习状况、对教学的意见三方面内容。结果显示，学生对思想政治理论课的学习目的、意义认识较清楚，对教师的教学方式基本满意，能够区分专业课程与该课程的区别，对课程的参与度以及时政的关注度较高，总体学习表现状况良好。但同

① 王晓辉：《关于高职学生思想政治理论课学习行为的研究》，硕士学位论文，华中师范大学，2006年。

② 史祝云：《高职高专学生思想政治理论课学习积极性的现状与对策研究》，硕士学位论文，云南师范大学，2009年。

时，也存在部分学生反映教师陈旧的教学观念和教学方式，强制化的考试形式，课程本身不能满足学生需求，学生自身对师生地位认识不清和对这一课程重视不够等，都是影响学生参与思想政治理论课程学习的关键因素。

（二）消极与逆反原因

高丽[①]曾从学生对“思想道德修养与法律基础”课的教材内容、任课教师、课程实效性、课程认知情况、课堂气氛这五个方面编制问卷，调查华中科技大学一年级学生对思想政治理论课逆反心理的状况及原因。结果表明，“90 后”大学生对思想道德修养与法律基础课程处于中等逆反程度；任课教师是学生逆反心理最显著的影响因素，具体主要集中在教师的教学方式、教学手段、语言表达等方面；学生对教材内容的喜好也是影响学生逆反心理的重要影响因素；情感因素是产生逆反心理的核心，学生在课程学习过程中表现出的疑惑、焦虑、反感等不良情绪是产生消极逆反心理的直接来源。而且，教师的情感也是影响学生课程体验以及学习心理的重要因素。

于莉莉等[②]曾自编问卷在广州大学调查大学生对思想政治理论课学习动力缺失的原因。调查发现，虽然有七成的大学生认为思想政治理论课是必要的，但也有七成的学生不同程度地缺乏学习兴趣和动力。造成他们内在学习动力与外在学习行为矛盾的原因一方面在于“思政课”本身就欠缺吸引力，另一方面是由来自于外在社会的消极影响、学校教育市场化的蔓延、大量专业课的学习压力。因此，大部分学生学习这一课程的直接目的和动力

---

① 高丽：《“90 后”大学生对高校思想政治理论课逆反心理的研究——以“思想道德修养与法律基础课程”为案例》，硕士学位论文，华中科技大学，2010 年。

② 于莉莉、肖松柏、李丽珍等：《高校学生思想政治理论课学习动力缺失成因探要》，载《广州大学学报》2007 年第 6 卷第 12 期。

就是为了考试、学分和毕业。学习思想政治理论课程，在学生看来就是被动地接受考试知识。

王立华[①]曾依据政治知识水平、政治情感、政治信仰、对思想政治理论课的认识这四个方面编制问卷，调查内蒙古师范大学大一至大三学生，分析大学生对思想政治理论课消极态度的原因。其中涉及学生对学习思想政治理论课必要性和重要性的认识、学生的学习积极性、学习动机等若干问题。结果发现：（1）学生对思想政治理论课存有较大偏见。学生随着年级升高和思想的成熟，认为“没必要开设思想政治理论课”的比例越来越低。（2）缺乏学习动机。由于认知的不成熟，意识不到思想政治理论课对即将进入社会的作用，因此大多学生对该课程的学习没有目标和动机。（3）学生对思想政治理论课情感缺失。学生认为课程内容枯燥没有新意，社会环境也削弱了课程的说服力。对课程不感兴趣是学生消极学习的直接原因。（4）理想信念缺失。调查显示，过半数学生在政治信仰方面选择“个人主义”、“宗教或其他”，学生的功利、实用、个人主义思想与思想政治理论课中的内容相去甚远，课程不能给他们带来立竿见影的收益。（5）教师知识结构单一，专业理论素养不足，削弱了思想政治理论课程的感染力。学生眼中的课程很大部分与教师直接相关。（6）思想政治理论课程教学缺乏环境支持。学生消极的对待是必然的结果。

吴宗敏[②]曾对华中师范大学大一、大二学生在思想政治理论课教学过程中的参与状况进行过调查。研究发现，学生参与的消极情感体验较强，积极情感体验较弱，对课程的认知、参与不够深

---

① 王立华：《当代大学生对思想政治理论课的消极态度、原因及对策研究》，硕士学位论文，内蒙古师范大学，2010 年。

② 吴宗敏：《高校思想政治理论课教学中的学生参与研究》，硕士学位论文，华中师范大学，2011 年。

入。数据表明，有六成学生表示上课是以“听老师讲、听同学讨论为主”，考试复习时则是“以掌握书本上固定的知识为主”。学生课程参与的条件不足、机会不多、空间有限。有近四成的学生表示，“在思想政治理论课上表达自己的看法、观点的机会”“很少”或“从来没有过”。学生消极参与课程的原因在于：学生的逆反心理、抵触情绪以及外界的认识误区，使其缺乏参与的主动性和积极性；教学活动不符合学生的需要、内容相互重复、与现实结合不紧致使学生缺乏参与动力；相对陈旧、单一的教学方式与方法抑制了学生参与的机会，教师的教学素养缺乏吸引学生参与的效力。研究发现，思想政治理论课教师的教学水平影响学生参与，教师的教学能力、形象品行、人格魅力等各方面因素对学生的课程参与十分重要。调查显示，有七成以上的学生表示，思想政治理论课教师的教学水平会影响他们的课堂参与，八成以上的学生认同他们的课程参与度与教师的人格魅力有直接关系。

### 三、在现实调查的基础上加入学生的课程期望

近年来，陈洪涛①与张社强②等人提出课程价值、任课教师、教学态度、教学内容、教学方法、教学技能、教学效果这七个影响高校思想政治理论课满意度的因素指标，并在此基础上编制大学生对高校思想政治理论课满意度的问卷，调查大学生对这一课程表达的期望值和实际满意度。

他们通过先后多次对广西十余所高校的调查研究发现③，学

① 陈洪涛：《大学生满意度指数在大学评估中的应用探索》，载《经济与社会发展》2005 年第 3 卷第 8 期。

② 张社强：《广西高校思想政治理论课教学学生满意度研究》，硕士学位论文，广西大学，2008 年。

③ 张社强、陈洪涛、陆伟华：《广西大学思想政治理论课教学学生满意度的调查与分析》，载《广西大学学报》2007 年第 29 卷第 6 期。

生总体对这一课程的看法还是较为肯定的，但是与学生对思想政治理论课教学实际的期望度还有一定差距。其中，学生普遍对现实中教师的“教学态度”最为满意，其他因素指标的满意度从高到低依次为“任课教师”、“教学内容”、“教学技能”、“教学效果”、“教学方法”，而对“课程价值”是相对倾向较不满意的。在对教师因素的差异分析中，学生对女教师的普遍满意度高于男教师，对青、中年教师的满意度高于老年教师，而教师的职称对学生满意度影响无明显差异；在学生因素的差异性分析中①，男、本科、工科和文科、党员（含预备党员）学生的满意度较高，女、专科、理科、共青团员和普通群众学生对这一课程的满意度较低。而且，学生年级与学生满意度之间呈现显著负相关，即年级越高学生对这一课程的满意度越低。在学生所在不同类型院校中②，满意度最高的是师范类院校，其他依次为综合类、职业技术类、理工农医科类，满意度最低的则为普通大专类学校学生。另外，学生对具体课程的满意度也存有不同，从高到低的次序为：“形势与政策”、“毛泽东思想概论”、“邓小平理论概论”、“法律基础”、“政治经济学原理”、“马克思主义哲学原理”，通过后续个别访谈发现，这一高低不同的满意度主要与具体课程的易理解度有较大的关系。

金萍③曾采用任课教师、教学内容、教学方式和教学效果这四个维度来编制问卷，调查独立学院学生对思想政治理论课的实际满意度与期望值。调查发现，独立学院学生对思想政治理论课

① 张社强、陆伟华、陈洪涛：《高校思想政治理论课教学学生满意度差异性研究——思想政治理论课教学学生满意度研究之五》，载《广西财经学院学报》2007 年第 10 期。

② 张社强、陆伟华、陈洪涛：《透视思想政治理论课教学满意度差异性》，载《思想理论教育》2007 年第 6 期。

③ 金萍：《独立学院思想政治理论课教学学生满意度的调查与研究》，载《湖北经济学院学报》2011 年第 8 卷第 3 期。

程总体较为满意，尤其是对任课教师的满意度最高，但具体课程会有不同。如对课程内容的满意度为“思想道德修养与法律基础”最高，然后为“中国近现代史纲要”、“马克思主义基本原理概论”、“毛泽东思想、邓小平理论和‘三个代表’重要思想概论”依次降低。学生对课程的期望值与实际满意度之间还存有差距，如在任课教师的专业水平上，各门课程的教学内容、教学方式上。但在具体课程的教学效果方面，学生认为“思想道德修养与法律基础”和“马克思主义基本原理概论”这两门课程在对他们为人处世方面的实际效果与原来的期望值基本一致，“中国近现代史纲要”和“毛泽东思想、邓小平理论和‘三个代表’重要思想概论”的效果与期望有差距。而在这些课程对提高其认识问题、解决问题能力的效果方面，学生则认为四门课程的实际效果与期望均有一定差距。

另外，易传英等①曾对四川地区十余所大专院校的2000名在校大学生进行问卷调查。调查显示，大学生对思想政治理论课程的期望是不要变成一门说教课，而是他们这一代人真正所想所需的课程，课程的内容应贴近职业道德与日常生活，教学的方法应更灵活，教师应成为他们的良师益友多与他们交流和沟通等。尤其是毕业生，他们更期望课程增加更多职业教学内容，如职业道德、职业修养、职业生涯规划等，甚至可将课程与实习、参观联系在一起，将理论与实际有效地结合起来，并进行日常行为规范教育，从而使学生在加强专业技能的同时也兼备良好的行为品质。同时，毕业生还期望为他们与在校生之间搭建一个交流平台，希望通过自己在校与工作实习的亲身经历影响在校生，他们认为，来自学长的经验影响效果远比老师上课的作用大。

---

①　易传英等：《在新课程下大学生思想政治理论课贴近学生教学方法探讨——关于思想政治理论课教学的期望和建议》，载《成都纺织高等专科学校学报》2008年第25卷第4期。

## 第三节 小结

从以上国内对当前大学生对思想政治理论课程相关看法的调查研究梳理中可以看出，当前我国在思想政治理论课程与教学领域对学生看法的研究，处于一种单纯了解学生对课程实施状况满意度或实效性的调查研究的初级阶段。当前的研究特征如下：

第一，从研究对象的来源看，总体较为单一。除教育部的调研外，大多研究的调查对象为某一地区的某一学校或某一地区的几个学校的在校大学生。个别研究者在具体研究中进行过学生所处的年级、性别、党员与否等差异分析，但基本都集中在单一普通本科院校或高职、高专院校这两种类型的层次学校单独研究。虽然有不少研究者都从学生对思想政治理论课消极学习的原因中提到了“环境”的因素，但却没有研究者在研究实践中考虑不同层次、文化学校这一“中观教学环境”①，进行不同层次学校的调查分析。仅有个别研究者在某一地区的多个学校进行随机样本的调研。

第二，从研究的工具来看，大部分自编问卷缺乏可靠性证明。一个好的测量工具必须稳定可靠。从当前已有研究的研究工具来看，均出自各研究者独立编制的问卷。那么，研究的工具是否可靠，是否可信？学生的回答是否诚实？这是研究者必须要保障和回答的问题，特别是涉及思想政治课的调查，因为内容敏感，调查对象极可能以社会公认为正确的看法或态度为基础来回答问卷的问题，而不把自己的真正想法暴露出来，一些研究者发现学生的回答与他们的行为表现相矛盾，说明可靠性问题确实存

① 王立华：《当代大学生对思想政治理论课的消极态度、原因及对策研究》，硕士学位论文，内蒙古师范大学，2010年。

在。但目前在该领域的研究实际中却鲜有研究者关注或考虑此问题，更鲜有谈及问卷信度和结构效度指标。现有研究中，仅有李艳春、陈洪涛和张社强的系列研究中专门探讨过问卷的可靠性问题和因素模型的验证。因此可以说，当前我国研究者对学生所进行的思想政治理论课程的相关调查研究，仅是一种简单资料的收集用以补充理论的述说。

第三，从研究的关注维度来看，总体较为随意混乱。通常，研究者要想通过问卷收集来获得高效度、高信度的研究资料，问卷的设计是至关重要的。但当前大多已有研究仅在论文报告之始写下类似“本研究采用研究者‘精心编制的问卷’”，未谈及任何问卷的维度设置、理论或实证依据等问卷设计的关键。仅有部分研究者讲出自编问卷几个关注的主题，但没有出自任何相关理论的论证，也没有来自任何质性研究所获结论的实证依据的说明。概言之，当前的研究总体呈现出一种研究的随意性而导致的混乱。笔者从前述已有研究中归纳出有谈到问卷涉及主题的主要集中在教学方法、课程教学内容、任教教师、教学效果以及课程价值这五方面。

第四，从研究结论来看，大多数集中反映在学生对课程总体基本满意，但实际教学与学生的期望与需求有差距。主要体现在课程内容陈旧、重复、不实用；教师专业素养参差不齐；再加之社会现实的矛盾以及实用主义对学生的影响，学生的学习动机不强，呈消极状态，因此思想政治理论课程的教学效果并不理想。但由于多数调查研究的工具以及研究本身的随意性，已有研究结论的解释也并非完全来自实际对调查数据的解释。更多的是以调查的部分数据来说明研究者个人对这一课程观点的述说。

因此，虽然当前我国有不少学者对思想政治理论课程进行过学生的调查研究，但从以上对现有研究各方面的分析来看，整体的研究仍是呈现出一种实践与理论，分析与数据相脱节的现象。可以说，当前的此类研究仍处于一种缺乏依据与规范的混乱状态。因此，我们十分有必要从一种实证的、规范性的角度出发来了解当前大学生对思想政治理论课程的真正看法。

# 第三部分
# 研究的方法与设计

本书的第三部分为研究的整体设计与研究方法的选择论证。如前所述，学生的观念是独特的，与教师、理论家、研究者等的观点具有较明显的差异性。尽管在文献的梳理阶段，本研究根据已有的课程观理论与实证研究预设了课程目标、课程内容、课程教学、课程评价这四个课程共同要素作为观念分析的维度，但还需通过质的研究中学生自己对这些课程要素的看法和表述来进一步转换或修正。因此，为了更客观地探究学生的真实观念，本研究采用现象描述分析学的观点作为研究、分析解释研究资料的基本视角。在具体的设计上，一方面，拟采用可以更为深入了解脉络因素和意义的“质的研究”（qualitative research）来探究学生具体的课程观类型，在具体研究方法上采用更为适合了解学生观念以及敏感话题的画图分析、焦点群体访谈技术；另一方面，研究也准备采用“量的研究”（quantitative research），运用问卷调查以及相关的统计分析方法来进一步大范围验证学生课程观的取向类型特征，并在综合质和量的研究结果的基础上进一步反观当前我国高校思想政治理论课程本身以及改革实施中的问题。

# 第五章

# 研究方法

## 第一节　研究的问题

本研究的核心问题是探索当前大学生对高校思想政治理论课的观念类型和整体现状，具体围绕以下两个主要问题和子问题进行展开。

（1）大学生的思想政治理论课程观是什么？

1－1. 如何了解人的课程观念？

1－2. 理论上构成学生的课程观的维度有哪些？

1－3. 从图画、访谈中所确定的课程观的维度有哪些？

1－4. 从图画、访谈中分析归纳出的大学生的思想政治理论课程观表现为哪几种类型？

1－5. 大学生的各种思想政治理论课程观的内涵如何？

1－6. 几种类型的思想政治理论课程观与以往研究中课程观的内涵有何相同或不同？

（2）当前大学生的思想政治理论课程观总体上是怎样的？（整体现状）

2－1. 如何设计问卷以大面积地了解当前大学生的思想政治理论课程观？

2－2. 经过模型检验得出的观念是否支持先前确认的观念？

2－3. 不同大学生的思想政治理论课观之间是否存在差异？

2－4. 是什么原因导致大学生对当前的思想政治理论课抱有这样的课程观?

## 第二节 研究视角的确定

为了更客观地探查学生对思想政治理论课程的观念，本研究采用现象描述分析学的基本观点（phenomenographic）作为收集、分析和解释研究资料的基础，或者说基于现象描述分析学来展开。

现象描述分析学是一种基于现象学但又不同于现象学，专门以人头脑中的观念为研究对象的学问。基于其对客观世界两个层次的假设，存在于研究对象不同个体头脑之中的观念世界是不以研究者的意志为转移的，因而对于研究者来说是客观且可以研究的。尽管这种“客观”是历史的、情境关涉的，而且是变动不居的，但研究者所需要探明的，正是存在于研究对象头脑中的“客观”①。

虽然现象描述分析学假设观念是客观的，因而可以被认识，但这种认识不是主体（研究者）对客体（研究对象的观念）的简单“摄入”，而是必须依靠主客体的相互作用来完成的。但这里可能引发的问题是，由于认识过程（即研究过程）表现为主客体间的相互作用，研究的结果必然与研究者本身密不可分。因此，现象描述分析学也并不是完全纯粹的客观主义，而是发展出自己的具有建构主义特征的认识途径，强调认识主体与客体的不可分割性，认为认识的结果在本质上即是一种关系的存在。所以，现象描述分析学所建构的是一种修正的客观主义认识论。

因此，与实证主义将认识主体与客体相分离的研究视角不

---

① 吴维宁:《理科教师学业评价观研究》，博士学位论文，华南师范大学，2007 年。

同，现象描述分析学认为对“客观”观念世界（第二层次世界）的研究只能采用“第二层次视角”（second order perspective）。基于其修正的客观主义认识论，研究者对被研究者观念的把握需要通过研究者与被研究者的相互作用来展开。立足于此研究路向，在研究的过程中就必须要强调，被研究者（观念持有者）与研究对象（被研究者的观念）、研究者与被研究者，两者间的不可分割性。也就是说，在观念研究过程中，研究者一方面要营造研究恰当的自然环境，在其开放性的资料收集过程中要注意不能将观念持有者与其观念形成的经验或环境等剥离开来，而应当将其联系起来加入到分析的参考中；另一方面既要注意保持研究者本人的工具性，又更要注意与被研究者的互动关系。因此，研究者与被研究者的相互关系是决定现象描述分析学研究有效性的关键，对研究关系的讨论，是研究结论中不可回避的重要问题。

## 第三节　资料收集方法的选择

现象描述分析学收集资料的方式较为多样，包括个体访谈、集体访谈、观察、画图、书面应答、历史文件等，都可以作为重要的信息来源。考虑到研究所具体针对的观念产生个体——学生的特殊性、观念指向客体——思想政治理论课程关涉的政治敏感性，以及当前相关具体实证研究的情况，本研究在质的研究阶段选择综合运用画图和焦点群体访谈的具体方法来收集相关资料；在量的阶段则选用编制结构性问卷，通过问卷调查来大范围收集资料。

### 一、画图分析法（draw - a - picture technique）

画图分析法是近年来才逐步发展成熟的一种运用图画来作为收集资料的手段，以通过量化的视觉图像内容和质性的群体访谈，更真实有效地探究学生对教师、课堂、课程、教学、学校等教育现象的理解和观念的方法。

（一）画图分析法的来源与界定

“画图分析法”[①] 源于艺术教育，随着艺术教育以及心理学的发展，人们逐步发现了儿童图画与其总体发展阶段的一致性[②]。在古迪纳夫（Goodenough，F.）提出“古氏绘人测验”（draw - a - man test）后，画图分析则沿着通过分析图画内容的意义表达来发现或解释儿童与成人个体认知过程和状态的“投射取向”发展，在20世纪60年代的学校教育领域发展成为探究学生认知观念的有效沟通和资料收集工具。

近年来，随着对学生中心的关注不断增强，该方法逐步发展成为一种用于探究学生对教育现象的理解和所持观念的方法，即通过一定的指导语，要求一批被试者在规定时间内根据某一主题进行画图，并加以文字说明或解释。然后配以相应的小组焦点群体访谈技术（focus group methodology）[③]，让学生分组分享自己的图画，进行对话和讨论。根据研究的具体需要，可以在画图之后配合相应的评估技术，如问卷、量表，或在画图之前进行任务型、表现性的考评等。最后，综合运用视觉图像内容分析法

---

① Harris L. R. , Harnett J. A. , Brown G. T. L. , “‘Drawing’ out student conceptions: Using pupils' pictures to examine their conceptions of assessment”, McInerney D. M. , Brown G. T. L. , Liem G. A. D. , *Student perspectives on assessment: What students can tell us about assessment for learning*, Charlotte, CN: Information Age Publishing, 2009, p. 55.

② Seefeldt C. , “Art for Young Children”, Seefeldt C. , *The early childhood curriculum: current findings in theory and practice*, New York: Teachers College Press, 1999, p. 202.

③ Williams A. , Katz L. , “The Use of Focus Group Methodology in Education: Some Theoretical and Practical Considerations”, *International Electronic Journal For Leadership in Learning*, Vol. 5, No. 3, 2001. (http://www.ucalgary.ca/iejll/williams_ katz. html)

(content analysis of visual images)[①] 制定出分析类目表，对完成的图画进行编码加工，并参照访谈记录进行质和量的分析，以发现被试者在该主题的观念特征和类型。当然，由于所研究的内容不同，画图的主题也不尽相同，可以为某一人物，某一概念，某一事件，某一过程，等等。

该方法依据图画的特殊作用，延续心理投射的理念，虽然属于投射分支的研究取向，但与心理学领域的投射绘画具体运用并不等同：从分析的目标看，画图分析法力图发现大量图画中所呈现出意义的某些形式或类型，而不像心理学的投射绘画那样聚焦于分析隐藏在具体某一幅图画背后的含义；从分析的内容来看，画图分析法关注的是图画中的形状与关系所表达的对某一事物或事件的观念类型，而不是通过关注图画的细节以及这些细节与真实情况相符的程度来确认画图者的认知、智力水平，或者人格特征缺陷；从信息的收集方法看，两者虽同样都注重画图者的解释，但画图分析法做解释的来源采用更能引出真实信息的群体访谈法；从分析的方法来看，画图分析法采用视觉图像的内容分析法，而不是标准对照的方法。因此，在教育学领域中所运用的画图分析法并不等同于心理学投射绘画领域中广泛运用的“绘画评定”、“画人测验”或“绘画心理分析”。

（二）运用图画和分析的基本原理及步骤

图画是人们非语言性质的符号表征形式[②]，它像语言一样既可以表达也可以被理解。它之所以能够很好地运用于观念和现象研究主要在于其自身所具有的思维表达性、投射性、可理解性和解释性、公平性、隐蔽性以及趣味性。

---

① Bell P. , “Content analysis of visual images”, Leeuwen T. V. , Jewitt C. , *Handbook of Visual Analysis*, London: SAGE Publications, 2001, pp. 10 – 34.

② Ashwbsr C. , Polytechnic M. , “Pestalozzi and the origins of pedagogical drawing”, *British Journal of Educational Studies*, No. 2, 1981.

1. 思维表达性。思维的心理形态是以视觉意象来进行表征的[①]，就像一幅在记忆中的图画——再现有关的物体和关系，是一种融合了各种感知觉的模糊经验而不是对外部对象的精确复刻，因此很难用单纯的语言进行描述。而图画更具有复现思维状态的视觉优势，经由想象力所创造出来的图形与关系结构就是一种自我思维建构的再现与整理，“不仅是思维活动结果的‘翻译’，而且是有血有肉的思维活动本身”[②]。图画中的物体和人物的颜色、大小、位置、形象、特征、构图、背景、比例、空间等等，都显示出了个体眼中不同的世界，是一种对事物独特的理解表达，融合了个人的情感、需求、困扰、冲突以及潜意识的内容。

2. 投射性。图画的投射作用在专业领域已被公认，“精神分析理论认为个人无法凭借自己的意识来说明自己，必须借助某种无确定意义的刺激为线索”[③]，通过简单和模糊的指导语，引起人们的反应，给人们充分的想象空间，从而不自觉地投射出自己隐藏的动机、冲突、情绪、价值观等心理状态观念到自己的图画中。有研究表明，对于个人情感状态的展示，运用图片、图画以及隐喻的方法比语言的界定和描述效果更好[④]。因此，图画的投射作用更能够帮助个体回忆和表达出更多的真实细节。

3. 可理解性和解释性。生活中常有这样的经历，当我们单

---

① ［美］鲁道夫·阿恩海姆：《视觉思维——审美直觉心理学》，滕守尧译，四川人民出版社 2010 年版，第 308 页。

② 同上书，第 117、308 页。

③ 林崇德、杨志良、黄希庭：《心理学大辞典》，上海教育出版社 2003 年版，第 1262 页。

④ Diem – Wille G.，“A therapeutic perspective：The use of drawings in child psychoanalysis and social science”，Leeuwen T. V.，Jewitt C.，*Handbook of Visual Analysis*，London：SAGE Publications，2001，pp. 119 – 133.

纯用语言表达一件很繁复的事情时，听者也许会找不到头绪，而转用图画来说明或表达时，对方就很容易理解。一方面是因为我们在用图画表达时是一种对自我思绪的整理，而另一方面对方也会从图画中发现各种具有意义的形状和关系结构，从而理解我们所想表达的内容。因此，图画是可以被理解并且帮助我们去理解的。依据心理动力学原理，分析者要对图画进行解释，就需要对图画中的信息正确的理解、找到图画背后的或者隐藏的意义线索，这又需要理解精神生活的各种防御机制，同时掌握相应的绘画技术理论，更重要的是需要画图者自己的解释和澄清。

4. 公平性。儿童在语言表达水平上受能力发展限制，因此通常意义下成人的口语和书面表达优于儿童。但已有研究表明，“成年人的图画‘表达词汇和技巧’通常几乎还都是处于小学水平”[①]。那么，除了专业绘画训练者之外，图画就使得儿童与成人在表达上处于平等地位，不存在表达水平和技巧上的差异。况且，此类研究并不属于写实取向、不关注图画表达的技巧，因此对于儿童与成人在表达能力水平上较为公平。

5. 隐蔽性。图画的作业要求并没有统一的标准答案，因此与访谈或问卷技术相比，可以避免研究对象给出社会赞许性答案，还可以避免与研究者语言互动刺激引发出的非真实想法。对于研究目的而言具有较好的隐蔽性，降低了研究对象有意隐藏的可能性。

6. 趣味性。绘画是儿童的天性，他们乐于用图画来表达，就如同各种表情，给成年人传达各种他们无法用言语来表达的感受和认识。因此，与传统调查方式相比，图画更能够调动学生参与的积极性，抹去他们的羞涩，打开他们的话匣子……不少研究

① Wilson B., Wilson M., “Children’s Story Drawings: Reinventing Worlds”, *School Arts*, Vol. 78, No. 8, 1997.

者已证明这是一种良好、有效的沟通工具。

当然，在面对“画图”任务时，许多成人会存在担心“画不好”或者“画不出来”的现象，这主要是因为人们在谈及“图画”时，习惯于依据绘画的技巧进行价值判断。因此，在研究中，务必使参与者明白这只是一项记录他们关于某事物的想法的练习，而不是画图技巧的测试。

在具体研究中的画图施测，往往也会根据研究的需要而稍有不同。但主要由以下五个环节组成：（1）准备，包括一系列的前测来确定正式的画图指导语、样本的选择、统一规格的图纸和实施器材的准备等；（2）实测，在足够空间的同一地点，使每位参与者在规定时间内（通常为10分钟）分开独立作画，在完成画图后配以小组的群体访谈，以图画主题为焦点，使大家分别介绍自己的图画并进行相互间的质疑和讨论；（3）编码，在图画和访谈文本资料整理的基础上，综合运用图画和文本的内容分析法，对经画图者本身语言描述和文字描述所印证过的元素进行编码，以建立观念特征的分析类目框架；（4）分析，通过类目框架对所有经群体访谈中内容核实确定的图画进行内容的量化，以类目框架中内容的频数来发现这些图画中所展示出的观念特征和类型取向；（5）检验，包括指导语确定环节的表面效度确定，以及对所建立类目框架的质量检验。对类目框架的检验通常包括两种形式：一种是通过不同研究者对类目框架赞同的一致性来验证；另一种则需要更深一步开展量化研究，通过编制出的问卷本身和实测的效度和信度来检测这一工具的可靠性和可信程度。

### （三）画图分析法在观念研究中的优势

从画图分析法的原理特性来看，这种方法弥补了传统教育研究方法在开展学生视角研究时的不足，如在面对惯用的问卷、访谈等调查方法时，学生往往羞于表达；或出于存在种种顾虑、隐私而不愿表达；或从未思考过研究者提出的问题而不知如何表达；或表达出的内容是与研究者交谈、互动引发出来的想法，而不是其内心真实的思想；还有更多的低幼龄学生因受到文字理解、语言表达以及认知发展水平的限制，无法理解、无法表达；等等。画图分析法可以有效地了解学生对教师、课堂、课程、教学、学校以及教育的真实看法和关注点，因而逐渐受到人们的关注。大量的研究结果显示画图分析法是一种有效了解学生（尤其是低幼龄儿童）观念的工具①，并且能够有效地促进学校教育的改革②。

具体针对本研究来讲，选择此方法的原因更在于以下三个方面。

第一，从研究的领域以及研究对象来看。在已的画图分析法的研究实例中，已有学者马克菲尔和金晨③以及克瑞克④运用该方法来进行学生课程观念的研究，运用“draw a picture of sport education”来了解小学五年级学生对体育课的认识，并提出该方法是评价学生观念的有效方法。克莱尔波特（Clarebout，G.）等运用“draw a picture of knowledge”⑤来了解大学生的知识观。此

---

① MacPhail A.，Kinchin G.，Kirk D.，“Students' conceptions of sport and sport education”，*European Physical Education Review*，Vol. 9，No. 3，2003.

② Haney W.，Russell M.，Bebell D.，“Drawing on Education：Using Drawing to Document Schooling and Support Change”，*Harvard Educational Review*，Vol. 74，No. 3，2004.

③ MacPhail A.，Kinchin G.，“The use of drawings as an evaluative tool：students' experiences of Sport Education”，*Physical Education and Sport Pedagogy*，Vol. 9，No. 1，2004.

④ MacPhail A.，Kinchin G.，Kirk D.，“Students' conceptions of sport and sport education”，*European Physical Education Review*，Vol. 9，No. 3，2003.

⑤ Clarebout G.，Depaepe F.，Elen J.，et al.，“The use of drawings to assess students' epistemological beliefs”，*Budapest*：12th *European Conference for Research on Learning and Instruction*，2007.

外，还有许多运用画图分析法进行学生的学习观、考评观、教师观和课堂理解，教师的教学观念、表现和行为，以及关于学校改革现象等方面的研究实例。这些已有的研究实例表明，画图分析法适用于“课程观”这一研究领域，也适用于“大学生”这类研究对象。

第二，从研究的具体问题来考虑。本研究的主要问题是向学生了解其对“思想政治理论课”的课程观。从已有的研究来看，学生对课程的看法与教师、专家、学者的差距较大，有可能出现偏差或负面的想法。就“思想政治理论课”这一课程的性质来讲，大学生很可能会因担心涉及政治敏感问题或对其学校或个人有影响而在个人深度访谈中有所保留。且“课程”这一概念对于非课程与教学专业的学生来讲并不具有清晰的思路，直接用语言表达很可能表达不清，如果运用直接访谈的方法可能会因受访学生难以回答或受访谈者的引导而使研究受困。

运用画图的方法则可以很好地克服以上研究问题的局限，一方面，图画既是一种有趣的沟通工具又可以作为一种投射出个人情感状态的图像文本资料，在吸引学生注意力的同时降低其心理防备，使他们更主动地讲出自己的真实想法。另一方面，图画比大量结构式的深度访谈更能清晰地突出大学生在课程中所关注的问题，并更容易从中发现其不同的取向类型。从已有的研究来看，有学者曾提出在关于学生的课程理解研究中所遇到的问题首先在于“如何表达学生对课程的理解与体验，如何从大量案例中发现带有普遍意义的问题”①。而画图的方法，可以使学生较简单地呈现出其大脑中的意向，并在画图的过程中进行自我思路的整理，使其在小组群体访谈中更好地表达其想法。从已有的研究

① 陈桂生：《聚焦学生经验的课程》，载《江苏教育学院学报》2006年第22卷第1期。

实例来看，无论是对于一线的教师还是教育研究者来讲，此方法都是恰当且有效的研究工具。

第三，从已有的研究方法来考虑。从学生课程观的相关研究综述中我们可以看到，当前对学生课程观的较为深入的研究基本上存在于学生文化的民族志、人种志研究中，此类研究需要长时间的观察，充足的经费，而且对研究者的专业素质要求也很高，否则难以阐明课堂和学校的真实生活。画图的方法相对来说既有效也方便。已有的研究实践还表明，“图画”除了可以收集到学生的真实想法达到研究的目的之外，还可以促使教师或学校的有效参与，引发他们进行自我反思和改进，从而促进学校和教师的改革。无论是从研究需要的时间、操作、人力、经费，还是从研究所能达到的效用等方面来看，在研究学生的课程观念时，画图分析法相对其他方法具有一定的优势。

基于上述，本研究选用画图分析法来作为质性研究阶段的资料收集方法，即通过使学生画出“我所认识的思想政治理论课程”（见附件 1）的图画来作为引导其进行群体访谈的工具以及质性材料收集的工具。

## 二、焦点群体访谈技术（focus group methodology）

焦点群体访谈技术是群体访谈的一种特殊形式，是通过研究者组织起来的小组个体间关于某一主题的相互讨论并收集信息的一种有效方法①。通常也被称为焦点群体访谈（focus group interviews），或群体深度访谈（group depth interviews）。通过收集小组参与者关于某一主题的信息并不仅仅在于发现他们想的是什

① Williams A.，Katz L.，“The Use of Focus Group Methodology in Education: Some Theoretical and Practical Considerations”，*International Electronic Journal For Leadership in Learning*，Vol. 5，No. 3，2001.（http://www.ucalgary.ca/iejll/williams_ katz.html）

么，而是去探究其更深层次的“为什么这么想”，以发现其所持有的态度、观念等[1]。与传统访谈法相比，在焦点群体访谈法中，研究者要将参与者群体作为一个整体来做分析，研究者本身即作为协调者、倾听者以及观察分析者的角色，这样的定位不仅能够降低其研究中心的形象，更能为研究对象营造一种融洽的氛围，使其降低心理防御主动参与，相互之间进行对话。而且，在以小组群体为背景的讨论中，小组群体成员具有不回应的选择权利，不像在传统个人访谈中要回答研究者提出的每一个问题，在某种程度上给受访者提供了一种安全的心理支持。同时，小组成员还可以在整个访谈过程中通过倾听而了解到他人的想法和意见，可以给自己的思路以启发。因此，不少研究者认为通过焦点群体访谈所获得的关于受访者真实想法的信息相比其他方法更为精确，相关的研究实践也证明这一认识是符合实际的[2]。

（一）访谈类型的确定

正因为该方法可以较为便捷有效地获得参与者的态度、经验与观点，在当今的传播学、营销、公共关系、组织研究、社群发展、医疗服务、社会学、教育学、心理学等领域都有应用。但在不同领域运用的方式不尽相同[3]，甚至于相互矛盾。尽管如此，从总体上还是可以将这些研究分为两大类：一类是以深入搜集第

---

① Kitsinger J.，“The Methodology of Focus Groups：The Importance of Interaction between Research Participants”，*Sociology of Health and Illness*，Vol. 16，No. 1，1994.

② Osborne J.，Collins S.，“Pupil's views of the role and value of the science curriculum：A focus group study”，*International Journal of Science Education*，Vol. 23，No. 5，2001.

③ Cohen M. B.，Garrett K. J.，“Breaking the rules：A group work perspective on focus group research”，*British Journal of Social Work*，Vol. 29，No. 3，1999.

一手资料为目的的“成员主体型”[1]，注重各参与成员的各种表达和意见，参与成员间可以提出不同的意见，但不表示反对，不必达成一致性的结论；另一类则是以获得一致答案为目的的“达成共识型”，强调在同一专业领域背景人士中展开，既可以是以相互协作的形式进行对话来说明特定问题，也可以是以参与的形式进行探讨以发现问题的原因、解决问题的方案，或以辩论的形式达成一致决定。其中，“成员主体型”广泛运用于社会调查研究领域，以其收集第一手资料的便宜性和背景真实性凸显其优势。

具体针对本研究，则采用可以收集各参与者意见的“成员主体型”焦点群体访谈技术，以参与者自己的图画来作为他们述说有关思想政治理论课程这一焦点问题的媒介。之所以选用此方法，主要是基于以下四个方面的考虑。

第一，从图画本身的特质来看，一方面由于图画本身具有投射、可解释以及可理解的特性，那么只有画图者自己自发而真实的解释说明才可以使研究者更好地理解画图者，以发现画图者的思维观念。

第二，从另一个侧面来看，也正是由于图画本身的特性，使得研究者在收集画图者对自我图画解释的信息时容易将自己的各种认知、情绪、冲突、价值观念等套用到被解释的图画中，从而产生投射效应，以研究者自己的观念而引导了画图者的解释或误解了画图者图画所表达的意思，所以尤其需要画图者自身的描述解释，以及群体之间对其解释的质疑、澄清。

第三，已有的部分研究表明[2]，焦点群体访谈能够促使参与

---

① 方蒸蒸、程晋宽：《“焦点小组访谈”的比较教育研究方法意义》，载《外国教育研究》2012 年第 6 期。

② Wilson V.，“Focus Groups：a useful qualitative method for educational research?”，*British Educational Research Journal*，Vol. 23，No. 2，1997.

者和研究者开展更开放的敏感性话题讨论，分享一些他们在单独访谈中更不愿意说出的内容与意义，以获得比其他方法更大量的描述信息，而且还包括不同参与者之间的谈话信息。对于青少年关于某些事情的观点的研究，焦点群体访谈特别有用①。

第四，从本研究的研究视角来看，以参与画图者自身对这一课程的语言描述解释和经由他们的描述确证过的图画内容来作为观念分析的信息来源，是符合现象描述分析“第二层次世界”的研究视角的。

（二）访谈问题及设计

由于焦点群体访谈的研究取向更强调的是一种通过参与者之间的互动，以激起不同参与者的互动来激发他们表达自己相同或不同的观点、感受和看法，而并非对每一位参与者都问询同样的结构性问题。因此，对焦点群体访谈的设计和利用也较为开放和多样，通常会根据不同的研究目的来进行具体的设计，它既可以作为一种独立的研究方法，也可以作为一种为定量研究获取问卷框架资料、获得更深入或更广泛理解、辅助数据材料等的方法，也可以与其他定性研究的方法同时使用以获得更深入的信息。但通常来讲，此类访谈主要包括以下7个要素②：（1）4—12人的同质性团体；（2）训练有素的研究者/协调者/监控者；（3）1—2小时的讨论；（4）确定的焦点主题；（5）在一个轻松的环境；（6）探究参与者的想法、态度、感觉、观念等；（7）鼓励和促使小组成员间的相互交流。

虽然此类访谈形式较为开放和多样，但并不随意，研究者们一致认为开放性的问题（open - ended question）对此类研究是十

---

① ［美］柏格丹·C. R.：《质性教育研究：理论与方法》，黄光雄译，涛石文化事业有限公司2001年版，第148—154页。

② Wilson V., “Focus Groups: a useful qualitative method for educational research?”, *British Educational Research Journal*, Vol. 23, No. 2, 1997.

分关键的。克鲁格（Krueger，R. A.）[①]曾指出，通过开放性问题可以确认参与者的回应不是受到研究者的暗示，他们所回应的方式与行为也不是受到研究者的引导。因此，在设计具体问题时，一般遵循以下原则：（1）要避免封闭性的问题（closed - ended question）和一些看似开放但实质是封闭式的问答，如要避免，是否“满意”、有“多少”等类似可以回答“是”和“否”的问题，而是要问类似“你对思想政治理论课程是怎么看的？有什么想法”这样的问题；（2）要尽量避免使用“为什么”（why）的句式，而要使用“是什么”（what）和“怎么”（how）来提问，因为使用为什么的问题通常会使参与者在讨论的情境下用理性去思考回答；（3）问题要清晰、简短、单向度，且一般不要超过10—12个大问题；（4）尽量使用“回想”（think back），使参与者从自己的立场和情境出发来回答、讨论、质疑问题，而不是重复周围或借用他人的经验来描述自己的“听说”；（5）要用多种方式鼓励和促使参与者加入到讨论中，如使用“其他人有没有不同的看法”、“谁还有别的想法”、“我是这样理解你的……对吗”等；（6）在问题的设定中要寻求其他研究者的协助，以获得反馈性的建议，使预设问题具有较好的可靠性。

对此，克鲁格还提出了焦点群体访谈问题的五大类型[②]：第一种是起始性问题（opening question），主要是使参与者之间彼此熟悉和感到有连接性，通常是一种鼓励参与者进入谈话的快速回答问题，例如，介绍自己的姓名、专业等背景情况；第二种是准备性问题（introductory question），这一类问题才是真正

---

① Krueger R. A.，“Developing Questions for Focus Groups”，*Review*：*The Focus Group*（*Kit*：Volumes 3），Thousand Oaks，CA：Sage Publications，1997，pp. 31 - 56.

② Krueger R. A.，“Developing Questions for Focus Groups”，*Review*：*The Focus Group*（*Kit*：Volumes 3），Thousand Oaks，CA：Sage Publications，1997，pp. 21 - 22.

参与讨论的开始，通常是提供给参与者机会以连接主题的经验，例如，“当你一听到‘思想政治理论课程’，你会想到什么”；第三种是过渡性问题（transition question），是为了更自然地转移至关键问题的一个过渡，通常是更深入探究参与者经验的问题，例如，“你觉得这门课程对你有什么好的影响”；第四种是关键问题（key question），这是获得研究焦点问题的核心，通常会有2—5个问题，每个问题都需要充分时间的讨论，例如，“在你的课程学习经验中，老师通常是怎样讲课的”；第五种是结束性问题（ending question），结束性问题根据不同研究的需要会有不同，大致包括回顾性问题（things - considered question）、概述性问题（summary question）和结尾问题（final question）三种。回顾性问题和概述性问题是针对达成共识型焦点群体访谈设计而准备的，其中，回顾性问题是使每个参与者反思整个环节讨论中最重要的内容或需要采取的行动，概述性问题则是在主持人进行总结后对每个参与者进行确证是否恰当的问题。结尾性问题则主要是在谈话的最后确认是否还有疑议或遗漏。如“其他同学怎么看？有没有不同的意见？都是这样认为的么”等。

以上五种类型问题是一种让参与者逐步进入讨论的一个完整过程。具体在本研究中，由于在开始绘画前就已经让大家相互介绍和认识过了，因此在讨论阶段的预设问题中就不再重复考虑介绍性的“起始性问题”；且在画图的指导语中，研究者已经告诉学生“所画的图画是当你一听到思想政治理论这门课的时候，你最先想到的，浮现在头脑中的，印象最深刻的东西”，因此在讨论阶段则用问询该图画内容细节的问题来代替“准备性问题”。那么，为了更好地引导被研究者（学生）对他们所经历课程时的知觉与反思，本研究预设以下八个问题作为每一位画图者在群体讨论分享阶段解释的参考以及在此阶段研究者的设问。

1. 你的图画画的是什么？（正在进行的是什么事或呈现的是什么情景或事物？）

2. 图画中画的这些是什么人？他们在做什么？他们这样做（或这样讲）有什么意思？

3. 是什么导致他（他/他们）有这样的反应/行为？

4. 图画中画的这些是什么东西？这些东西代表了什么意思？一定会有这些东西么？

5. 你画的这个内容和思想政治理论课程有什么联系？

6. 你画的是你自己经历过的么？当时是怎么样的？（是你自己这样认为的，还是其他同学？）

7. 你认为思想政治理论课程是什么？（是怎么样的一个课程？）

8. 其他同学怎么看？（有没有不同的意见？都是这样认为的么？）

## 三、问卷调查（questionnaire）

问卷法是本研究所采用的第三种主要方法，也是教育研究方法中最常用的收集资料的方法之一，即研究者运用统一、严格设计的问卷来收集研究对象有关的心理特征或行为数据资料的一种研究方法①。问卷法由于总是以设计好的问卷为工具进行研究，因而它的目的性很强，可以用来研究被试者的多种心理特征、行为和态度。问卷法的最大特点是，它的标准化程度一般很高，是严格按照统一设计和固定结构进行的研究。就整个问卷法的研究过程来说，问卷的设计、问题的选择、问卷的实施以及问卷结果的处理和分析等都是严格按照一定的原则和要求来进行，从而保证了问卷法的科学性、准确性和有效性，避免了研究的盲目性和

① 董奇：《心理与教育研究方法》，北京师范大学出版社2004年版，第325页。

主观性。问卷法的另一个重要特点是，它能在较短的时间内收集到大量的资料，更适用于在一定时间内需要大面积收集数据和资料的情况。

本研究为了进一步验证在画图分析阶段所获得的学生对思想政治理论课的观念类型，以及大范围调查当前大学生对思想政治理论课的看法状况，在焦点群体访谈和图画信息资料的基础上编制“大学生的思想政治理论课程观”结构式调查问卷。并在验证观念模型的基础上，对可能影响大学生思想政治理论课程观念的年级、学校和专业这三个因素对学生进行差异检验以及群体分析。

# 第六章

# 研究的设计

## 第一节 研究的思路

本研究采用的是质的研究与量的研究的系列多元测定（sequential triangulation）①。首先，在回顾文献的基础上预设研究维度。然后，进行质性资料的收集和分析，以回答大学生的思想政治理论课程观是什么的问题。之后，再根据质性研究的结果发展量化研究工具，以在较大范围内检测大学生的思想政治理论课程观，并检验质的研究结论。最后，再利用质的和量的研究资料和结论进一步反观当前我国高校思想政治理论课程本身以及实施和改革中的问题。

本研究分为以下三个阶段。

### 一、第一阶段

这一阶段的主要任务是进行质性研究，在文献回顾从理论上对学生课程观内涵框架把握的基础上，通过画图分析与焦点群体访谈收集到的资料来发现大学生思想政治理论课程观的类

① 由摩斯（Morse）提出，主辅式设计（dominant design）中的一种，即是以一种范式为主，该范式的理论视角、研究用语和方法主导整个研究过程，而另一种范式则为辅。

型以及各类课程观的内涵，并为下一阶段量的调查研究做准备。

1. 通过文献回顾来把握各种现存课程观的内涵以及相关学生课程观念已有的研究成果，以在质性分析阶段更好地把握学生的课程观。

2. 根据初定的画图任务进行前测。通过前测的结果看是否需要对画图任务的表述以及指导语进行修订，进一步确定画图任务以及指导语。

3. 对正式研究对象进行画图施测以及焦点群体访谈。

4. 在收集到的图画以及焦点群体访谈录音资料整理和编码的基础上，对原理论预设维度进行修订和确认，以确定视觉图像内容分析的类目分析表和大学生思想政治理论课程观的结构特征以及类型。

## 二、第二阶段

这一阶段的主要任务是进行问卷编制、试测和确定正式问卷。

1. 根据第一阶段收集到的质的资料以及视觉图像分析出的学生课程观类型来编制“大学生思想政治理论课程观问卷”，在向专家、教师咨询，并进行多次小范围试测的基础上进行修正。

2. 在试测结果统计检验的基础上确定正式的问卷并进行较大范围施测，为了使样本更具有代表性，本研究在广东省内选取以广州为中心的1A、2A和3A（B）三种类型院校的不同专业发放问卷进行调查，每一类型的院校数和每一院校取样的学生人数基本相当。

## 三、第三阶段

这一阶段的主要任务是利用问卷大面积调查大学生对思想政治理论课程的观念，以验证质的研究阶段所获得的结果。

1. 根据问卷调查结果以验证和确认大学生的思想政治理论课程观的结构、内涵和课程影响因素。

2. 根据“大学生思想政治理论课程观问卷”所得数据来分析和讨论在较大范围内大学生的思想政治理论课程观状况。

3. 对以上质的和量的研究结果进行解释和讨论，反思当前我国高校思想政治理论课程本身以及改革和实施中的问题。

## 第二节　研究框架流程

具体的研究框架流程如图 6－2－1 所示。

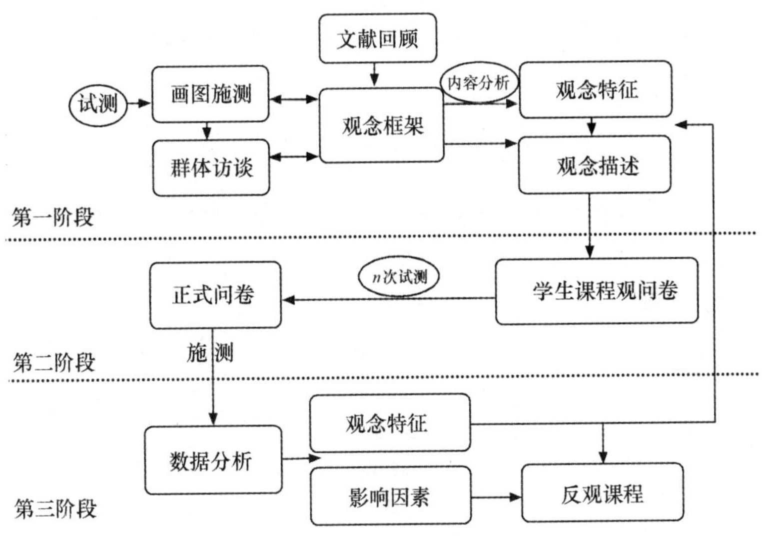


**图 6－2－1　研究框架流程**

# 第四部分 研究的过程与发现

本书的第四部分为具体质与量的研究过程以及发现。在质的研究部分，是通过结合焦点群体访谈的画图分析法来探查大学生对当前思想政治理论课程的观念，并在所获学生资料的基础上进一步修订从第三章文献回顾所得的学生课程观的理论维度（预设维度）来作为分析和抽取学生课程观念的维度，从而确立大学生思想政治理论课程观的内涵与结构特征。在量的研究部分，则是根据在质的研究阶段所获资料与所获得的大学生对当前思想政治理论课程的观念结果来开展量的调查研究。具体主要完成以下三项内容：一是编制《大学生思想政治理论课程观调查问卷》；二是在大面积问卷调查所获数据的基础上验证质的研究阶段所获得的结果，即通过问卷本身和实测的结构效度与信度来验证质的研究结果所抽取出的观念框架与观念内涵的有效性与可信程度；三是分析所获数据，根据统计分析结果讨论当前大学生的思想政治理论课程观状况。

# 第七章

# 质的研究过程

## 第一节　画图指导语的确定

在正式进行小组画图分析之前，本研究在文献理论和以往研究的基础上，拟订了最初的画图指导语，如下：

> 画一幅有关你现在大学所学习的思想政治理论课程的图画。
>
> 这幅画应该从一个学习者的角度，表达你个人对思想政治理论课程的理解、看法、态度、回应，或你在课堂上的经历。图画应该表达你对思想政治理论课最强烈的看法、感受或经历，内容则可基于你在大学期间曾经听过的思想政治课，或与这一课程有关的人、事、物或经历（如看到的、想到的、听到的、理解到的、运用到的、觉得有矛盾的，等等），以表达出你眼中的思想政治理论课。

以这一画图指导语为基础，2012 年 2 月 18 日下午 3：00—4：45，我们在 1A（a）校（该校情况见表 7－2－2）课程中心办公室进行了画图的第一次试测。参加试测的有 1A（a）校数学专业学生 3 位，计算机专业学生 1 位，2A（a）校教育学专业学生 1 位。整个图画和焦点群体访谈过程共 95 分钟。试测完成后，研究者就“图画的指导语以及图纸、画图的过程”与参与的几位同学进行了访谈。在试测结束后，研究者与研究助理[①]就学生图画的表面效度进行商讨，并就试测的整个过程与结果通过电子邮件进行专家[②]咨询、修改。

从参加试测的学生反馈来看，学生对指导语和画图并没有异议，没有出现不知道如何去画的问题。学生所画的图画和针对图画所展开的讨论均没有跑题，是具有一定表面效度的。每个人的图画既有共同的元素，如教师、课堂、学生、书本等，也可从图画的整体内容表达结合他们讨论的内容判断出不同个体所关注课程中的不同点。且在讨论中，大家总体上会对其他成员的观点给予赞同、讨论和偶有质疑。大家在讨论中会出现个别问题“相互的赞同”，一方面可以印证该指导语的有效，大家的谈话较具有一致性；另一方面也表明了有效的绘画更能凸显个人的主要观念，因为在讨论中出现对他人观点的赞同，有可能是受到他人言语的启发，但这些赞同他人的观点很可能并不是个体印象最深、最主要持有的个人观点。另外，讨论中相互的赞同也可能是一种“社会从众”（social conformity）效应，即彼此不熟悉的人之间出于礼貌不好反驳，或者认同别人说的比自己说的更明白，或者不想跟别人针锋相对，同意别人是最容易的应对方式。但在本试测讨论阶段，反驳或不赞同、质疑的情况都有出现，因此可以基本排除此类问题。而且，本研究并不指向个体的观念个案，而是在于研究群体的观念类型取向，因此此类情况并不会对本研究的效度造成影响。

但是，学生也就指导语给出了一定的建议和反馈，他们认为：对于这一课程应该给予一个范围的界定，只讲思想政治理论

① 本研究在对图画进行内容分析阶段需要一位以上的研究人员对图画进行分析，以确保对图画分析的信度。因此，本研究除了研究者本人以外，还有一位辅助进行图画分析研究，熟悉该方法和理论的研究助理。

② 该专家就职于香港某高校，专项从事儿童绘画心理研究，具有中、美教育经历，精通画图分析。

课会让他们一下子反应不过来；指导语最后写“眼中的课程”与前述对课程的“看法、感受或经历、内容”会让他们有些理解上的矛盾。针对以上两个问题并结合学生的图画，研究者发现学生的图画与指导语所举的例子“曾经听过的思想政治课”、“与思想政治课有关的人、事、物或经历”等基本重合，指导语的过多举例很可能限制了学生的表达。于是就以上的反馈在向专家咨询后，对该指导语进行修正。在第二次试测无误后，以形成正式指导语（见下），具体图纸见附录 1。

画一幅有关你现在大学所学习的思想政治理论课程的图画。

这幅画应该从一个学习者的角度，表现你个人对思想政治理论课程最强烈的看法、感受、理解、回应或经历。

*思想政治理论课是指当前你所学习的“马克思主义基本原理概论、毛泽东思想和中国特色社会主义理论体系概论、思想道德修养与法律基础、中国近现代史纲要”四门必修课以及包括“形势与政策、当代世界经济与政治”等选修课程。

## 第二节 样本的选择

开展质的研究，是为了对某一研究问题进行比较深入的探讨。本研究着力于探讨大学生对当前思想政治理论课程的看法。根据 2005 年《中共中央宣传部、教育部关于进一步加强和改进高等学校思想政治理论课的意见》实施方案的规定，从 2006 级学生开始，全国普通高等学校（本科和专科）普遍开设“马克思主义基本原理概论”、“毛泽东思想和中国特色社会主义理论体系概论”、“思想道德修养与法律基础”、“中国近现代史纲要”这四门必修课，以及“形势与政策”、“当代世界经济与政治”等选修课。因此，在本研究中对大学生这一样本的选择，既涵括本科学生也包括了高职高专类专科学生。另外，考虑到学生课程观形成的过程性以及文化性等因素，学校班级等文化环境可能是影响其看法的重要来源，在研究中学生样本的来源学校也要涵盖各层次类型的本专科院校。因此，为了研究的方便性和使样本尽可能地具有代表性，本研究在质的研究阶段采用“目的性抽样”① 原则。在广州市招募选取来自 1A、2A 和 3A（B）3 种层次、6 所不同类型院校，横跨 8 个专业类别、不同年级的 34 名大学生组成 6 个小组来作为研究被试着。为了研究方便，本研究所进行的小组以学校为单位集中。在选取的 6 个正式小组中考虑了研究个体的学校、专业及性别异质均衡因素，具体研究个体和学校信息见表 7 - 2 - 1 至表 7 - 2 - 3。其中，组别的编码以 nF（nForm）来代表，排除确定指导语试测阶段的两组（AF 组与 BF 组），正式小组由 CF 开始编码。

**表 7 - 2 - 1 画图与焦点群体访谈小组参与个体情况一览表**

| 组别 | 参与者/性别 | 学校 | 专业 | 年级 | 已学课程② |
|---|---|---|---|---|---|
| CF | CF1/男 | 1A（a） | 信息与计算科学 | 大二 | 基础/纲要/概论 |
| | CF2/男 | | 信息与计算科学 | 大二 | 基础/纲要/概论 |
| | CF3/男 | | 统计学 | 大二 | 基础/纲要/概论 |
| | CF4/女 | | 统计学 | 大三 | 基础/纲要/概论/原理 |
| | CF5/女 | | 数学与应用数学（师范） | 大二 | 基础/纲要/概论 |
| | CF6/女 | | 数学与应用数学（师范） | 大二 | 基础/纲要/概论 |
| | CF7/女 | | 数学与应用数学（师范） | 大二 | 基础/纲要/概论 |

① 陈向明：《质的研究方法与社会科学研究》，教育科学出版社 2000 年版，第 93 页。

② 为节省空间，在表格内，将四门必修课和两门选修课进行了简化，其全称与简称分别为“马克思主义基本原理概论”（原理）、“毛泽东思想和中国特色社会主义理论体系概论”（概论）、“中国近现代史纲要”（纲要）、“思想道德修养与法律基础”（基础），以及“形势与政策”（形势）、“当代世界经济与政治”（政经）。

**续表**

| 组别 | 参与者/性别 | 学校 | 专业 | 年级 | 已学课程 |
|---|---|---|---|---|---|
| DF | DF1/女 | 3A（a） | 艺术（舞蹈） | 大一 | 基础 |
|  | DF2/女 |  | 艺术（舞蹈） | 大一 | 基础 |
|  | DF3/女 |  | 电子商务 | 大一 | 基础 |
|  | DF4/女 |  | 电子商务 | 大一 | 基础 |
|  | DF5/女 |  | 艺术（声乐） | 大一 | 基础 |
|  | DF6/女 |  | 艺术（声乐） | 大一 | 基础 |
| EF | EF1/女 | 2A（a） | 汉语言文学 | 大三 | 基础/纲要/概论/原理/形势/政经 |
|  | EF2/女 |  | 对外汉语 | 大三 | 基础/纲要/概论/原理/形势/政经 |
|  | EF3/女 |  | 对外汉语 | 大三 | 基础/纲要/概论/原理/形势/政经 |
|  | EF4/女 |  | 秘书学 | 大三 | 基础/纲要/概论/原理/形势/政经 |
|  | EF5/女 |  | 汉语言文学 | 大三 | 基础/纲要/概论/原理/形势/政经 |
| FF | FF1/女 | 2A（b） | 应用心理学 | 大三 | 基础/纲要/概论/原理/形势 |
|  | FF2/男 |  | 会计学 | 大三 | 基础/纲要/概论/原理/形势 |
|  | FF3/男 |  | 会计学 | 大三 | 基础/纲要/概论/原理/形势 |
|  | FF4/男 |  | 新闻学 | 大三 | 基础/纲要/概论/原理/形势 |
|  | FF5/男 |  | 新闻学 | 大三 | 基础/纲要/概论/原理/形势 |
|  | FF6/男 |  | 新闻学 | 大三 | 基础/纲要/概论/原理/形势 |

续表

| 组别 | 参与者/性别 | 学校 | 专业 | 年级 | 已学课程 |
|---|---|---|---|---|---|
| GF | GF1/女 | 2A（c） | 电子信息工程 | 大二 | 基础/纲要/概论/原理/形势 |
| | GF2/女 | | 通信 | 大二 | 基础/纲要/概论/原理/形势 |
| | GF3/男 | | 自动化 | 大二 | 基础/纲要/概论/原理/形势 |
| | GF4/男 | | 自动化 | 大二 | 基础/纲要/概论/原理/形势 |
| | GF5/女 | | 管理学 | 大三 | 基础/纲要/概论/原理/形势/政经 |
| HF | HF1/女 | 1A（b） | 电子信息科学与技术 | 大二 | 基础/纲要/概论/原理/形势 |
| | HF2/男 | | 临床医学 | 大一 | 基础/纲要/形势 |
| | HF3/男 | | 通信工程 | 大二 | 基础/纲要/概论/原理/形势 |
| | HF4/男 | | 通信工程 | 大二 | 基础/纲要/概论/原理/形势 |
| | HF5/男 | | 临床医学 | 大一 | 基础/纲要/形势 |

**表7-2-2　画图与焦点群体访谈小组成员来源学校情况一览表**

| 学校层次 | 学校 | 学校特征 | 人数 | 所属组别 |
|---|---|---|---|---|
| 1A类 | 1A（a） | 广东省属重点综合性师范类大学，211工程高校 | 7 | CF组 |
| | 1A（b） | 教育部直属综合性重点大学，985、211工程高校 | 5 | HF组 |
| 2A类 | 2A（a） | 广东省属知名综合型大学 | 5 | EF组 |
| | 2A（b） | 司法部与广东省共建省属重点财经类大学 | 6 | FF组 |
| | 2A（c） | 广东省属农林类大学，以农工学科见长 | 5 | GF组 |
| 3A(B)类 | 3A（a） | 广东省属示范性高职培育院校，公办 | 6 | DF组 |

表 7－2－3 画图与焦点群体访谈小组参与个体分布情况

| 性别 | | 来源学校层次 | | | 专业 | | 年级 | | |
|---|---|---|---|---|---|---|---|---|---|
| 男 | 女 | 1A 类 | 2A 类 | 3A（B）类 | 人文 | 理工 | 大一 | 大二 | 大三 |
| 14 | 20 | 13 | 15 | 6 | 18 | 16 | 8 | 13 | 13 |

## 第三节 资料收集的过程

在确定正式的画图指导语之后，本研究在 2012 年 2—7 月间，分别针对六组学生（具体信息见表 7－2－1 至表 7－2－3）先后进行了画图和焦点群体访谈的实测。各组的具体时间、地点见表 7－3－1。

表 7－3－1 画图与焦点群体访谈小组正式施测时间表

| 组别 | 日期 | 画图时间 | 群体访谈时间 | 地点 |
|---|---|---|---|---|
| CF | 2012. 2. 22 | 10：00—10：12 | 10：15—11：30 | 1A（a）校内课程中心讲演厅 |
| DF | 2012. 3. 25 | 14：00—14：13 | 14：15—15：45 | 3A（a）校内文体楼 501 办公室 |
| EF | 2012. 4. 10 | 14：00—14：12 | 14：15—15：48 | 2A（a）校文学院图书阅览室 |
| FF | 2012. 4. 13 | 17：00—17：12 | 17：15—18：42 | 2A（b）校教学楼 104 课室 |
| GF | 2012. 6. 20 | 8：30—8：42 | 8：45—9：46 | 2A（c）校信息学院 104 学工办 |
| HF | 2012. 7. 13 | 10：17—10：30 | 10：32—11：40 | 1A（b）校北校区新教学楼 502 课室 |

具体实施步骤如下。

### 一、准备环节

首先，研究者在正式施测前的招募阶段与每位参与小组画图和焦点群体访谈的同学都提前进行了沟通，使他们明白所参与画图与讨论的主题是有关他们对所学习的思想政治理论课程的看法，并向他们解释整个流程包括10分钟左右的绘画以及1—2小时的讨论，以确保被研究者们明白：（1）图画的形式可以任意，但要表达出自己最直接、最真实的感触和最深的看法；（2）这并不是一项对画图技巧的测试，即便是不太会画画，也可以用添加注释的图形来指代或代表某一事物；（3）图画环节后的访谈环节也是每个人先根据自己的图画进行分享和解释，并相互间进行讨论或质疑；（4）研究的整个流程需要录音，以作后续研究资料使用，但在具体的研究过程中参与者的个人信息会全部被隐藏，也绝不会泄露个人隐私。因此，每位到场的参与者均是自愿且清楚整个研究的大致流程与自己需要做的事情。其次，在确保参与者到场人数的情况下给每位参与者准备好画图所用的草稿纸、签字笔、带有个人信息和编码的统一规格的正式图纸（见附录1），以及录音笔等材料。

## 二、画图环节

在小组成员到达测试地点进行正式画图开始前，先进行研究者自我与参与者之间的相互介绍，在大家相互认识的基础上再随意攀谈一些关于课程、学习、生活等的情况，给他们营造一种良好的沟通氛围。在正式开始时，研究者再一次向到场的每一位小组成员确认画图与讨论的流程，画图的主题，参与的意义，指导语的明确度以及录音的意见征求；并请他们在填完个人信息后，按照指导语的要求，在10分钟左右的时间内独立完成画图，并写出关于图画内容的解释说明。

## 三、焦点群体访谈环节

在所有参与者画图结束后，请各位小组成员集中起来围坐成一圈（包括本研究者）。开始请每位成员按照研究者事先在图纸上编码的顺序依次分享自己的图画，在图画解释的当中与过后，研究者与小组的其他成员一起，倾听并质疑画图者的解释。具体的问题与质疑根据第五章研究预设框架的问题进行。在焦点群体访谈的过程中，研究者不对讨论的内容进行价值上的判断和引导，时刻保持价值中立，并同时观察和记录分享者的情绪表达状态和小组成员的反应，以及讨论中的发言情况。同时更多地协调与鼓励参与者发表自己的观点，加入到讨论中来，通常以“你怎么用这个来表达这个意思”，“这个是什么/什么意思”，“是这个意思么”，“我理解你讲的是……这样对么”，“还有没有其他的意思了”，“其他的同学也是这样理解/想/经历过的么”，“你当时是这样想的么”，“大家都是这样的么”，“不是的话又是怎样的呢”，等等。

## 第四节　资料的初步整理

在经过画图与焦点群体访谈环节后，便获得了各小组参与者的图画（picture）、图画说明（caption）、焦点群体访谈录音（interview）以及研究者的访谈记录笔记（memo）这四种原始资料。在进入正式的资料分析前，首先对四种原始资料进行了初步的整理。

具体包括：（1）按组别根据画图纸填写好的个人编码（见第二节，表7－2－1小组参与个体情况一览表）依次对图画（p）和图画说明（c）进行影印编码，并建立独立的图像文件夹，例如，CF1p 则代表第一组（CF 组）第一位成员的图画，CF1c 则代表第一组（CF 组）第一位成员的图画说明；（2）按组别与个人编码逐字整理录音文稿（i），并在整理的过程中加入研究者的群体访谈笔记（m），批注出在群体访谈中观察到的小组参与者个体和群体反应、情绪、状态、讨论中次序等；（3）在整理好的小组访谈录音文稿中，给每一位成员文稿的起始处分别插入截取出来的个人图画和图画说明，最终得到带有个人图画、图画说明以及融合了个人和群体反映情感状态的6小组群体访谈集合文稿（I），如 CFI 代表第一组集合文稿，DFI 代表第二组集合文稿；（4）6小组群体访谈录音文稿一式两份，分别给研究者与研究助理，以备资料分析待用。各项资料初步整理编码情况见表 7 －4 －1。

**表 7 －4 －1　　　　质的资料初步整理情况一览表**

| 组<br>nF | 参与者<br>nFm | 图画<br>picture | 图画说明<br>caption | 访谈文稿个人<br>interview | 观察笔记<br>memo | 小组访谈文稿合集<br>I |
|---|---|---|---|---|---|---|
| CF | CF1<br>CF2<br>CF3<br>CF4<br>CF5<br>CF6<br>CF7 | CF1p<br>CF2p<br>CF3p<br>CF4p<br>CF5p<br>CF6p<br>CF7p | CF1c<br>CF2c<br>CF3c<br>CF4c<br>CF5c<br>CF6c<br>CF7c | CF1i<br>CF2i<br>CF3i<br>CF4i<br>CF5i<br>CF6i<br>CF7i | CFm | CFI（CFp + CFc + CFi + CFm） |
| DF | DF1<br>DF2<br>DF3<br>DF4<br>DF5<br>DF6 | DF1p<br>DF2p<br>DF3p<br>DF4p<br>DF5p<br>DF6p | DF1c<br>DF2c<br>DF3c<br>DF4c<br>DF5c<br>DF6c | DF1i<br>DF2i<br>DF3i<br>DF4i<br>DF5i<br>DF6i | DFm | DFI（DFp + DFc + DFi + DFm） |
| EF | EF1<br>EF2<br>EF3<br>EF4<br>EF5 | EF1p<br>EF2p<br>EF3p<br>EF4p<br>EF5p | EF1c<br>EF2c<br>EF3c<br>EF4c<br>EF5c | EF1i<br>EF2i<br>EF3i<br>EF4i<br>EF5i | EFm | EFI（EFp + EFc + EFi + EFm） |
| FF | FF1<br>FF2<br>FF3<br>FF4<br>FF5<br>FF6 | FF1p<br>FF2p<br>FF3p<br>FF4p<br>FF5p<br>FF6p | FF1c<br>FF2c<br>FF3c<br>FF4c<br>FF5c<br>FF6c | FF1i<br>FF2i<br>FF3i<br>FF4i<br>FF5i<br>FF6i | FFm | FFI（FFp + FFc + FFi + FFm） |

续表

| 组<br>nF | 参与者<br>nFm | 图画<br>picture | 图画说明<br>caption | 访谈文稿个人<br>interview | 观察笔记<br>memo | 小组访谈文稿合集<br>I |
|---|---|---|---|---|---|---|
| | GF1 | GF1p | GF1c | GF1i | | |
| | GF2 | GF2p | GF2c | GF2i | | |
| GF | GF3 | GF3p | GF3c | GF3i | GFm | GFI（GFp + GFc + GFi + GFm） |
| | GF4 | GF4p | GF4c | GF4i | | |
| | GF5 | GF5p | GF5c | GF5i | | |
| | HF1 | HF1p | HF1c | HF1i | | |
| | HF2 | HF2p | HF2c | HF2i | | |
| HF | HF3 | HF3p | HF3c | HF3i | HFm | HFI（HFp + HFc + HFi + HFm） |
| | HF4 | HF4p | HF4c | HF4i | | |
| | HF5 | HF5p | HF5c | HF5i | | |

## 第五节　资料分析的策略与方法

在本研究中质的阶段所获得的资料主要是被研究者的图画和焦点群体访谈两大部分。虽然图画是更直观的个体观念表征，但完全基于视觉图像的阐释作为研究资料，会给研究造成一定的局限性，为了更客观地获取被研究者对思想政治理论课程观念的描述，避免单纯焦点群体访谈中的群体效应和单纯图画分析的主观投射效应，本研究采用经被研究者个体语言描述和图画说明确证过的图画内容来作为观念抽取分析的最终资料。同时，由于现象描述分析学研究的是被研究者的认知与知觉方式，或者说是被研究者经历现象的不同过程，因此本研究对质的研究资料分析的策略则采用的是“类属分析”（categorization）①，即在资料中寻找反

① 陈向明：《质的研究方法与社会科学研究》，教育科学出版社 2000 年版，第 290—292 页。

复出现的现象以及可以解释这些现象的重要概念的一个过程，也即将具有同类属性的资料归入到同一个类别，并且以一定的概念命名，按照编码系统将相同或相近的资料整合在一起的过程。

具体分析的方法则采用视觉图像内容分析法（content analysis of visual images）。视觉图像内容分析法是源自视觉人类学近年发展起来的一种将视觉文本资料转化为量化资料的一种有效方法，即“通过使用清晰、可靠、确定的类目来量化并记录‘语言—视觉’（包括口语）的一种实证的、客观的过程”①。该方法是将图画（或媒介）中所有“有意义的”视觉或言语信息等需要分析的内容加以分拆，分解得出其组成元素，并量化纳入到依据特定研究主题所确定的类目表下，通过具体的对比和交互分析，并通过各主类目下具体元素的频数来发现和解释其趋势，以便更清晰有效地了解图画（或媒介）所表达的含义。该方法分析类目框架建立会因具体研究的方法与研究目的的不同而不同，但通常有两种主要的形式：一种是根据先前理论中已经存在的、通过演绎推导得来的主类目框架，将图画中拆分出来的各元素纳入到主类目下；另一种则为经验派生的，即通过扎根理论的方法，将从图画中拆分的各元素向上归纳建构出主类目框架。

根据研究的实际需要，本研究在质的研究阶段对资料分析的框架建构采用演绎推导型，即在先前理论预设主类目的基础上进行分析框架的建立。具体来说，主要经历了以下三个阶段：第一阶段为元素的编码，即从原始分析资料中拆分出关键元素和确定关键元素；第二阶段为框架编码，即建立分析类目框架和确定分析维度；第三阶段为观念编码，即通过分析平面从观念集合中抽取不同类型的课程观。具体的资料分析流程如图 7－5－1 所示。

① Bell P.，“Content analysis of visual images”，Leeuwen T. V.，Jewitt C.，*Handbook of Visual Analysis*，London：SAGE Publications，2001，pp. 10－34.

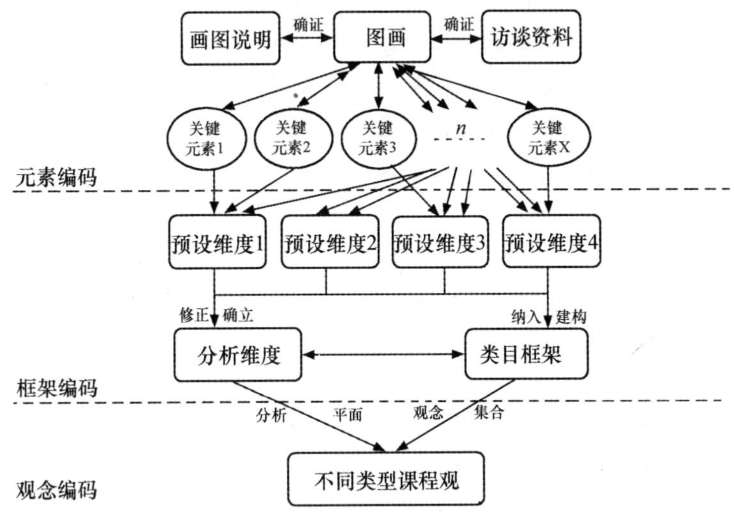


**图7－5－1 质的资料分析流程**

## 一、元素编码

元素编码是资料分析的首要阶段，主要是通过参与对象所写的图画说明和群体访谈资料对图画中所有有意义的元素进行确证和意义确认，以完成关键元素编码。此过程需要三个环节：第一环节是要从访谈资料和图画说明出发来确证图画内容并抽取关键元素；第二环节是要从初步抽取的关键元素回归到图画，以检验是否赋予过多的文字含义；第三环节是要在反复重复前两环节的基础上归纳精简关键元素，并进一步回归到访谈资料和图画说明中明确关键元素的含义。

具体来说，第一环节的关键元素抽取是由研究者与助理首先根据“图画说明”和“访谈录音文稿”文本资料，核实每幅“图画”中所能够表达出的与研究主题“课程观”相关的所有人、事、物以及行为、符号、关键词等，以形成一份关键元素初级清单。但是，从文字出发，往往在对图画内容进行确认时容易跟随文字的解释对图画附加过多的信息。因此，在第二环节需要将关键元素初级清单回归至每一幅图画检验，以剔除未能从图画中表达出来的关键元素。然后，在多次重复以上这两环节的基础上归纳合并或抽象精简关键元素，以得到最终的关键元素次级类目，见表7－5－1。

**表7－5－1　　关键元素次级类目形成表**

| 关键元素初级类目 | 关键元素次级类目 | 频数 $N$ |
|---|---|---|
| 人所必需的 | 必需的正确思想 | 5 |
| 正确的思想 | | |
| 法律 | 政治经济法律常识 | 2 |
| 政治经济 | | |
| 空/虚无 | 空知识 | 3 |
| 无语的书 | | |
| 无聊的内容 | | |
| 重复的内容 | 重复旧知识 | 5 |
| 陈旧知识 | | |
| 太高远 | 深远理论 | 2 |
| 过深理论 | | |
| 崇高思想 | 主流思想 | 4 |
| 党的理论 | | |
| 主流意识形态 | | |
| 与现实不符的看似完美的理论 | 美丽的陷阱 | 3 |
| 完全正面的理论 | | |
| 美丽的陷阱 | | |
| 启发 | 启发式 | 1 |
| 有能力的教师 | 教师专业素养 | 4 |
| 言行一致 | | |
| 专业素养 | | |
| 人格魅力 | | |

续表

| 关键元素初级类目 | 关键元素次级类目 | 频数 $N$ |
|---|---|---|
| PPT/视频/纪录片/访谈 | 激发兴趣 | 2 |
| 讲得有趣 | | |
| 联系社会 | 联系社会实际 | 5 |
| 与实际相连 | | |
| 教师个人透析社会的观点 | | |
| 不停地讲 | 消极应付 | 5 |
| 一页一页读书 | | |
| 老师也无聊 | | |
| 照本宣科 | 说教式 | 3 |
| 说教 | | |
| 只讲正面理论 | | |
| 点名 | 强制 | 3 |
| 强制支撑 | | |
| 学分控制 | | |
| 内化于心 | 内化于心，外化于行 | 4 |
| 行为体现 | | |
| 自我反思 | | |
| 实用的 | 实用原则 | 4 |
| 有用的就听/学 | | |
| 有趣的就听/学 | 个人兴趣原则 | 3 |
| 我就喜欢 | | |
| 听过好多遍了 | 厌烦重复 | 2 |
| 一样的就不想学了 | | |
| 完成任务 | 逆反 | 8 |
| 睡觉 | | |
| 聊天 | | |
| 逃课 | | |
| 做其他作业 | | |
| 玩手机/游戏 | | |
| 卖书 | | |

续表

| 关键元素初级类目 | 关键元素次级类目 | 频数 $N$ |
|---|---|---|
| 背书 | 背重点 | 5 |
| 画重点 | | |
| 导向好的行为 | 积极行为导向 | 4 |
| 有作为/行动 | | |
| 促进家庭社会和谐 | | |
| 提升“三观” | 个人提升 | 5 |
| 提升个人素质 | | |
| 拓宽视野 | 拓宽视野 | 1 |
| 具有法律意识 | 形成自我见解 | 7 |
| 具有问题意识 | | |
| 无用 | 没用 | 8 |
| 与我无关 | | |
| 只为了绩点 | | |
| 考完便忘光 | | |
| 更觉得无聊 | 加深枯燥印象 | 3 |
| 更加枯燥 | | |
| 意识形态灌输 | 思想灌输 | 3 |
| 思想改造 | | |
| 束缚想法 | 适得其反 | 4 |
| 让人怀疑 | | |
| 矛盾 | | |
| $N=73$ | $N=28$ | $N=108$ |

具体关键元素的抽取分析过程以 CF2 被研究者的资料（见图 7－5－2 被研究者图画 CF2p，图 7－5－3 被研究者文字说明 CF2c，以及 CF2 组焦点群体访谈文稿 CFI）分析为例。

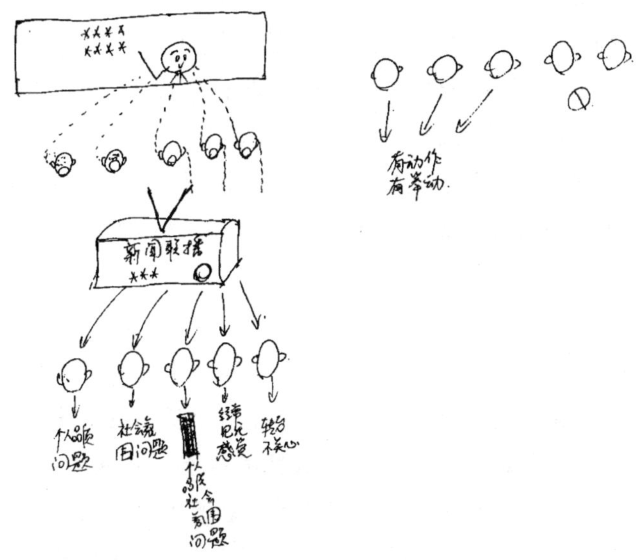


图 7-5-2 CF 组 2 号被研究者图画 CF2p

说明：

① 上课的时候，有些人对老师的内容左耳进右耳出，有些人内化吸收成自己的东西

② 在平时生活中，对于某一件事，这些学生的看法就不一样了。大家对无关自己的人和事关注程度不一样，看问题程度不一样。

③ 前三种可以对社会不好现象纠正，好的现象推广。

思想政治课可以完善我们的对事情评价的标准

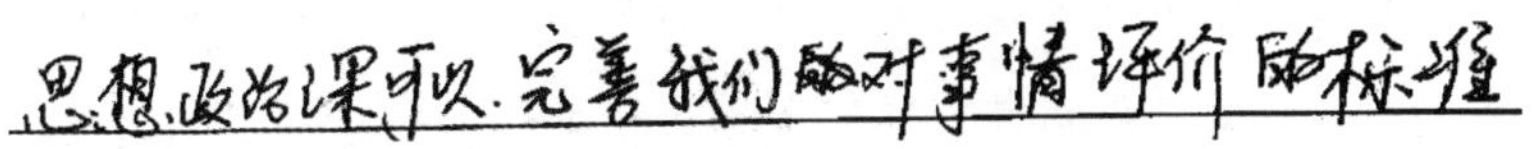

图 7-5-3 CF 组 2 号被研究者文字说明 CF2c

首先，依据 CF 组 2 号同学在图纸下和个人资料中的说明（CF2c）来寻找图画（CF2p）中的各个元素。根据 CF2c 的三条说明，CF2p 这幅图画也大致可以分为三个部分。以第一部分为例来看，图画的左上部为一位教师在对学生微笑着上课的情景。其中，这位老师是整幅图画上唯一一个有表情的人物，可以看出“老师”是学生比较关注的一个元素。从画中老师的表情来看，虽然讲解得很积极和生动，但仍只有部分学生吸收

了老师讲的内容，有些学生“左耳进右耳出”，有部分学生则“内化吸收”到头脑中。因此，“老师”这一课程教学的关键元素以及学生对课程学习的“左耳进右耳出”、“内化吸收”可能是其中的关键元素。

在了解了这部分学生的图画和图画说明后，对应到CF组的焦点群体访谈文稿（W代表本研究者）与之相关的部分：

> CF2：这个是老师在上面讲课，下面有一堆同学在听课。有一些是听了就消化了，有一些是左耳进了右耳出，根本没听到，听完就忘了。然后在平时生活中啊，这些人就不一样了，就对同一件事情。这里画的就是示意一些新闻啦，然后那些听了课的那些人吧，可能就听了一点点吧，对一些问题有一丝想法：就会谈到这些问题是个人的问题；有一些呢就觉得是社会氛围影响到的；还有一种他没有听课可是他很牛B的，然后就把这两种问题就都结合起来了，既说到是个人问题也说到是社会问题。
>
> W：那这个新闻联播是什么意思？
>
> CF2：是一则新闻来的，有代表性的什么。或者是一件事啊，比如那些今日关注什么的那些什么啊，那里面随便一件事。就是说老师讲课的时候用这些。
>
> ……
>
> W：那你画的这个电视机是代表老师讲的东西么？
>
> CF2：对，信息内容。就是他讲到里面的内容。一般很多都是新闻或者其他的。
>
> CF1：重点他会写在黑板上。
>
> W：哦，那这些黑板上代表他写的重点？
>
> CF2：一些重复的东西，就是平时他讲的那些内容。
>
> CF1：嗯，有时也是他看视频的时候随便写上一些词，没什么意义的。

CF3：有时候是那个投影上没有写这些东西，他就把它写下来给你们看看这是什么。比如说什么地名、年份之类的。(大家笑)

……

CF2：是上过这个课之后就会对社会上随便一件事情的看法不一样。

CF1：你这里是什么意思？(电视里面的米字符号)

CF2：就是新闻里面的，它新闻里面的评论嘛。不同的人看到也就有不同的评论。

W：那你怎么会画这些呢？

CF2：我觉得是上了课之后不同的人会有这样不同的反应啊，我觉得有一定影响。就是前面那三种人，对于新闻里面的，如果是好的东西的话，他会再发微博啊什么什么。就是认为这种好的现象可以推广啊。如果是坏的现象他也会评论一下心情啊，最起码会有点反应，而不会让它怎么。

……

W：你画的这个老师是在微笑的吧？是因为你觉得你们的每个老师都是微笑的？

CF2：这个老师是讲得挺好的，会联系许多社会实际，讲他的观点。不过也有些老师是板着个脸的。对吧？思修那个就是板着个脸。

CF5：我觉得那个老师蛮淡定的。

CF2：不过，我认为无论多好的老师肯定是会有人听课有人不听的。

从以上的访谈对话中可以看出，CF 组 2 号同学对思想政治理论课最深的看法是“老师”上课总是会用“联系社会”的实际新闻等来教授，并且会讲他自己的“个人”观点“透析社会”，但尽管是面对不错的老师，也只是对部分的学生有作用，通过“内化学习”后学生会有不同的反应。

接着再重复以上这一“图画说明—访谈文稿”的流程，分析图画中的左下部分和右上部分，抽取相关课程的关键元素。在进行关键元素表述归纳后，形成一份 CF 组 2 号被研究者的关键元素图文对应表，如表 7－5－2 所示。

**表 7－5－2　　CF 组 2 号被研究者关键元素图文对应表**

| 关键元素 | 图画 | 文字描述 | |
|---|---|---|---|
| | | 图画说明 | 访谈关键话语 |
| 联系社会 | 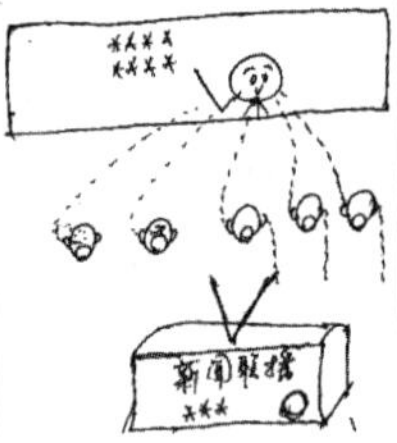 | 上课时候，老师（讲）的内容。<br>——CF2c | 是一则新闻来的，有代表性的什么。或者是一件事啊，比如那些今日关注什么的那些什么啊，那里面随便一件事。就是说老师讲课的时候用这些。<br>——CF2i |
| 教师个人透析社会的观点 | 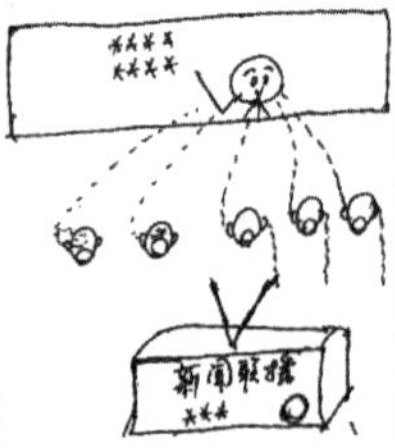 | 上课时候，老师（讲）的内容。<br>——CF2c | W：那你画的这个电视机是代表老师讲的东西么？<br>CF2i：对，信息内容。就是他讲到里面的内容。一般很多都是新闻或者其他的。<br>CF2i：这个老师是讲得挺好的，会联系许多社会实际，讲他的观点。<br>——CF2i |

**续表**

| 关键元素 | 图画 | 文字描述 | |
|---|---|---|---|
| | | 图画说明 | 访谈关键话语 |
| 内化于心外化于行 | 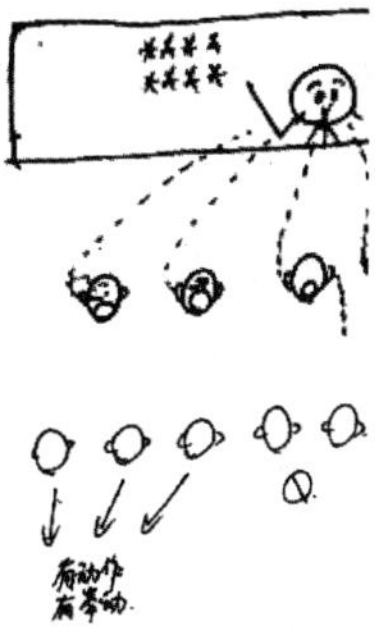 | 内化吸收成自己的东西。在平时生活中对于某一件事，这些学生的看法就不一样了。<br>——CF2c | 有一些是听了就消化了，然后在平时生活中啊，这些人就不一样了，就对同一件事情。……<br>是上过这个课之后就会对社会上随便一件事情的看法不一样。……<br>我觉得是上了课之后不同的人会有这样不同的反应啊，我觉得有一定影响。<br>——CF2i |
| 积极行为导向 | 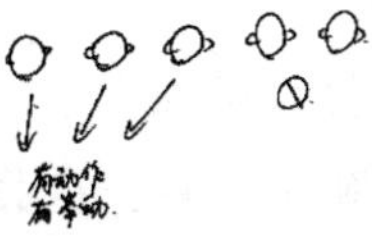 | 对社会不好的现象纠正，好的现象推广。<br>——CF2c | 就是前面那三种人，对于新闻里面的，如果是好的东西的话，他会再发微博啊什么什么。就是认为这种好的现象可以推广啊。如果是坏的现象他也会评论一下心情啊，最起码会有点反应，而不会让它怎么。<br>——CF2i |
| 形成自我见解 | 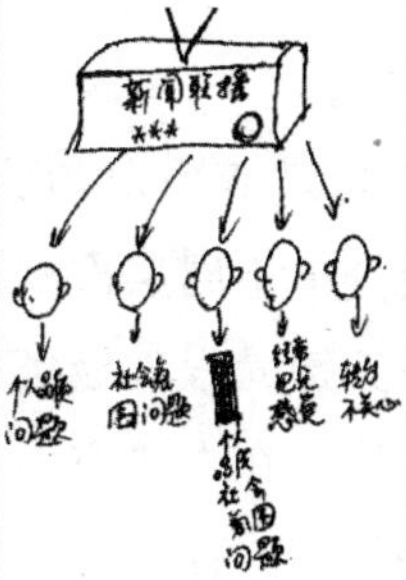 | 对无关自己的人和事关注程度不一样，看问题程度不一样。思想政治课可以完善我们对事情评价的标准。<br>——CF2c | 这里画的就是示意一些新闻啦，然后那些听了课的那些人吧，可能就听了一点点吧，对一些问题有一丝想法：就会谈到这些问题是个人的问题；有一些呢就觉得是社会氛围影响到的；还有一种他没有听课可是他很牛 B 的，然后就把这两种问题就都结合起来了，既说到是个人问题也说到是社会问题。<br>——CF2i |

## 二、框架编码

在确定最终的关键元素后，便进入分析的第二阶段——框架编码，即建立分析类目框架和确定分析维度。对于本研究来讲，虽然从理论和已有研究实践中归纳出了课程目标、课程内容、课程教学、课程评价这四个课程共同要素，作为本研究课程观的预设维度，即内容分析的预设主类目，但预设维度是根据理论分析和前人相关研究的经验建构而成的，并不一定能够直接适用于分析大学生对思想政治理论课的课程观念，因此必须要根据实际所获得的资料来进一步确定。

框架编码的过程包括三个环节：第一环节，将上一阶段经过反复归纳确定精简后的关键元素次级类目（见表 7－5－1）分别纳入到四个预设维度（预设主类目）下，并看是否能够再对已有次级类目进行更高度的概括；第二环节，在第一个环节的基础上，对已有的四个预设维度进行调整或修订以确定本研究的分析维度；第三环节，在确定分析维度的基础上，再一次将次级类目纳入其中，以形成最终的观念类目框架。运用最终的观念类目框架进行下一阶段观念的编码抽取和对所有图画进行内容分析，以通过各类目的频次来获得画图者在图画中所表达的课程问题关注点和群体倾向。

## 三、观念编码

第三阶段观念的编码，是通过上一阶段所确定的分析维度，在类目框架所形成的观念集合中抽取划分出不同层次观念类型的过程。其实质就是将各维度每一列中的关键元素次级类目按照从学生主体的描述由正向向负向两极的过渡，在本研究中呈现出一种由“主动学习”逐步过渡到“被迫接受”的方向进行排列划分，并使各维度每一层次的关键元素保持在同一行。这样，就使得每一行各维度中的关键元素组成了一种典型类型的观念，依据纵向的过渡建构出一种过渡的观念分析平面[①]（见图 7－5－4），并通过该分析平面从观念集合中抽取不同类型的课程观。

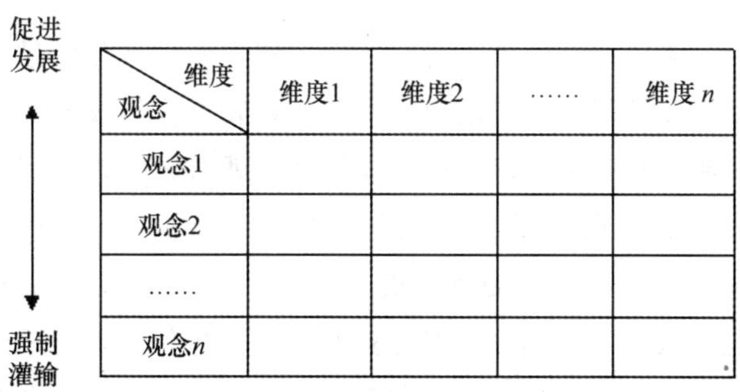


**图 7－5－4　大学生思想政治理论课程观分析平面**

## 第六节　研究质量检验

在质的研究中，“效度”是讨论研究结果真实性不可避免的问题。而这一“真实性”“并不是量的研究所谓的‘客观现实’的‘真实性’本身，而是被研究者所看到的‘真实’、他们看事物的角度和方式以及研究关系对理解这一‘真实’所发挥的作用”[②]。

如前所述，具体到本研究中质的研究阶段，依从研究的立场，除了画图任务外，研究者本身也成了研究的工具，而且研究结论也是情境关涉的，因而研究的结果可能会因人和情境而异。

① Gao L. B., *A study of Chinese teacher's conceptions of teaching*, Wuhan: Hubei Education Press, 2004, p. 120.

② 陈向明：《质的研究方法与社会科学研究》，教育科学出版社 2000 年版，第 390 页。

为了保证研究的质量，以下对本书质的研究阶段中可能存在的效度影响因素进行解释，主要从研究者的个人身份、研究关系、研究工具和分析工具这四个方面对资料描述的真实可靠性所带来的影响进行展开。

第一，从研究者的个人身份来看，作为一名具有少量教学经验的课程研究学习者，先前思想政治教育和课程与教学的专业学习背景，使得研究者在进入研究现场之前就对思想政治理论课和“课程”的相关问题，有了一定的“先在”认识。一方面，没有过多的教学实践经验，使得研究者对课程的认识没有偏向“教师”的工作限制，更易于与学生进行沟通，也便于理解他们的观点与立场；另一方面，大量的课程理论学习，使得研究者对课程的认识更抽象于学生，有利于捕捉学生讨论中的相关课程要素，但同时也可能造成了在研究的过程中对学生观念的引导与影响。因此，研究者采用“成员主体型”的焦点群体访谈方法，在研究的过程中时刻注意保持价值的中立，不对讨论的内容进行价值上的判断和引导，真实地观察和记录分享者的状态与反应，鼓励参与者发表自己的观点，以更中立和真实地深入搜集学生对这一课程看法的第一手资料。

第二，在研究关系的问题上，由于本研究所要了解的是学生对思想政治理论课程的看法，而这一课程在学生眼中往往是一种“官方”课程的概念，如果以类似出自“官方”或“校方”等他们认为来自“上面”的研究，则会易于给出“迎合”性的让研究者满意的答案。因此为了避免给学生造成这种来自“上面”的错误关系判断，本研究中对被研究者的招募通过相关认识的学生散播研究信息后，在他们充分了解研究的目的和内容流程后自愿参与进来的。在参与研究前、正式进入研究现场以及开始研究前的这三个阶段，被研究者都是可以自愿选择加入到正式研究中来或是退出研究的。同时，由于对被研究者的招募是直接来自学生渠道，因此经过多次联系沟通后，在进入研究时，研究者与被研究学生的关系更类似于一种朋友或学长的关系。“研究者”这一身份在研究中较好地隐蔽起来，被研究者也更易于表达自己对这一课程的真实看法。也正是出于自愿和主动参与，被研究者基本是对这一问题较为感兴趣和愿意参与画图和讨论的学生，因此，在研究的过程中学生们未曾出现不会画或者不愿意讨论的情况。同时，得益于良好的研究关系，在整个研究过程中也呈现出较为轻松自然的氛围，更有益于被研究者真实观念的表达。

第三，研究工具的有效性问题。如上所述，在本研究中，研究工具除了研究者本身之外，还有画图分析阶段的图画任务。对质的研究来说，研究的有效性主要是强调有效地表意。在本研究中则可以通过被研究者的图画和群体访谈是否围绕画图指导语和焦点群体访谈的焦点，即被研究者对思想政治理论课程最强烈的看法、认识和感受，来展开。从所收集到的图画和访谈资料来看，学生所画的图画和针对图画所展开的焦点群体访谈中的讨论均没有跑题，因而是具有良好的表面效度的。另外，从整个研究的过程来看，学生对指导语和画图均并没有表示异议，没有出现不知道如何去画的现象。且在讨论中，大家在表达自我观点的同时，也会对其他成员的观点表示赞同或质疑，有效地进行互动。例如，在 HF 组讨论中，HF 组 4 号被研究者不喜欢老师讲过多生活中的案例，更喜欢老师传授式地只讲书本知识，对课程的理念明显与其他成员不同，他就会明确地讲出自己的看法：“我认为在课堂上，我们就应该学我们课堂上所学的那些东西。而不是讲太多那些与这门课程无关的东西。……他（指教师）的目的我是不知道，但我就知道对我个人来说是没有用的。可能对你（比喻他人）这个方法是有用的，不能说对你这个方法是错误的。但是对我来说却是错误的。就像我刚才讲，之前我就说了，我所讲的只是代表的是我自己的观点，而不是大部分人的观点。”因此，尽管研究中大家的讨论会出现有些问题“相互的赞同”，但也有直接的质疑和表达强烈不同的意见。但这种赞同也是由于这些观点也确实是个人所具有的，只是这一观点不是这一赞同者个体印象最深最直接的，而是由于受到他人言语的启发，才表达出自己与他人对这一课程的共同认识。因此，不但可以排除访谈中的“群体效应”，而且还可以印证该指导语的有效，大家的谈话较具有一致性。

第四，分析工具的有效性。本研究对分析有效性的确保可以从四个方面来考虑。首先，在整个研究的过程中都有“研究同伴的验证”，除了研究者本人之外，研究者在制定画图指导语、实施画图、进行焦点群体访谈、整理资料、编码图画、抽取关键元素、精简合并关键元素、建立类目框架、观念抽取的过程中都有前述研究助理的协同与核对。且在指导语的确定过程中也有专家的指导与咨询。尤其是在图画的编码、关键元素、类目框架的确定环节，均是由研究者与助理分别单独处理后，再依据个人所得的清单进行商讨、核对以达成共识后产生的。其次，对具体分析框架的确定来源于“多重资料的确证”[①]。如前所述，来源的资料均是由多方材料——“图画、文字说明、访谈录音文稿”确证过后才被纳入作为关键元素的，而未经这些材料一致确证过的内容均不被纳入。再次，对访谈文稿的确定也运用了“参与者验证”，即研究者在观察、访谈以及录音转成文字稿后，请参与者阅读及确认，并询问资料的正确性。因此，无论是从整个研究分析工具的制定还是分析的过程来讲，并不是研究者本人“独做独言”，都是经过多方的材料以及他者进行验证确定的，因此具有良好的可靠性。最后，对抽取出的观念框架与观念内涵还将进一步展开量的研究并进行“数据的验证”。本研究在量的阶段，是通过抽取出的观念框架编制出调查研究的问卷。因此，通过问卷

① “多重资料来源”在社会科学中的借用也被称为三角验证法，其目的在于要用多方来源的资讯建构事实。具体在质性研究中就是采用多方的资料来源对事实的验证。

本身和实测的结构效度与信度可以来验证观念框架与内涵的有效性与可信程度。

## 第七节　研究伦理

如前面所述，现象描述分析学中研究者与被研究者的关系是影响研究结果的关键因素，研究的伦理规范以及研究者的行为道德品质，也是本研究中质的阶段不可回避的问题。在本研究质的研究阶段过程中，本研究者秉承“自愿”、“尊重”与“保密”的原则，充分尊重被研究者个人隐私并对其个人信息及所获资料严格保密。具体来说，表现为：（1）在招募被研究者阶段，研究者向其充分解释整个研究的流程，确保被研究者明确其在研究中的各种可能行为，因此各位被研究者均是自愿参与到本研究中；（2）在研究的过程中，尤其是在进行焦点群体访谈的过程中，研究者充分尊重被研究者的个人隐私，如 DF 组 4 号被研究者在描述其经历时只讲出个人的感受与想法，但对于自己因何事而有感并不愿意谈及，研究者也对其表示尊重，表明尊重其个人隐私；（3）无论是在参与研究前的沟通还是在参与正式研究的开始阶段，研究者均向各位参与者表明本研究的正式过程需要录音，并在研究结束后带走其个人的图画、文字资料用以研究，并征求其同意；（4）无论是在参与研究前的沟通还是在参与正式研究的开始阶段，研究者均向各位参与者表明和确认本研究的保密性原则，使他们明白所有有关其个人信息以及谈论的内容均不关涉其个人与学校，仅用作学术研究用途，并在资料整理中用各种代码隐匿其个人信息，具体个人信息除了被研究者本人和研究者及研究助理以外，不会扩散至他者；（5）在信息整理阶段，研究者在遇到不明确或者不确定的信息内容时，均向被研究者进一步确认，并将各人所在焦点群体访谈资料整理文稿发给每一位参与者，让他们核对文字文本是否与其口头表述一致，以消除可能出现的描述型效度威胁，同时也进一步使被研究者确认本研究不会对其产生不利影响。

此外，研究者在进行研究的过程中也与各位参与研究者保持良好的交往与沟通关系。在每次进入正式研究前，研究者都与被研究者先进行各方面沟通，以建立一种良好的活跃氛围，使他们放心地参与研究；在研究结束时，也赠予每位参与的被研究者一份精美的礼物以作答谢。

# 第八章

# 质的研究的结果

## 第一节　学生课程观维度的确定

根据前述框架编码策略，在具体分析将确定的关键元素纳入预设主类目以修订预设维度确立正式研究维度的过程中，研究者发现：从学生对思想政治理论课程的描述来看，可以较好地匹配原设分析维度四个课程共同要素中的“课程内容”和“课程教学”这两方面。但相对于此，学生的描述中却较少涉及“课程目标”，以及呈现出对“课程评价”较为一致的描述。经过后续与学生交谈问询，以及出于前人研究发现学生对课程看法的独特视角——立足于自身定位，以个体关注的外部社会生活经验为核心[①]，本研究将原预设的“课程目标”、“课程内容”、“课程教学”、“课程评价”这四个维度修订为“课程作用”、“课程内容”、“课程教学”、“课程学习”来作为分析和抽取学生课程观念的维度。

### 一、课程作用

从所收集到的资料来看，关于最初预设维度的第一分支“课

---

① 吴扬、高凌飚：《学生的课程观：被忽视的研究视阈》，载《华南师范大学学报》2013年第2期。

程目标”学生的表述较少，个别描述偏差也较大。究其原因如下：

一方面，从课程要素本身来看，课程目标是一种源于国家教育目的的具体化，更直接的经验指向者为课程设计、实施与管理者群体等相关人员。虽然在具体的课程实施中，有部分教师在进行课程教学的过程之始会给学生呈现本节课的“目标”，但其实质是一种教师的教学目标，或者由教师给学生“所”安排的学习目标。鉴于此，对长期处于“被教育”的学生们来讲，更直接的课程经验来源局限于所学习的课本和教师的教学（课程内容与教学）。

另一方面，从学生的视角出发，课程对于学生来讲是用以学习的，课程学习的效果和作用与学生更为密切，也是他们更关心的问题。已有的关于学生课程观的研究也表明，学生对课程的观念具有明显指向未来的实用取向。也就是说，相对于最初课程设计中的“课程目标”，学生更关注在课程运作中所达到的实际效果，即以“课程作用”来解释课程的目标。在具体的相关学生调查研究中，不少学者都对课程的“有用性”、“实效性”进行过调查。

因此，鉴于学生立足于自身视角对课程目标的相关经验较少，更直接的相关目标功能经验是来自课程运作中所达到的实际效果，故将原预设维度“课程目标”修订为学生视角中所达到课程目标效果的“课程作用”。相应地，在本研究收集到的资料中，学生对思想政治理论课程的作用作出了足够丰富的描述，具体主要表现为：

1. 个人提升，积极行为导向；
2. 拓宽视野，形成自我见解；
3. 没用，加深枯燥印象；
4. 意识形态灌输，适得其反。

## 二、课程内容

课程内容的维度与前述理论维度框架的预设相一致。学生们对与他们直接相关的课程内容是有一定看法的，大部分学生所指的课程内容主要是教科书的内容。

从课程本身来讲，教科书是使学生学习达到课程标准所规定的内容载体，也是沟通教师的教与学生的学之间的主要工具。学生在未进入正式的课堂学习之前就已经通过教科书提前接触到将要学习的课程内容。因此，在进入正式学习之前，不少学生出于对将要学习的课程的期待，都会提前自行翻阅教科书。学生在翻阅教科书时所认识到和理解的课程内容，可以说是课程给学生在正式学习前的第一印象。就如在本研究中，不少学生都谈到，“每学期发下来新书，就先写上名字，然后就翻看有什么有趣的、新的东西”（CF3i），“书本上讲的……”，“上课就是听老师念书”（DF5i），“老师在上面吹，我就自己在下面看课本”（FF4i）等有关教科书的内容。当然，很多学生的图画中都出现了“书本”这一关键图像符号。这里的“书”或“课本”在学生看来就是课程的内容，并不等同于“老师讲的”教学内容。可见，学生对与他们直接相关、唾手可得的课程内容是十分在意和关注的。

因此，从另一方面来看，教科书所体现出的课程内容的情况，会直接影响到学生对课程的看法。从思想政治理论课的课程性质来说，理应是一种时代性最强，同时也是最具经典性的课程。但面对如今2006年统一使用的教科书，学生们是否觉得课程内容满足了他们的精神需求与实际现实需要？不同的学生对此有不同的看法。在本研究收集到的资料中，学生对思想政治理论课程内容的描述，主要表现为：

1. 必需的正确思想；

2. 政治、经济、法律常识；

3. 空知识，高中政治理论化；

4. 主流思想，美丽的陷阱。

## 三、课程教学

课程教学的维度也与前述理论维度框架的预设相一致。学生们对与他们课程学习直接相关的教学是有一定看法的，不少前述研究中最关注的问题也在于此。本研究中，大部分学生所指的课程教学主要是指包括教师自身因素的课程教学。

一方面，从教学这一词义本身来看，“教学”是由教师的教和学生的学而组成的。那么，学生对课程的学习必然在教学的过程中受到教师“教”的直接影响。如今不少研究都在证明着，教师的观念会通过教学的过程影响学生的观念与行为。教师的教学水平、专业素养、形象品行、人格魅力等各方面对学生的课程参与都十分重要。教师各方面的素质能力，直接反映在其教学的过程以及与学生交往的过程中。这也是为何对“优秀教师”的探讨，一直是教育领域长久不衰的话题的原因所在。

另一方面，从思想政治理论课如今的教学实际来看，高校里曾有这样的反映，“最受学生欢迎的课程是思想政治理论课，最不受学生欢迎的课程也是思想政治理论课。为什么？这就要看教师的责任心、水平和能力，看他如何灵活地运用教材，如何创造性地发挥作用。讲好思想政治理论课不容易，需要教师有很高的政治素质、理论素养和专业水平”①。在本研究中，不少学生也谈到了“这种课程啊，我觉得主要是看老师吧。看老师以什么样的形式或者说看老师讲的是什么东西”（HF1i），“80%跟老师有关系”（JF1i）。

如此看来，学生对思想政治理论课程的看法，与其授课教师

---

① 《高校思想政治理论课新课程方案及其实施——访教育部社会科学司司长杨光》，载《思想理论教育导刊》2006年第4期。

的言传身教有着密切关系。从本研究所收集到的资料来看，学生对思想政治理论课程教学的描述，主要表现为：

1. 启发式，教师专业素养；
2. 激发兴趣，联系社会实际；
3. 消极应付，照本宣科；
4. 说教式，强制。

## 四、课程学习

与课程目标所收集到的资料缺乏情况相似，关于最初预设维度的第四分支“课程评价”学生的表述也不多，存在的个别描述也较为呈现一致的“考试”。究其原因：

一方面，从课程评价本身来看，其涉及内涵广泛，既包括课程文本的评价，又涵括课程实施中的组织落实措施的评价、教学评价、学生评价等。虽然从学生的视角出发，学业评价是其学习成果检测和反馈的重要指标，学生对学业评价有较为直接的经验来源，在前述章节中也将本研究预设维度“课程评价”的内涵缩小并限定至“学业评价”的范围。这一维度理应与学生的关系最为直接和密切，是学生最关心的问题之一，必定会受到关注。但现有资料反映出学生对该问题的描述较为一致：开卷/闭卷考试，即完全受限于当前高校思想政治理论课考试的客观形式，体现不出观念的差异层次。可见，当前对思想政治理论课程的学业评价并未起到任何其本身应有的评价作用，因此本研究考虑删除“课程评价”这一预设维度。

另一方面，在本研究收集到的资料中也发现，从学生的角度出发，尽管学生对学业评价问题的反映受限于现实单一复现考试的模式，但持有不同观念的学生对这一课程仍有其独特的学习体验，发现了学生对于自身思想政治理论课“课程学习”的这一维度。从课程本身来看，课程的可学习性是课程对学生最直接的作用与联系，学生对课程的描述最直接的便是与“学习”课程直接相关的“什么”、“为什么”、“怎么”以及“怎么样”。已有的理论与实践研究也表明，在具体的课程学习当中，学生对课程的学习会依据自身情况有自己的判定①。例如，为什么要学这个，该学什么内容，怎么学，学了以后会怎么样等等，从学生的视角来看，这实际上就是一种学生对课程学习的自我认定。因此，基于已有理论、相关研究结论以及实际所得资料，本研究在原预设维度的基础上添加了出于学生视角的“课程学习”这一新维度。

因此，鉴于当前高校课程学习评价的现实情况，将学生课程观“课程评价”这一预设维度修订为“课程学习”。具体在本研究收集到的资料中，学生对思想政治理论课程教学的描述，主要表现为：

1. 内化于心，外化于行；
2. 实用原则；
3. 个人兴趣原则，厌烦重复；
4. 背重点，逆反。

综上，在分析维度确定的基础上将关键元素纳入，并依据程度的不同层次在具体维度下对关键元素重新排序编码，最终编制出完整的类目框架表。具体到本研究中，学生对思想政治理论课程的表述在各维度中呈现出由“主动学习”向“被迫接受”的两极过渡。按此过渡中心排列各关键类目，得到如下类目框架，见表 8－1－1。

---

① Lucas U., Meyer J. H. F., “‘Towards a mapping of the student world’: the identification of variation in students' conceptions of, and motivations to learn, introductory accounting”, *The British Accounting Review*, Vol. 37, No. 2, 2005.

表 8－1－1　　关键元素类目框架

| 课程内容 | 课程教学 | 课程学习 | 课程作用 |
|---|---|---|---|
| 必需的正确思想 | 启发式 | 内化于心，外化于行 | 个人提升 |
| 政治经济法律常识 | 教师专业素养 | 实用原则 | 积极行为导向 |
| 空知识 | 激发兴趣 | 个人兴趣原则 | 拓宽视野 |
| 高中政治理论化 | 联系社会实际 | 厌烦重复 | 形成自我见解 |
| 主流思想 | 消极应付 | 背重点 | 没用 |
| 美丽的陷阱 | 照本宣科 | 逆反 | 加深枯燥印象 |
|  | 说教式 |  | 意识形态灌输 |
|  | 强制 |  | 适得其反 |

## 第二节　大学生的思想政治理论课程观类型

### 一、修身提升取向的课程观

描述这一观念的关键元素见表 8－2－1。

表 8－2－1　　修身提升取向的课程观关键元素

| 维度 | 课程内容 | 课程教学 | 课程学习 | 课程作用 |
|---|---|---|---|---|
| 关键元素 | 必需的正确思想 | 启发式，教师专业素养 | 内化于心，外化于行 | 个人提升，积极行为导向 |

以下将呈现有关此种观念的图画以及语言文字描述的典型示例。

（一）课程内容

修身提升取向课程观中的课程内容是作为一个人所必需的各种正确的思想，对个人来说非常重要。以下是 DF2、DF4、GF2 参与者的图画（见图 8－2－1 至图 8－2－3）、解释说明和访谈摘录。

1. DF2 示例。

**图 8－2－1　DF 组 2 号被研究者图画 DF2p**

说明：

良好思想、道德、很重要。

——DF2c

DF2：我觉得思想道德这门课的本身是很崇高的那种。我特别喜欢这种。……这面镜子就是指这门课程。这门课它连接了生活的两边，它教会了我们在生活中在面对一些事情和问题时候的思想道德。我认为这门课对生活是那么的重要的。

——DF2i

2. DF4 示例。

**图 8－2－2　DF 组 4 号被研究者图画 DF4p**

说明：

人的心是有两面的，有好与坏，但这好与坏有时也会没有明显的分界。

——DF4c

W：那你为什么会把这门课程和心联系起来呢？

DF4：就是一种思想啊，这些思想会直接影响我们的行为活动。这门课主要是思想啊、理论方面的东西，就是对我们的人生观、价值观啊，还有世界观啊，都会有很大的改变的。……我想说的这门课的问题，就是一种观念思想上的问题。……思想只是影响的一个方面或者通道。我觉得学这个课程会有影响的，对我们的行为，或者说做法，或者生活中的一些事都是很重要的。

——DF4i

3. GF2 示例。

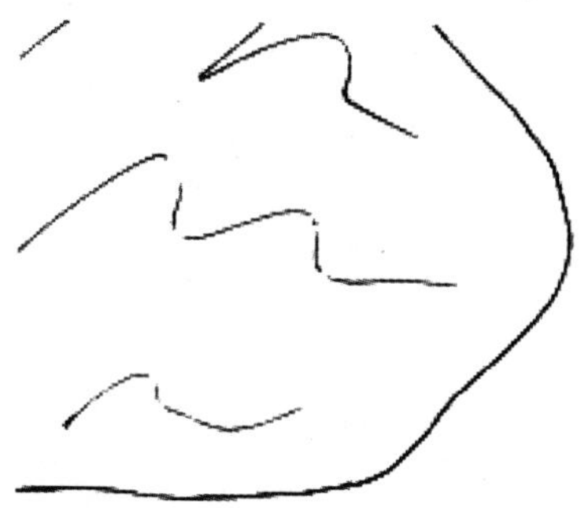

**图 8－2－3　GF 组 2 号被研究者图画 GF2p**

说明：

这是一潭湖水. 水是人体必需的东西, 也是构成人体最最重要的部分. 人没有了思想就犹如失去了水分, 毫无半点生气可言.

——GF2c

GF2：这个画的是一潭湖水，首先，湖水是一潭水来的么。水是我们人体的重要组成部分，而我认为思想政治课程，对于我们人来说就是很重要的部分。因为它们对于我们的价值观呀，一些思想的提高呀，还有认知方面都有比较大的提高和帮助。

——GF2i

可见，在修身提升取向的课程观中，思想政治理论课的课程内容代表的是一种思想性的、对个人很重要的、成为一个人所必需的内容。

（二）课程教学

修身提升取向课程观中的课程教学表现为任课教师具有良好的专业素养、折射出较高的人格魅力，上课通常采用的是一种引导和启发的教学方式。如 CF4、EF3 参与者的图画（见图 8－2－4至图 8－2－5）、解释说明和访谈摘录。

1. CF4 示例。

**图 8－2－4　CF 组 4 号被研究者图画 CF4p**

说明：

增长见识，是一个与同学、老师交流的渠道，而这类课程，要吸引学生眼球是有挑战，考验教师的创新与表达能力！

——CF4c

CF4：上这种类型课啊，老师的专业素养其实是很重要的，我觉得看他的创新能力啊，表达能力啊，怎样让我们去听啊，如果他自己不 care 的话，我们听不听他都没所谓的话，那他这样讲这也没关系。但是我们自己长知识其实还是老师的影响比较重要。

——CF4i

2. EF3 示例。

**图 8-2-5　EF 组 3 号被研究者图画 EF3p**

说明：

如果说这个老师是可以把这类课讲得同样精彩，那么学生也会喜欢这类课程的。

——EF3c

EF3：比如那个近代史的那个课，去晚的话好像都会没有位置的。他的（毛邓三）课去多晚都会有位置的。那个老师（近代史）是个很有魅力的老师。

EF4：他是讲课很好的，而且人啊、声音还很有魅力呢。

EF3：大家都很喜欢那个老师，看到了眼睛就会发光了。

EF5：那个老师很好的，我还上过他的学习会，也很好的，而且都是很多人去听的。

EF4：应该是那种讲课方式。

EF3：能启发我们。

EF5：主要是没有代沟。

EF3：从这个老师这里除了学到知识，又能学到其他的一些东西，够给你们以启发。

——EF3i

可见，在修身提升取向的课程观中，思想政治理论课的教师的教学是一种有办法吸引学生、启发学生的过程，且在这一教学过程中能够折射出教师较高的专业素养与人格魅力。

（三）课程学习

修身提升取向的课程观认为对课程的学习主要是先内化于心，而后又体现在其外在行动之中。如前述元素编码章节对 CF2 的示例分析中所体现出的“内化于心，外现于行”，又如 DF4、DF6 参与者的图画（见图 8－2－6、图 8－2－7）、解释说明和访谈摘录。

1. DF4 示例。

**图 8－2－6　DF 组 4 号被研究者图画 DF4p**

说明：

一个人要树立正确的观念才能引导自己走正确的道路。思想影响实践活动。

——DF4c

DF4：（学习）就是从书上学到的东西，来做、来分析事实上的东西。……就是我们在雷锋节的时候，我们去看那些孤儿或者老人那些人。我们班会有一起组织么，想去看望一下他们，去帮助一下他们。

——DF4i

2. DF6 示例。

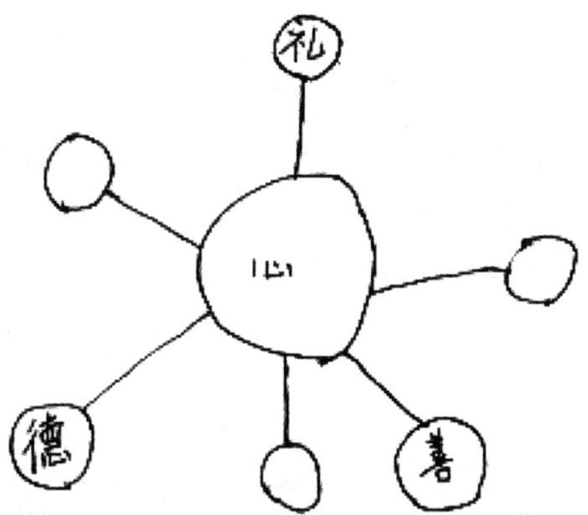


**图8－2－7　DF 组 6 号被研究者图画 DF6p**

说明：

心里品德那么好，必须是从很多细节的完美来组成的。也就是说思想政治我觉得是要从内心里上课。如果能完美了内心，那生活方面其他的细节也会完美。政治对我们内心特别的重要.

——DF6c

DF6：这门课程的内容很重要，还有就是内容对我们的影响，还有就是其他实践方面的影响也有，它是有联系的。这里面（图画中的心）就是课本上的，是理论方面的哦；它是通过影响我们的内心，然后，如果没有里面书本的内容方面，外面可能也不会表现出来这些善啊等行为，这是有联系的、不可或缺、相辅相成的，它们会相互作用的。

——DF6i

（四）课程作用

修身提升取向课程观中的课程作用被认为是通过课程学习能够给学生以思想和情感上的共鸣，能促进学生在世界观、人生观、价值观的形成和提升，并且对他们的道德素养、道德行为有较为积极的导向性。如前述元素编码章节对 CF2 的示例分析中所体现出的“积极行为导向”，以及接续上述课程教学中 DF4、DF6 参与者对课程可以使他们“提升世界观、人生观、价值观”作用的述说，也有如 DF5、GF1、GF3 参与者对课程的“积极行为导向”和“充实”、“提高”作用的图画（见图 8-2-8 至图 8-2-10）、解释说明和访谈摘录。

1. DF5 示例。

**图 8-2-8　DF 组 5 号被研究者图画 DF5p**

说明：

思想政治理论课程可以让家庭变得和谐.

政治理论上的知识,从而教会了我如何看待事情的前后.如何去采取措施去解决问题.它可以让人变得睿智.同时也可以化解很多不必要的矛盾等等。

——DF5c

DF5：思想政治理论课，对我们的社会还是有一定的好处的。因为从这里，他们可以得到很多东西，比如什么才是好的，怎么才能使一个家庭幸福，然后就去学习，然后家庭也会很和睦。我个人认为这门思想理论课，对我来说还是非常的重要的。它让我学到很多东西，思想上最起码都是向好的方向看齐。因为思想理论课不可能教一些坏的东西么。如果你吸收的好的东西多的话，那么在平时你遇到这些事情的时候你也会向那些方面去看齐。

——DF5i

2. GF1 示例。

图 8－2－9　GF 组 1 号被研究者图画 GF1p

说明：

经过学习两年的思想政治理论课程后，我在思想上有所提高。

——GF1c

GF1：这门课的学习可以提高个人道德修养、政治修养，加深对历史的了解，对时事政治的关注，个人的思想道德素质有了提高。

——GF1i

3. GF3 示例。

**图 8－2－10　GF 组 3 号被研究者图画 GF3p**

说明：

思想更充实。
上课还是很有用的。

我觉得主要还是对个人三观的影响，作为工科学生，一般这方面了解都比较少。老师讲的很多东西我们都不知道，会很有作用。

——GF3c

GF3：我画的第一个是上课前和上课后相比，大脑比较空。上完课以后会变得很充实。比如说像毛概，觉得这些思想概论其实很有它的道理性，有时候对身边的问题会有一种豁然开朗的作用。

让人能真正学到点或者自己悟出一点东西来。当时上完课就觉得挺好的，就懂了很多。它不像书本上一样讲的都是一些事实性的或者说枯燥的原理知识，而是会让我们懂一些道理，明白这其中的为什么，就会懂了很多东西。……对个人的“三观”有一定的影响。

——GF3i

（五）小结

综上所述，修身提升取向的课程观认为思想政治理论课是一门促进人的思想品德行为，使人提升发展的修身课。这种类型的课程观首先认为课程的内容是作为一个人所必须具有的各种正确的思想；而且这门课程的教师具有良好的专业素养、折射出较大的人格魅力，上课通常采用的是一种引导和启发的教学方式；学生对这门课程的学习是通过内化于心后反映在外在行为这种方式来进行；此外，课程的学习能够使学生产生思想和情感上的共鸣，能促进他们世界观、人生观、价值观的形成和提升，对道德行为素养有较为积极的导向性。

依据学生们的表述，这种课程观的形成，首先源自于个体对课程内容本身的肯定，再加之高专业素养教师在教学中对学生的启发以及对课程内容的转化，学生通过内心来学习课程以达到提升自我的效用。该课程观具体形成的模型见图 8－2－11。

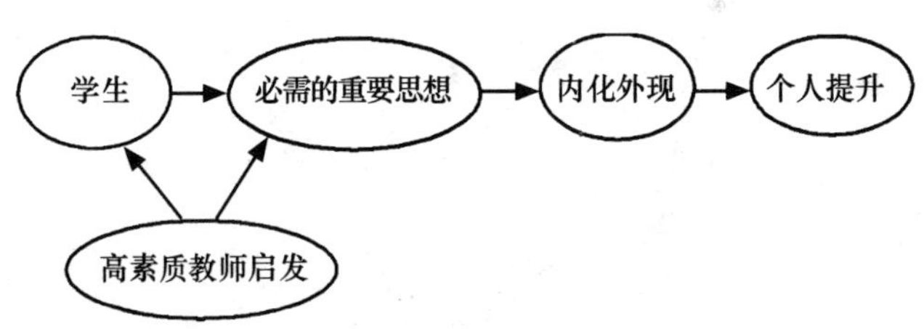


**图 8－2－11　修身提升取向的课程观模型**

## 二、社会适应取向的课程观

描述这一观念的关键元素见表 8－2－2。

**表 8－2－2　　社会适应取向的课程观关键元素**

| 维度 | 课程内容 | 课程教学 | 课程学习 | 课程作用 |
| --- | --- | --- | --- | --- |
| 关键元素 | 政治经济常识，法律常识 | 联系社会实际，激发兴趣 | 实用原则 | 拓宽视野，形成自我见解 |

以下将呈现有关此种观念的图画以及语言文字描述的典型示例。

（一）课程内容

社会适应取向课程观中的课程内容主要是指在社会生活中所需要的政治、经济、法律、历史常识等。如 DF1、EF1 参与者的图画（见图 8－2－12、图 8－2－13）、解释说明和访谈摘录。

1. DF1 示例。

**图 8－2－12　DF 组 1 号被研究者图画 DF1p**

说明：

上面是我国的三种法律制度，我之所以选择《宪法》放在最底下是想突出《宪法》是"母法"，所有的法律都得以它为准、参考，拟定法律不得违宪。

——DF1c

DF1：我目前学习的内容最喜欢的也就是法律这一块。然后，我希望能了解我们中国的更多的一些法律。我呢，在这么多的……内容里面吧，政治思想这些方面总的来讲……最喜欢这个内容。

DF1：因为我想了解更多，也扩展我的知识。就是以后啊，遇到法律方面的问题一些的……我也可以有一些了解，懂得用法律怎么保护自己啊，懂得什么是违宪啊，懂得什么……哪些是好的哪些是坏的，是吧。以后会对个人会有帮助的。也许以后我会有向这方面的一些发展。

——DF1i

2. EF1 示例。

**图 8－2－13　EF 组 1 号被研究者图画 EF1p**

说明：

第一幅图是有意思有意义的"形政.经政"课，它让我回望过去关注现在。

——EF1c

EF1：我画了两幅内容，第一幅是一个学生在想着一些东西，就想到古代、现代、当代和未来。还有就又想到不同的国度，有美国、英国、中国，等等。

W：那这些“古代、当代、未来、美国……”这些是代表什么意思呢？

EF1：就是可以了解很多外界的东西啊。了解到一些知识性的东西……各个方面都有吧。它这个课是经济和政治么，然后就可以了解各个国家的经济啊、政治啊，还有时事啊。都有啊。

EF1：就是各个国家的信息吧我就觉得，如果是经济的话，我就会了解到以后的经济会往哪个方向发展。以后我就想工作找管理方向的话，对那些经济啊、政治啊，都要有所了解。不过，我是喜欢了解这方面的东西。

——EF1i

可见，在社会适应取向的课程观中，思想政治理论课的内容代表的是一种有关未来社会生活所需要的各种知识性的信息内容。

（二）课程教学

社会适应取向课程观中的课程教学表现为任课教师擅于通过联系社会实际拓展课程内容，通过坦诚的、生动实际的个人观点述说来激发学生的学习兴趣，教学形式往往多种多样。如前述元素编码章节对 CF2 的示例分析中所体现出的“教师个人观点透析社会”、“联系社会”等，也有如 CF4、CF7、EF3 参与者的图画（见图 8－2－14 至图 8－2－16）、解释说明和访谈摘录。

1. CF4 示例。

**图 8-2-14　CF 组 4 号被研究者图画 CF4p**

说明：

社会实际情况。

——CF4c

CF4：我觉得我们这门课的老师上课能比较吸引我们的眼球啊，他讲的东西，他不会完全按照课本来讲，结合现实来讲我就会听得比较有兴趣。……我觉得，其实有时候老师让我们搞一些小组活动我觉得还是蛮有意思的。虽然有时候觉得大学里面搞什么小组活动很烦，但是通过这个小组活动真的是会让我们获得知识、得到交流，就是从不同的角度和同学交流能看到不同的知识，我觉得还是很有好处的。……

CF4：我觉得我们那个老师还是蛮好的。就会讲一些类似说爱情观啊，什么什么，就会讲一些同学比较感兴趣的东西。……我觉得老师还是蛮重要的，就老师如果你讲的东西都不能吸引学生的话，一般学生真的是不会怎么听的。但是，如果他讲的东西能够吸引你的话，就算没有全部听，大部分人还是都会听一下，然后也会吸收一下老师的意见和观点。……有些老师会扩展一些社会现象啊。还有老师传授的讲的一些也是他强调说是他的个人观点。但是我觉得这些也是可以共享一下的。就是学生也会很感兴趣老师你是怎么看的什么的。就是不要说只要单单针对教材上面的那些东西去讲。

——CF4i

2. CF7 示例。

**图 8－2－15　CF 组 7 号被研究者图画 CF7p**

说明：

主要是讲了整个学习过程，从上课到最后的考试.

——CF7c

CF7：有时候就是老师讲到一些事情，然后就觉得还是蛮好的（所以就用笑了的表情来表示），就像有时候老师会放一些视频。……会放一些访谈，觉得蛮有用的。还有纪录片也有。我们之前那个毛概的老师喜欢放访谈。……有的老师可能会放一些图片，其实最主要就是一些 PPT，或者放视频。

——CF7i

3. EF3 示例。

**图 8－2－16　EF 组 3 号被研究者图画 EF3p**

说明：

有的话，老师是可以把这类课讲得同样精彩，那么学生也会喜欢这类课程的。

——EF3c

EF3：就是这些课呢，因为它理论性比较强。所以呢，很多老师（教师 A）他就不管理论什么直接照着书讲。这个人（指着这里的学生 B）就觉得这节课好无聊啊，好想睡觉。……但是换了一个老师（指这里的教师 B）来讲的话，就像我们班新来的那个老师一样。有些老师（教师 A）讲得实在就是不想听，有些就讲得挺有趣。同样的学生面对上课的老师不同，那么他对那节课的态度也不同。

EF3：就是那个××老师（政治经济）讲得很好，他一开始讲课都不会打开书念的。

W：是指他完全不按照书本讲么？

EF3：也不是……就是他不会照着书本读的。他一开始就会讲这几天发生了什么事啊，很随性的。就是开始会讲得很引起大家的兴趣。

——EF3i

从上述示例可见，在社会适应取向的课程观中，课程的教学通常会采用多种形式、多种方法来进行，如联系社会实际、讲述个人观点、采取小组活动等，教师是以激发学生兴趣的教学方式来促使学生主动参与学习的。

（三）课程学习

社会适应取向的课程观认为对课程的学习主要是强调以“实用”为原则来进行，如对未来有用的，对以后工作有用的，对融入社会生活、处理社会现实问题有用的等，更强调问题解决的思考和方法；具体如 EF4、HF1 参与者的图画（见图 8－2－17、图 8－2－18）、解释说明和访谈摘录。

1. EF4 示例。

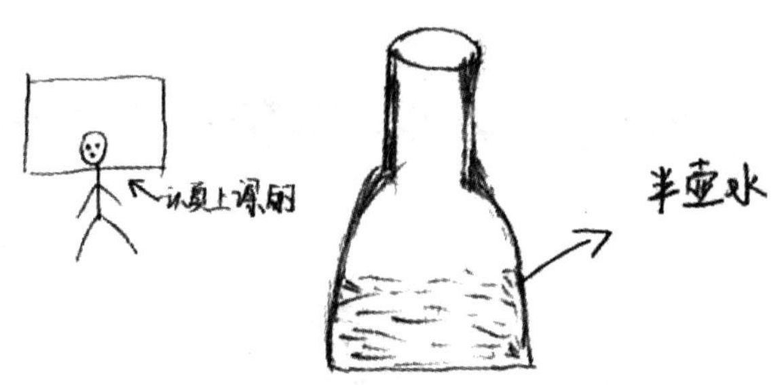


图 8－2－17　EF 组 4 号被研究者图画 EF4p

说明：

半壶水代表：在关法律知识方面所学到的一点知识，以及当时那段时间对法律的热情。

——EF4c

EF4：我印象最深的是思修的法律部分。就是讲法律那会儿，老师是给了我们几个案例，让我们自己去做。结果我们是真的去做的。我自己就去图书馆找那些婚姻法啊、什么什么法之类的去做那几个案例。那时候我真的是了解了那些法律知识。……觉得法律比较有用。最实际的是对自身吧。

EF4：如果他是学法律的，而且还有一些新的信息，我们还有兴趣。但是，如果说是那个毛邓三，只是讲以前的，还有那个历史，也是讲以前的那些，反正我们都是知道的，所以就没什么兴趣。而且那个老师真的是讲得很不好。他告诉我们的都是那些理论，那些年代啊、事件啊，但是那些如何去看待却无法告诉我们。所以我们觉得就没用。

EF4：怎么样都能和要讲的课联系起来。比较实际一点就会感觉让我们对这门课程有兴趣。

EF4：就是遇到一些事情的时候，就会知道运用这些法律去处理。虽然不是很明确地知道怎么样去解决，但是也会知道怎样一步步地来，有个方向。

——EF4i

2. HF1 示例。

**图 8－2－18　HF 组 1 号被研究者图画 HF1p**

说明：

一堂思想政治理论课．有多人喜欢听．

——HF1c

HF1：我觉得这种课程还是有必要的吧。因为你会接触到专业课以外的一些时事跟政治。有时候他讲的时事或者政治理论，我觉得是有用的，就会有兴趣听。所以微笑啊（图画中）……这个主要是看老师怎么样讲，以什么样的形式。例如，老师讲课只讲书的内容的话就不怎么听，但例如老师提到一些历史故事或者时事的话我就会听。有些老师会很厉害的。很多东西都有自己的见解和看法的。

——HF1i

从上述示例可见，在社会适应取向的课程观中，课程的内容与教学是否能让学生觉得“有用”是决定他们是否参与学习的关键。

（四）课程作用

社会适应取向课程观中的课程作用，被认为是可以通过课程的学习了解各国经济法律常识，拓展个人的眼界，如上述 EF4 示例中，“提升法律意识”，并且能够在学习的过程中学会历史地、辩证地去看问题，以形成自我认识指导未来。如前述元素编码章节对 CF2 的示例分析中所体现的“形成自我见解”，也有如 DF4、HF2、GF3 参与者的图画（见图 8－2－19 至图 8－2－21）、解释说明和访谈摘录。

1. DF4 示例。

**图 8－2－19　DF 组 4 号被研究者图画 DF4p**

说明：

我记得所教这门课程的老师的一句话：“如果别人把你从门口赶出去，你要学会从窗子跳进去”这就是勇气、追求自己的理想.

——DF4c

DF4：从书上我学到的东西可以让我很理性地来分析我实际上遇到的东西。就是我从书上学到的东西可以让我来分析，形成一定的分辨性。我有很深的感受！……就如（这幅画）我想表达的意思是说，我所认为的好，并不见得就是好的。可能我所认为的好，会造成别人的不好，或者不方便这类的。有时候这种不好是出于无奈的。图画上所画的人的心外面很厚的那一层，就是一个框架，就是外部的环境嘛，很厚的，困住它了。很厚的一层。

——DF4i

2. HF2 示例。

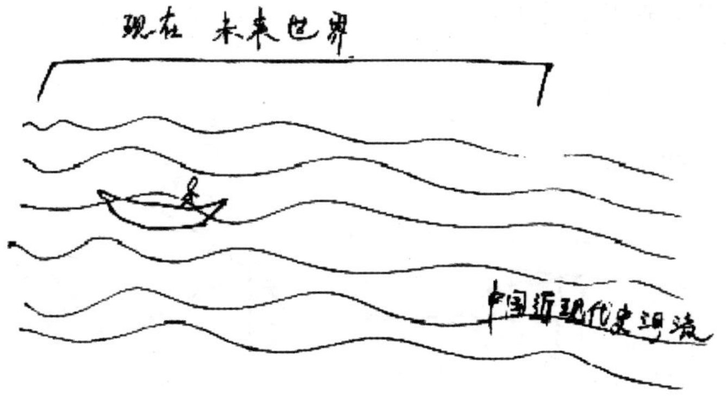


**图 8－2－20　HF 组 2 号被研究者图画 HF2p**

说明：

漂流于历史河流，深思未来世界。

——HF2c

HF2：我画的是一条历史的河流，岸边就是一个现在和未来世界。然后我处于其中。因为是大一么，我们这些毛概啊还没开，主要就是近代史，还有那个形势与政策，就是跟历史比较有关。然后，这门课程。我觉得，就是让我了解历史。……比如老师讲了一个历史故事或者说史实，然后我就会想一下，这个历史故事对我们现在或者说未来会有什么影响。

HF2：这个河流的岸边就是现在和未来，我处在历史的河流里面。就是用这个来表达这个历史对我现在和未来的一种影响。那有些老师会给我们讲一些课本以外的东西，会讲一些他自己的看法，讲一些他的分析，这样的话我们听了也会对我有一定的影响，看历史、看问题都会有。近代史的老师会这样。还有那个形势与政策的老师也会这样。还有那个思修老师挺负责任的，他每次讲的那些东西也会讲一些他自己的想法给我们，或者分享一些他自己的经历或者一些案例吧，会让我们更好地理解这些问题。就是现在学的这几门老师，感觉他们都还算是 OK。

——HF2i

3. GF3 示例。

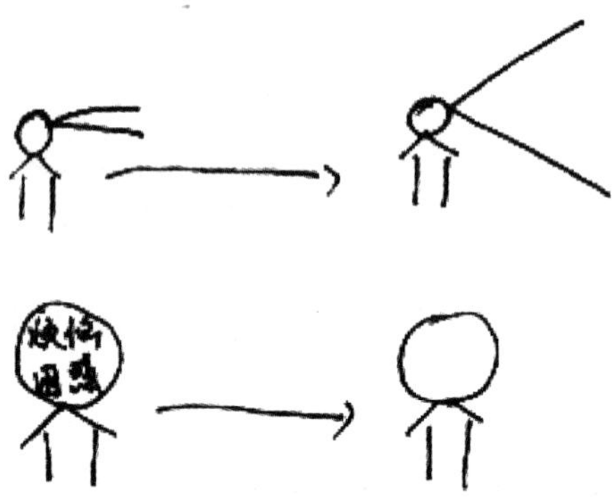


**图 8－2－21　GF 组 3 号被研究者图画 GF3p**

说明：

思想更充实，视野更开阔，解决一些个人烦恼，上课还是很有用的。

——GF3c

GF3：第二个就是上课后视野变得更开阔了；第三个就是上完课以后那些烦恼啊、困惑啊，就变得消散了。

GF3：毛概的那个老师上课很好的。他讲的内容很丰富，形式也很多样。这个老师上课基本上不讲书的。他讲的很多都是很有用很实际的。会（让我）有多一种的视角去思考问题。……这个老师给我们讲课以后，让我们对这个课程有了一些不一样的认识。就比如说，如果我们自己看书，或者说以前其他的老师讲的课，会让我们知道，这个是地球，那个是星星。但是这个老师就能让我们知道，这个地球是圆的，那个星星是会发亮的。就是会告诉我们很多道理，不仅仅是知识性的一些问题。……他就会讲，在那个年代怎么怎么，为什么会这样，当时的社会环境如何如何，为什么会发展成这样，有什么原因，怎么怎么的。这是一种他用的方法吧，就叫做“回到那里去”。因为那种观点，我们没有接触过，也没有在那个环境下，也不了解。所以这样就会让我们的思路开阔一点，有更多的答案选择。

——GF3i

从学生在这里对社会适应取向课程观的课程作用描述中可以看出，“教师”在这里也同样起到一种决定性的作用，教师采用何种方法对课程内容进行转化教授，影响着学生对课程是否有用的判断。在这里，对教师的课程教学更强调的是一种对思考问题、解决问题方法的教授。

（五）小结

综上所述，社会适应取向的课程观认为思想政治理论课是一门使学生适应未来社会生活的训练课。课程的内容是社会生活中所需要的政治、经济、法律、历史常识；这门课程的教师擅于通过联系社会实际拓展课程内容，通过坦诚的、生动实际的个人观点述说来激发学生的学习兴趣，教学形式往往多种多样；对课程的学习以“实用”为原则来进行，强调解决问题的思考过程和方法。通过课程的学习，一方面可以开拓眼界，了解各国政治、经济、法律常识，另一方面也提升个人法律意识、问题意识，学会辩证地去看问题，以最终形成自我的认识见解，对未来有一定的指导作用。

这种课程观的形成，首先源自于学生个体对课程内容实用性的判断，但这一实用性的判断很大一部分来自教师的影响。一方面，教师的讲授，会将课程内容巧妙地与社会相连；另一方面，教师在讲授的过程中也会讲述自己的个人观点与分析，开拓学生的思维，给他们提供更多思考问题和解决问题的策略。学生通过对教师所讲授的一些与社会实际紧密结合的内容以及适用于当今社会问题的解决方法的学习，可以使其获得更实用的、适应未来社会生活的知识技能与解决问题的方法思路。该课程观具体形成的模型如图 8－2－22 所示。

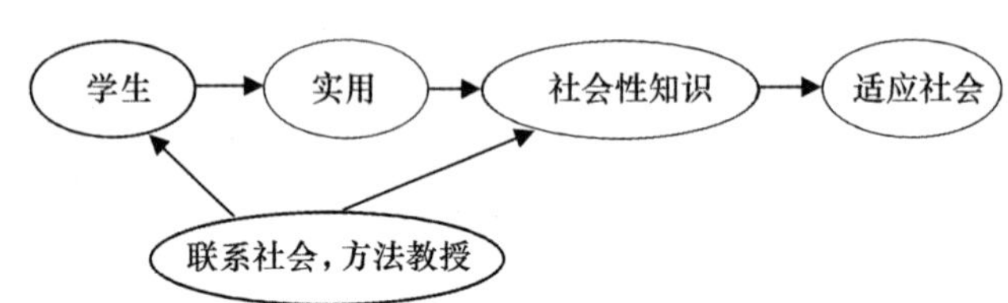


**图 8－2－22　社会适应取向的课程观模型**

### 三、陈旧无用取向的课程观

描述这一观念的关键元素见表 8－2－3。

**表 8－2－3　　　　陈旧无用取向的课程观关键元素**

| 维度 | 课程内容 | 课程教学 | 课程学习 | 课程作用 |
| --- | --- | --- | --- | --- |
| 关键元素 | 高中政治理论化，空知识 | 消极应付 | 厌烦重复 | 没用，加深枯燥印象 |

以下将呈现有关此种观念的图画以及语言文字描述的典型示例。

（一）课程内容

陈旧无用取向课程观中的课程内容主要是指很大一部分是重复高中政治、历史等学科所学过的知识，只是更为概括和理论化，用 EF5 参与者对课本的描述来说就是“好像很省字哦，那些话”。具体示例如 FF3、GF4、EF4、FF5 参与者的图画（见图 8－2－23 至图 8－2－26）、解释说明和访谈摘录。

1. FF3 示例。

**图 8－2－23　FF 组 3 号被研究者图画 FF3p**

说明：

思想道德修养与法律基础在众多的思想政治理论课中是比较[illegible]，也是收获最大的一门课。而其他课程，给我感觉只是将小学、初中、高中上过的历史、政治重新再学一次，内容乏味，没有新意。那些与政策的观点与现实发展有一定的距离，效果不好，有种浪费时间。也许大学的[illegible]，跟这几门课有关

——FF3c

FF3：比如那个历史的那个观点，就会觉得很旧，就跟不上社会的需要，会把好多年前的那个观点再拉出来讲一遍。就会觉得，已经都懂了就觉得很没有意思，就不够新颖。……

FF3：因为我觉得从小学、中学、高中，现在大学的课只是把以前的那些政治和历史课的观点综合起来再讲一遍。观点都一样的，内容可能会有一点点的扩张，就是扩充一点。观点是基本一样的。

——FF3i

2. GF4 示例。

**图 8－2－24　GF 组 4 号被研究者图画 GF4p**

说明：

课程内容不完全适合指导我们的生活。

——GF4c

GF4：这是我对课程的一个联想吧。联想到这个课程的话就先想到一个铅笔。

W：你说这个课是铅笔？

GF4：对对对！然后对于我们现在这个状态来讲就需要一台电脑。

GF3：我没看明白……（群体笑）

GF4：像老师上课的时候都会用课本，对吧？教科书里面的很多东西内容就比如这支铅笔这样。但对我们实际上的生活，我们选择的却是电脑。

W：也就是说你想表达的意思是，你觉得这个课程对我们现实生活来讲是过时了？

GF4：对，是过时了。主要是过时了，就内容来讲，或者说就本质来讲，它们的内容应该是一样的用处，但是就形式来讲，对我们现在是过时了。

——GF4i

3. EF4 示例。

**图 8－2－25　EF 组 4 号被研究者图画 EF4p**

说明：

一个圈代表的是上完这些课程以后感觉头脑是空空的

——EF4c

EF4：我觉得现在学了这么多门课，给我的感觉，觉得知识性的东西其实是挺空的。因为高中那些东西基本上都学过了，所以，我就觉得挺空的。

——EF4i

4. FF5 示例。

**图 8-2-26　FF 组 5 号被研究者图画 FF5p**

说明：

这些课程就像天上的云，你只能够去观看它，要真正抓住它很难。

——FF5c

FF5：我画的这上面的这些云就是这些课程。我觉得这些课就是看看的话，就是没什么。看的话可以觉得是非常的享受的。但是真的去抓那些云的话就会很难，要去抓它们的话也不是不可能。

FF5：这个是地面……这些课程确实都很远。因为的话，怎么说，这些知识的话都是过去的，讲的都是政治类的，如果你是一个老百姓，那么你想去接触这些都是很难的，更多的知识只是用来看的。如果说真的去利用它的话，那是比较难的。我们有个老师有次在讲课，自己就说了，他说他都不知道现在为什么还要这样写书，他自己讲课都觉得很奇怪，当时看着看着（书）我就觉得有点想笑的感觉。我觉得这书里面的内容要看它在现实社会中有没有真实的必要性。它总是把一些不是很必要的东西，写得像神一样的神圣。

——FF5i

从以上学生对思想政治理论课的描述中可见，在陈旧无用取向的课程观中，课程的内容主要是一种重复过去学过的政治、历史知识，对现实来讲陈旧过时的知识，以及过于崇高远大用不到的知识。

（二）课程教学

陈旧无用取向课程观中的课程教学表现为任课教师的教学采用一页页读书式的照本宣科、单向应付讲授，也如同课程内容一般陈旧古板。具体示例如 CF6、EF5、GF2 参与者的图画（见图 8－2－27 至图 8－2－29）、解释说明和访谈摘录。

1. CF6 示例。

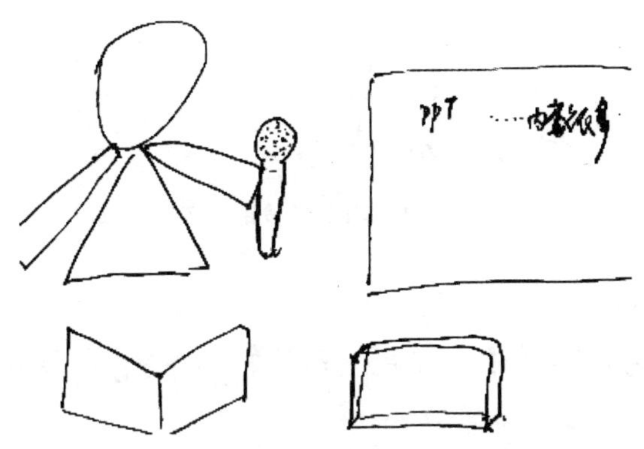


**图 8－2－27　CF 组 6 号被研究者图画 CF6p**

说明：

老师只用书本和 PPT 讲课

——CF6c

CF6：这个是课本，一般老师上课不怎么按课本我觉得，我觉得他应该是没有看过课本的。就讲 PPT 咯，就这样一页一页地讲。讲的内容……很多。

——CF6i

2. EF5 示例。

**图 8－2－28　EF 组 5 号被研究者图画 EF5p**

说明：

老师面无表情！天天上无聊的课．老师很无奈！自己没有办法！

——EF5c

EF5：我来讲一下这个老师吧。这个老师讲的是那种很八十年代七十年代的这种感觉，就是很呆板的那种。跟他那个课可能是一样的。闷闷的。

EF：（哄笑）

EF5：是一成不变的那种。

W：哦，你在这个画上也写了他讲“我自己也觉得无聊”。

EF5：是我看他自己觉得也是这样啊。我感觉他是这样的。……有时候他看到我们没在看没在听，他就趴下这样，呆呆呆……这样（按 PPT）。他就是那样弄一下课件，然后他也不看我们，也不骂我们。讲完课就下课，就走人。

——EF5i

3. GF2 示例。

**图 8－2－29　GF 组 2 号被研究者图画 GF2p**

说明：

我个人认为我所学习的"思想政治理论课程"也只是犹如一滩贫瘠枯燥的湖水，单凭它让我们吸取养分水分而无半点滋润，即没有创造性，让我们很难去学习。

——GF2c

GF2：我所学到的那些思想政治课程，课程上面啊那些课本都是很枯燥的。然后老师讲课也是，除了一些老师有比较好一点的，然后会让你觉得好一点。但是大部分的都是很枯燥的。首先它呈现给我们的那些课本上的都是比较死啊，只是一页都是满满的字，就看不下去啊。然后老师，如果老师有那个心思和能力的话，他能够把它转化成比较灵活的形式。但是那种转化是需要花费很大的精力的，所以很多老师都没有。所以我觉得，这些课程想要对我们进行教育啊，应该通过其他的形式，比如说一个活动啊什么方面的。反正是这个课程……平时上课还是很枯燥的。从一开始就是这样子的。

——GF2i

从上述示例可见，在陈旧无用取向的课程观中，课程的教学通常是单一传统的传授，任课教师在学生看来本应可以将枯燥重复的内容转化成为更灵活的形式来吸引学生，但在现实中任课教师更多的是消极对待，冗长反复地读“旧”书或者布满字的 PPT 充斥着整个课堂。可见，教师因素也是形成陈旧无用取向的关键。

### （三）课程学习

在陈旧无用取向的课程观看来，由于面对的是重复的知识与消极的讲授，只得在厌学情绪中根据个人的兴趣，碰到一些自己喜欢的内容就听，听过的、不喜欢的就不听，只进行新知识和个人喜好或有趣知识的学习。具体示例如 FF3、FF5、GF5 参与者的图画（见图 8－2－30 至图 8－2－32）、解释说明和访谈摘录。

1. FF3 示例。

**图 8－2－30　FF 组 3 号被研究者图画 FF3p**

说明：

浪费时间，也许大学们懒惰，跟这门课有关。

——FF3c

FF3：教学呃那个线索就还是一样的。……你看那些毛邓三、近代史那些课就是讲那些历史的么，什么打仗，什么延安，除了这些还是这些。无论是谁，五年、六年都是在看这些的话，换作是谁都会没有意思的吧。

——FF3i

2. FF5 示例。

**图 8-2-31　FF 组 5 号被研究者图画 FF5p**

说明：

云多了便挡住了的阳光，人的心会因烦恼而对之厌烦。

——FF5c

FF5：如果这些课程太多了的话，怎么说呢，就是天上的云太多了，底下的阳光就都被挡住了，那你就变成阴暗的了，你的内心也就变得阴暗很烦了，你就会被这些渐渐地影响了。

FF5：重复的话只是一种回忆，你不可能从小到大什么都记得的。或者，每一个老师讲的都有他不同的表达方式。……内容的话是自己去看的，你要看什么自己去看就好了，是你自己在学习。……看书的话就要自己看，老师教的话基本上可以不听的。你想看哪个就看哪个，老师讲的话也就那个样子，虽然有些老师可能讲得比较有趣，可是你不想听的话，再有趣也还是不听，还是那个样子。

——FF5i

3. GF5 示例。

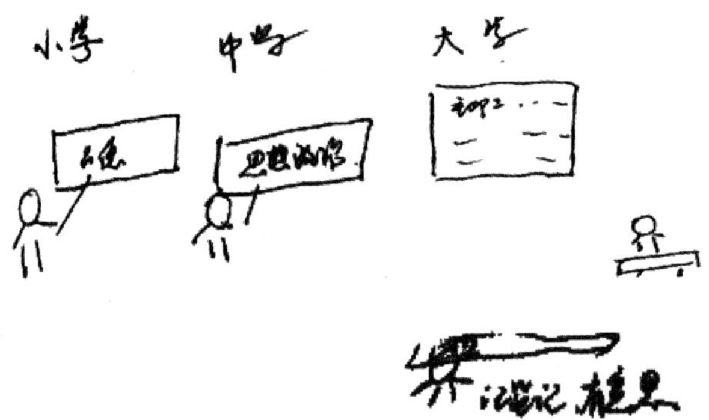


图 8 - 2 - 32　GF 组 5 号被研究者图画 GF5p

说明：

从小学一直学到大学，不断重复相同（相似）的内容，也从一开始的认真到后来的敷衍，过多的学习让人感到厌烦和头疼。

——GF5c

GF5：就是说一直重复，因为从小学开始，初中、高中，近代史一直讲那些东西，一直讲一直讲，就像我们刚学过的毛概，一翻起来就是什么理论啊思想啊，很枯燥，完全不能激发兴趣。只有个别时候老师讲得有趣的时候记一下笔记。

——GF5i

（四）课程作用

陈旧无用取向课程观中的课程作用被认为是除了可以提高个人绩点之外别无他用，只会加深对此门课程的刻板枯燥印象。如上述 GF4 参与者用画的铅笔与电脑来显示该课程的“无用”，也有如 CF3、EF2、FF6、HF4 参与者的图画（见图 8 - 2 - 33 至图 8 - 2 - 36）、解释说明和访谈摘录。

1. CF3 示例。

**图 8 - 2 - 33　CF 组 3 号被研究者图画 CF3p**

说明：

基本没有什么影响（除了绩点），我并没有有意识的去读这些课，没有什么兴趣，上课只喜欢听老师讲一些有趣的事。思想道德教育放在初中小学就行，放在大学很无语。

——CF3c

CF3：第一幅就是刚发书的时候写个名字上去。第二幅就是上课的时候，书上就是白白的，翻来翻去。空白的什么都不做。上课的时候，老师讲到哪里就翻哪里。……（我）就是基本不听课的那种。觉得这个书没什么用处，当武侠小说看也不行。（大家笑）

——CF3i

2. EF2 示例。

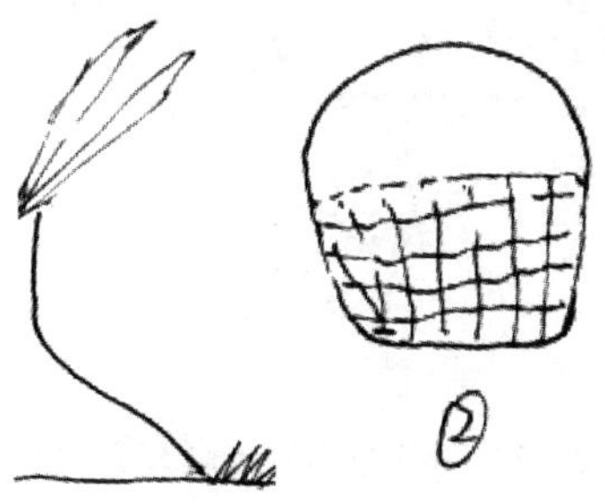

**图 8 - 2 - 34　EF 组 2 号被研究者图画 EF2p**

说明：

但是枝叶却一半茂密一半稀疏，想说明的是上这些课程，不是所有人都受益颇多，而是有一部分人学到东西，有一部分只是拖着身体去上课，什么也没学到。所以我觉得这部分人通常会在上完课后，有竹篮打水一场空的感觉。从而会觉得这些课无聊。

——EF2c

EF2：是有的人呢就是自己人去听课了，但是心是不在的那一种。就觉得有一部分人就是没有学到东西的。就像第一幅图那样，有一半是茂密的，有一半人是学到了东西，另一半没长叶子的就是没学到东西的。而且呢，没学到东西的那部分人呢，在上完这些课以后就觉得没学到什么，对课文里面的内容一点都不了解，有一种竹篮打水一场空的感觉。

——EF2i

3. FF6 示例。

**图 8－2－35　FF 组 6 号被研究者图画 FF6p**

说明：

我感觉思想政治理论课程对我的具体的用处几乎是没有的。因为我自己已经有了自己的判断准则。它对我的用处就像回家的路被雨水淹没了，而一把雨伞是对我没有的，我的鞋还是湿

——FF6c

FF6：例如它的一个道理吧，例如什么，例如要为人民服务啊。但是这个为人民服务太宽泛了，我一个平民老百姓我不会想那么多。我讲这个我就是要去帮助别人啊，我帮助别人了不会和这个为人民服务联系起来，不会把自己提升到那个高度。

W：我理解的是说你觉得这个课程里面的内容把一些具体的事情提升得太高了？

FF6：对！这样就会觉得这类事情跟我没关系。你讲的那些东西跟我……就，也就是说我没有你讲得那么伟大，我只是想做好我自己。所以课程对我来说没什么用。

——FF6i

4. HF4 示例。

**图 8-2-36　HF 组 4 号被研究者图画 HF4p**

说明：

每谈到思想政治理论课程，我第一反应就是"杯具"。我是主修工学专业的，思想政治理论课程与我专业并无任何关系，学习这些会浪费我很多时间与精力。

——HF4c

HF4：我之所以画这个上去，是因为我一想到这个课程，第一感觉就是这个……就是这个“杯具”。为什么这么说呢？首先从这门课程的总体来说，这些东西总的来说，都是一些比较虚的，没用的。实际上我是工科的么，我学的那些专业知识都是比较实在性的，像那些很实用的物理方面的知识么。现在所学的这些马克思啊、毛泽东思想和我们的专业知识是有很大区别的。所以有的时候觉得学了这些和没学的关系差不多，区别也不是很大。我觉得这些东西、这种想法，应该是在现实中形成的，而不是仅仅看那些书本上的马克思啊什么的就能形成的。

——HF4i

（五）小结

综上所述，陈旧无用取向的课程观认为思想政治理论课是一门枯燥的，重复过去所学政治历史知识的、毫无用处的课程。课程的内容过于空大，其中的很大一部分是重复高中政治、历史等学科所学过的知识，只是更为概括和理论化；这门课程的教师也如同课程内容一般古板，教学也是一页页读书式的单向应付讲授；学生厌烦学习重复的内容知识，只得根据自己的个人兴趣碰到老师讲一些自己喜欢的内容就听，不喜欢的就不听，没听过的就听，听过的就不听；这样的课程基本除了可以提高个人绩点之外别无他用，只会加深对此门课程的刻板枯燥印象。

这种课程观的形成，首先源自教师消极应付式的重复和照本宣科，抽象的、理论化的课程内容，学生面对此种陈旧知识和消极的讲授形式自然而然产生了厌烦学习并觉得课程没有用处的心理。当再次遇到这种重复知识以及消极讲授的类似课程，学生自然将其判定为“没用”的课，只是更加加深枯燥无用等刻板印象。

该课程观具体形成的模型如图 8 – 2 – 37 所示。

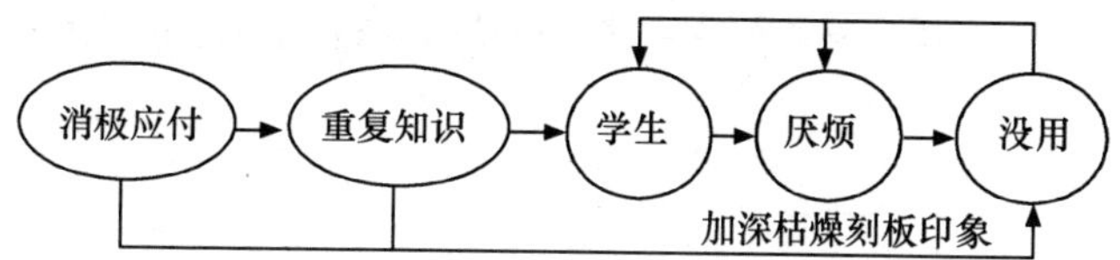


图 8-2-37 陈旧无用取向的课程观模型

## 四、强制灌输取向的课程观

描述这一观念的关键元素见表 8-2-4。

表 8-2-4 强制灌输取向的课程观关键元素

| 维度 | 课程内容 | 课程教学 | 课程学习 | 课程作用 |
| --- | --- | --- | --- | --- |
| 关键元素 | 主流思想，美丽的陷阱 | 说教式，强制 | 被迫背重点，逆反 | 意识形态灌输，适得其反 |

以下将呈现有关此种观念的图画以及语言文字描述的典型示例。

### （一）课程内容

强制灌输取向课程观中的课程内容主要是指一种对与社会现实不符的主流思想合法化的论证。具体示例如 CF4、CF5、DF3、FF2、HF3 参与者的图画（见图 8-2-38 至图 8-2-42）、解释说明和访谈摘录。

1. CF4 示例。

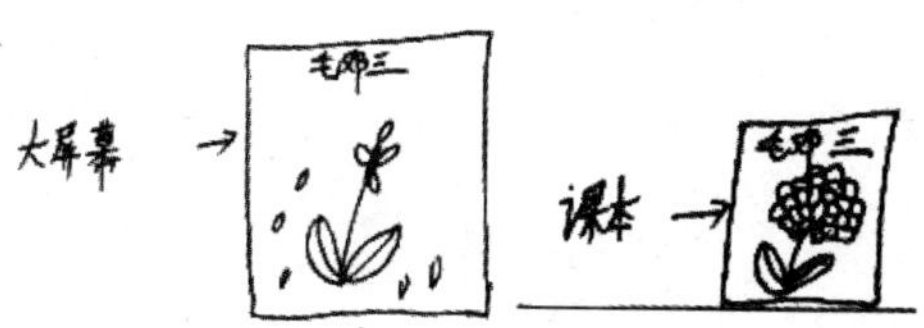


图 8-2-38 CF 组 4 号被研究者图画 CF4p

说明：

图1：课本描述的社会实际情况与实际情况有所出入

——CF4c

CF4：我画了两幅画，然后这一幅就是老师在讲，这是我们的课本，这是老师的PPT，然后呢，这个呢（画）就是我们的课本就把我们社会的现实描绘得多么好多么好，我就用一朵盛开的花来代表。但是现实呢，实际……

CF6：残花败柳。（群体笑）

CF4：书本描绘的社会实际情况啊，或者说是描绘出的我们现在社会的情况的比较理想啊，或者说我们的目标是很美好这样子。但是实际上呢，当今社会的很多情况不像课本描绘的那个样子。实际是有反差，而且还是比较大，所以我就把它画成凋谢的样子。

——CF4i

2. CF5示例。

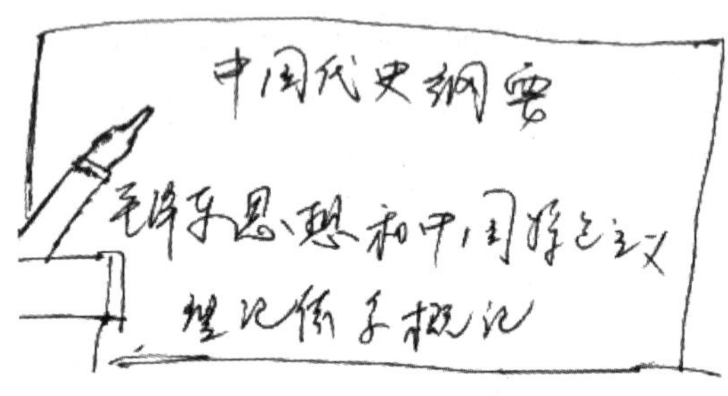


图8－2－39　CF组5号被研究者图画CF5p

说明：

教材也很理论，很片面

——CF5c

CF5：老师在黑板上工工整整地写上课的名称。……我要表达的是刚才我们有说过的，就是平时我们那些教材什么，都是比较正面的，没有说一些比较特别的。就像我们刚学过的毛概，一翻起来就是什么理论啊思想啊。

——CF5i

3. DF3 示例。

**图 8－2－40 DF 组 3 号被研究者图画 DF3p**

说明：

有些理论听起来很美好，就像花儿一样，可是花瓣却蔓延出其他一些七杂八杂的歪理，理论像毛毛的尖头会刺到人民.

——DF3c

DF3：我们上课所学到的理论，很美好，真的很美好、很纯洁的一个世界。可是，像我们在现实生活中接触的话，并不是这样子的。好像我画的这些花瓣一样，从里面向外面蔓延出一些丑恶的嘴脸。我们所学的那些理论与我们现实生活中这些东西是压根看起来好像是蛮相似的……一些理论看起来很美好，可是一旦运用到我们的现实生活中，它会再节外衍生出一些七杂八杂的出来，就是社会上一些很丑恶的东西。

——DF3i

4. FF2 示例。

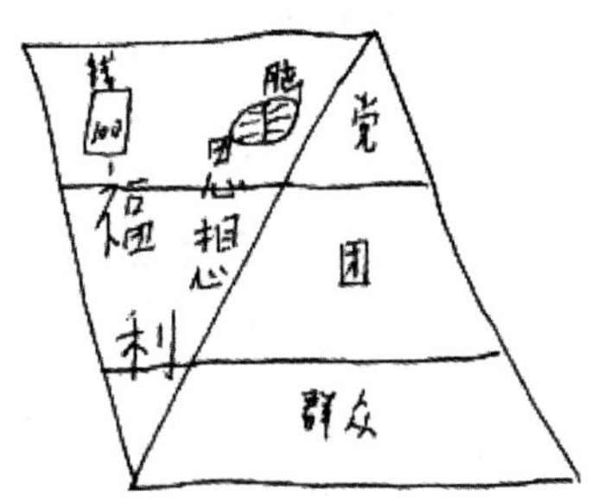


**图 8－2－41　FF 组 2 号被研究者图画 FF2p**

说明：

思想政治课是以党为基础，通过不断地讲来体现党为中国为群众的付出。

——FF2c

FF2：我觉得整个思想政治课就是告诉我们他们的事迹，就是意思是说党为我们做过很多，过去，课程就是告诉我们为什么党会领导我们的，为什么我们会被领导的。……这门课程体现的是更上层的一些思想。

——FF2i

5. HF3 示例。

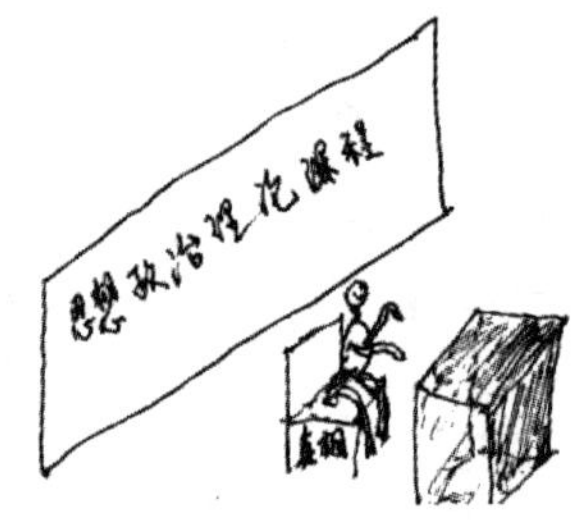


**图 8－2－42　HF 组 3 号被研究者图画 HF3p**

说明：

书本很美好，真相很残酷。　　——HF3c

HF3：对于课堂的内容和生活来讲的话，我觉得它讲在上面的话我觉的都是很好的。但是它只是告诉我们国家的理想状态是什么样子的。但是现实状态的话和书本的相差是有的。好像就比如说工人和农民是国家的支柱么，工人和农民是国家的领导者，但实际上来讲的话似乎不是这样子的么。然后理论它就出了这么一个，它就说，高层知识分子是中国国家的主要领导骨干，然后他们是从工人和农民中来的。但实际上来讲的话，既然他们已经分化出来了就不再是工人和农民了。它很多理论上讲的东西看起来很漂亮的，但实际上是有设计的一些陷阱。……

HF3：它讲得让人家觉得很完美。但实际上，其实它所有东西都是真的。看这些东西的话，会感觉所有都是真的。有时候我会理解错误。它说的东西都没错啊，只是我会理解得好像很完美的一种样子。有时候就会理解错误。就像他说的是工人阶级领导的国家吧，实际上我们看到的不是。但是实际上来讲，认真地想一下的话，也还是真的。……

HF3：应该说是截取了一些好的方面。就是说漂亮的它就拿出来，不漂亮的就藏起来了。就是比较普遍的还是压下去了。然后挑选出一些美好的生活出来给大家。

——HF3i

从以上描述可见，在强制灌输取向的课程观看来，课程的内容是一种完全由主流群体所述说的完全正面、看似美好的故事与理论，但却与社会现实并不太相符。

（二）课程教学

强制灌输取向课程观中的课程教学表现为任课教师照本宣科式的说教，并使用点名、学分等手段来管控学生参与这一强制实施的课程。具体示例如 CF5、CF7、FF1、FF3、FF4 参与者的图画（见图 8－2－43 至图 8－2－47）、解释说明和访谈摘录。

1. CF5 示例。

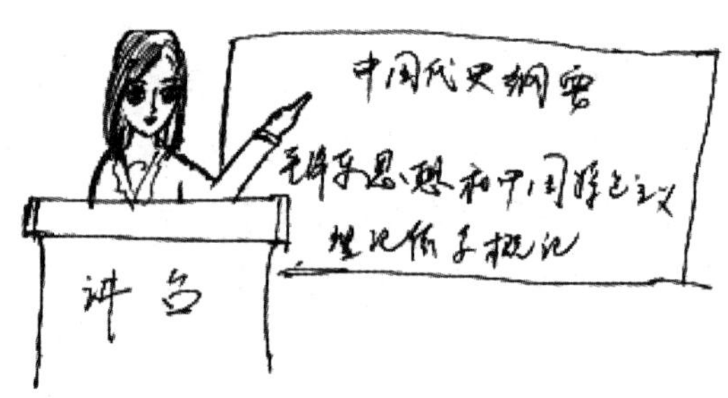


图 8－2－43　CF 组 5 号被研究者图画 CF5p

说明：

老师一般会讲一些比较正面的理论和事迹，就不会很全面阐述某些观点。一般老师会讲某某是什么什么，他怎样怎样，他很伟大，同学们就会认为"嗯嗯~~就是这样!"

——CF5c

CF5：上课的时候老师也不会完全按着教材里面去讲，但基本上都是比较正面的东西。就会说某某某做了什么什么，他怎样怎样他很伟大之类的。……他也不会讲一些特别怎么怎么样的，还是只会讲一些能够拿上课堂上面来讲的那些咯。

——CF5i

2. CF7 示例。

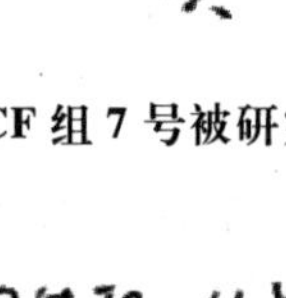

点名.

图 8－2－44　CF 组 7 号被研究者图画 CF7p

说明：

主要是讲了整个学习过程，从上课到最后的考试.

——CF7c

CF7：有些人可能就是怕点名什么的，所以就坐在那里，坐一节课也是很无聊的。……觉得可有可无。其实大家对这个课吧，其实一开学就很多人都去，就几乎都去上。因为第一节课老师会点名。但专业课很少点名。

CF5：有些老师会点啦，但是政治课老师会觉得大家会比较不在乎这个课，所以就点名限制大家。

——CF7i

3. FF1 示例。

**图 8－2－45　FF 组 1 号被研究者图画 FF1p**

说明：

在一片蓝天白云下，政治课程这颗树相对其它树，略显矮小，且需外力的支撑，是因为思想政治理论课程都强制性要修的，如果没有国家强制力的保障，它很可能会被抛掉。因此，它的生命力对比其他树，它并不如其他树强壮、繁荣。

——FF1c

FF1：那些老师讲课的方式，让人觉得，听过了就算了。他们很少告诉我们为什么，为什么会这样，类似这种讲的比较少。……我是说最主要是这两根棍子（外部的强制）让我很讨厌。强制我们去上课，老师强制性地把那些东西塞给我们。好像有点那种极限逆反吧，就是说一件东西，你一下子给了他很多，这样的话，我可能本身并不讨厌它，但是那种方式就会让我觉得很讨厌。然后那些理论就只是讲理论，又没有为什么、为什么。

——FF1i

4. FF3 示例。

**图 8－2－46　FF 组 3 号被研究者图画 FF3p**

说明：

有些上课。只为了叫一声到。只为了求个心安理得。

——FF3c

FF3：老师是会点名的。一开始去上课的时候是很高兴的，老师点名后会答“到”那样子。去上课就是因为这个。

——FF3i

5. FF4 示例。

**图 8－2－47　FF 组 4 号被研究者图画 FF4p**

说明：

我认为这种课程是想将一种意识形态灌输到学生当中。对我而言，这种机械式灌输方式显得过于粗糙和死板。

——FF4c

FF4：很机械式地把他们的一些观点强加给学生。那么学生对他的观点并不认同，他又不允许学生去质疑。……我们也知道这些课都是必修的，都是教育部要求的。……可老师们，就是说老师要换一种方式来教的。有的老师就是上以前学的那种思政类大课的，那个老师直接就是照本宣科在那里读。然后那些学生就不满，你想想那么一个大的课堂，你想想看，后面的那些学生根本就没心思去听。……其实我觉得大学的话，对我们来讲更愿意去读一些原著，而不是经过你们所转换过来的一些课程。

——FF4i

从上述示例可见，在强制灌输取向的课程观中，课程的教学通常也是在必修内容的强制性下，任课教师照本宣科地讲授。但实际上，学生其实理解这一课程的强制性，即便是拖着身体也会进到课堂。但无奈任课教师不是表示理解，采用激发学生学习兴趣的讲授方式吸引学生参与学习，而是采用点名、灌输等方式来强制学生参与学习。

(三) 课程学习

在强制灌输取向的课程观看来，由于面对的是强制学习与社会现实不符的内容与照本宣科的讲授，逆反的情绪与心理使他们不自觉地上课不听，但面临高学分的控制也不得不像完成任务似的临考背书学习。具体示例如 CF1、CF3、CF7、EF5 参与者的图画（见图 8－2－48 至图 8－2－51）、解释说明和访谈摘录。

1. CF1 示例。

**图 8－2－48　CF 组 1 号被研究者图画 CF1p**

说明：

①课堂上极少人听课，各种逃课手段都有

②复习即预习，都只是狂背，考完立刻忘光光了。

——CF1c

CF1：这个是复习呀。复习就是跟预习差不多啊。

W：预习?! 你们还有预习的习惯?

CF1：不是啊，因为全都是新知识。上课的时候都没怎么听也没看过，所以考试的时候就看一遍书。……大家其实平时上课基本上都是这样的，玩的玩，逃的逃。

——CF1i

2. CF3 示例。

**图 8－2－49　CF 组 3 号被研究者图画 CF3p**

说明：

第一天领书，先写上名字，上课期间整本书都是空白的，考试周，整本书到处划线——必背内容。结论：考试周读了一个学期的书。

有空……把那些书卖掉，买瓶酸的喝喝。

——CF3c

CF3：就是考试前啊，画画画画，必背必背必背，不是必背是必看，必看必看必背必背，然后就把一本书都画完了。然后就可以卖掉了。该卖就卖掉，共计两元。英语啊、政治啊什么的，都是无语的。

W：你是怎么把这个书直接和这一门课程联系起来的呢？

CF3：因为最直接和我联系的这个课的，也就只有这个书了。然后在这个课上翻这个书比较多，所以一开学就写上名字，然后整本书上就我的名字这三个字。然后基本上就没事了。然后有时候在上面还记上老师电话号码、QQ 号码，有空联系一下老师，问："哎，老师～考什么？"

——CF3i

3. CF7 示例。

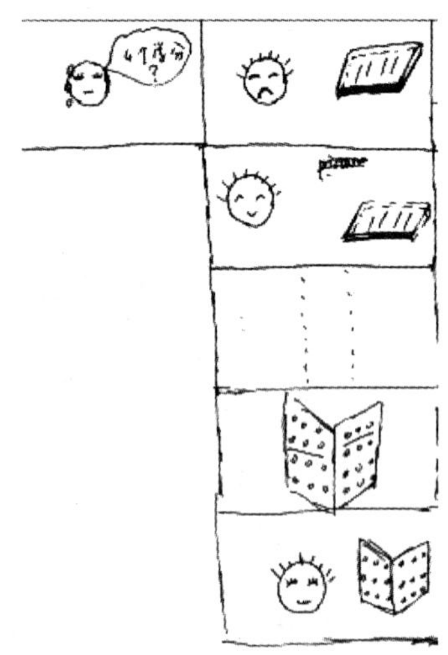


图 8－2－50　CF 组 7 号被研究者图画 CF7p

说明：

主要是讲了整个学习过程，从上课到最后的考试。或许有收获，但更多是完成一个任务。

——CF7c

CF7：一开学的时候，我们就说为什么这种课程我们都没有认真用心去学怎样，这种课程为什么要有四个学分？就是觉得它占的学分很重。……几乎好像都是四个学分吧。就是这几门课程几乎都是三四个学分。思修就四个学分，我印象是很深刻的。就它占的比例是很大的。然后我们就觉得很奇怪啊，就是这种课程相对于专业课学那么久学那么难才六个学分，就它也有四个。那种四个学分的背背就好，六个学分的那么难。……不过它是必修课，可能也是中国教育必须要选的，一定要上的什么的，后来就理解了。

CF7：然后，就是书我一直都没有翻过，后来是整天没带。

（大家笑）上课的时候上着上着就会觉得很无聊，无聊就会玩手机啊，做一些其他的事情。然后这个就是重复循环。然后画重点啊，画重点一般都是会的。

CF7：等到期末差不多剩一两次课大家又会去，因为可能要画重点。……我们很看重这个绩点的。因为专业课学得要生要死的就六个学分，这四个学分就要看老师。就最后看老师，老师给你高的就高。

——CF7i

4. EF5 示例。

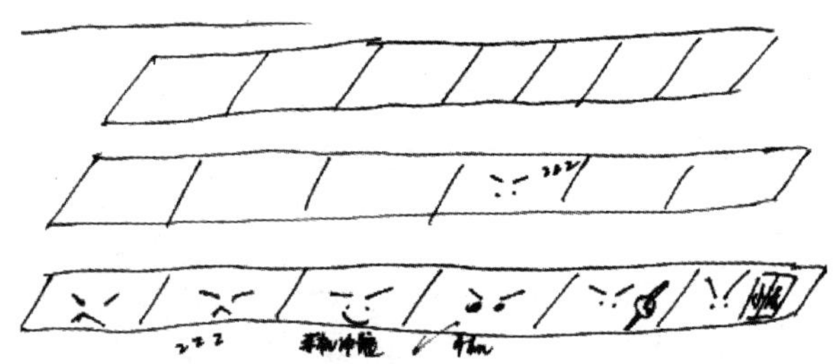

**图 8－2－51　EF 组 5 号被研究者图画 EF5p**

说明：

学生都不在前面。有的看小说。有的看时间。有的睡觉！没人听课。

——EF5c

EF5：嗯，我画的这个课程主要是针对“毛邓三”的。

EF：（哄笑）

EF5：哦，马克思也有。这个（第一个）就是很烦呐，在那里。这个（第二个）就是睡觉嘛。然后这个（第三个）就是玩手机么。然后这个（第四个）就是跟他聊天呐，也看着手机。然后这个（第五个）就是看一下什么时候下课啊。这个（第六个）就是看小说啊。

EF：（哄笑）觉得好形象。

——EF5i

（四）课程作用

强制灌输取向的课程观对课程作用的看法可以归纳为“适得其反”，在个体被迫逆反式的学习下自然不可能达到课程本来的思想灌输目的，还往往引起学生对书本理论的怀疑，加深理论与现实的矛盾印象，进而怀疑理论是虚假的，并可能导致个人思想和价值判断受束缚。如此循环往复，进而更排斥这一课程。具体示例如 DF2、FF2、FF4、GF4、HF3 参与者的图画（见图 8 - 2 - 52 至图 8 - 2 - 56）、解释说明和访谈摘录。

1. DF2 示例。

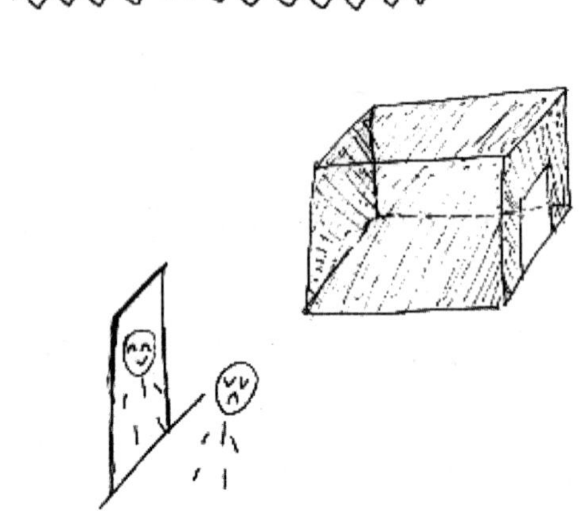

**图 8 - 2 - 52　DF 组 2 号被研究者图画 DF2p**

说明：

越来越察觉到理论与现实的矛盾。

——DF2c

DF2：这两个（黑箱和镜子内外的人）合起来就是一个困

惑，整个图画就代表了我的一种疑问。我本身就很喜欢理论性的东西，我觉得它是很纯洁的，很值得我们去学习。但是我觉得理论和实际……有些时候很对，有些时候又不对，有些时候又不能乱下结论。它带给我一个疑问：现实为什么和理论那么的不一致？

——DF2i

2. FF2 示例。

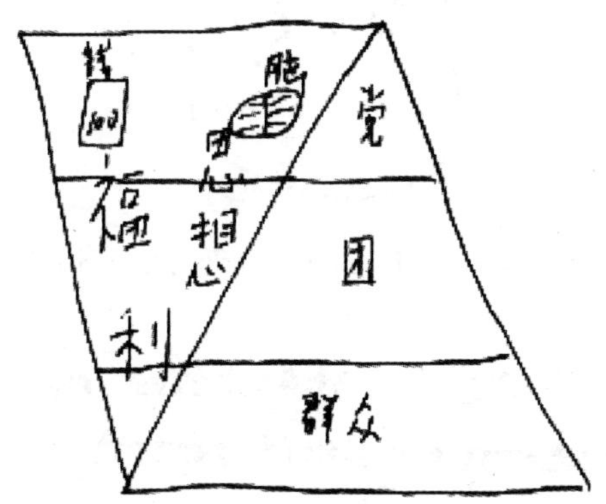


**图 8－2－53　FF 组 2 号被研究者图画 FF2p**

说明：

思想政治课是以党为基础，通过不断地明讲来体现党为中国为群众的付出，从而让我们觉得党员应该获得更多的权力、福利，拥有更多的思想指导性。党是集权力、思想、福利于一身的。

——FF2c

FF2：你看这个三角形么，就像这样的，好像一些群众的发展路线都是在那些思想政治课里面没有的么。

——FF2i

3. FF4 示例。

图 8－2－54　FF 组 4 号被研究者图画 FF4p

说明：

我认为这种课程是想将一种意识形态灌输到学生当中。因此，这种课程也可能导致我对事物的理解可能会带有某种偏见，不利于更客观全面看待事物。

——FF4c

FF4：其实你说以前在学习这门课的时候为什么是觉得有趣的，我觉得是因为我们会是一种完全接受为主的态度，那么来到大学以后，我们所接受的事物可能会越来越多，比如说我们会看到世界各国的一种状态、思想和观点，那么你就会对思想政治课里面的观点产生质疑。……你听了这门课后会去想，它所讲的这些是真的么？它所讲的就是那个事实的真相么？比如说看马克思主义的那些理论，你自己可以去提取一些观点，然后把它弄成一个精粹，精粹版的一本书。但是那本书就会有很多你自己的意识在其中。那你是不是就有可能误解了马克思他自己的那种思想？

——FF4i

4. GF4 示例。

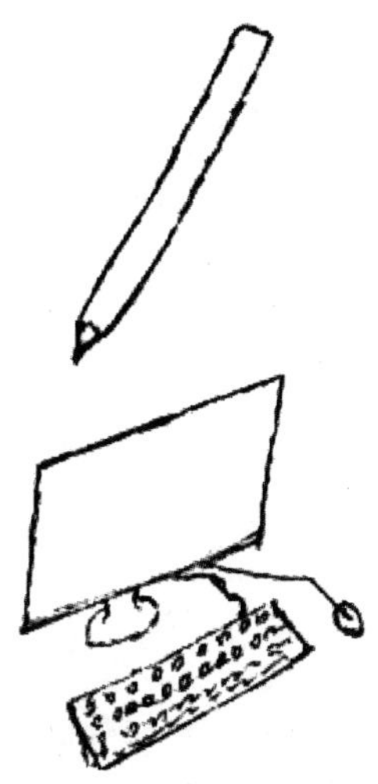

**图 8－2－55　GF 组 4 号被研究者图画 GF4p**

说明：

大部份的理论观点不是从一个普通人民角度得到，很难让我信服。

——GF4c

GF4：我再举个例子吧。因为现在新闻上也会有很多的负面新闻么，比如说老人家跌倒了，有些好心人过去扶她，可是她却反过来告人家。本来那个去扶的人是出于好心么，从我们的课程出发来说，我们是应该这样去做的。但是，实际上呢？你这样去做了，却得到了这样的后果。……它要求我们这样做。但是另一方面，在实际上呢，我们去做了，又保护不了我们。这样做是合法的，有法律保护的、是正确的、是不会受到伤害的……如果它能够这样子引导我们去做。但是现在这种情况，事情发生了，我们是去这样做还是不去这样做呢？做了的话，我们是满足了自己的意愿，随着自己的价值判断。对吧？可能会比较舒服吧，跟随自己的内心。但是的话，从另一方面我们可能会受到伤害。但如果我们不去这样做的话，我们本身又有那种意愿和想法，曾经受过那样的教育，肯定会对自己的内心有影响的。觉得人心这样是很矛盾的。不会让我们更好，反而会让我们为难。所以这样的话，这个课程对于我们现在的社会生活其实是没有用处的，反而会增添矛盾。……所以说，有时候的话，对这些课程还是有点不信任的。

——GF4i

5. HF3 示例。

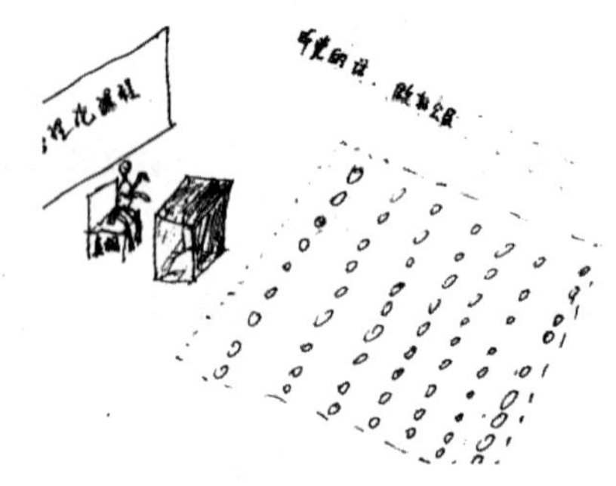

**图 8－2－56　HF 组 3 号被研究者图画 HF3p**

说明：

理论到处飞，事实背后藏

——HF3c

HF3：其实大学里面我们学的这几门课程的话，它是党和国家对我们青少年进行思想教育、进行指导的一门课程来的。然后它主要的目的的话就是让学生成为良好公民，包括对国家现行政策的了解，进行一些思想改造。它能够对一个国家的公民的思想进行一个模式上的趋向的划一，让国家的无论是学生也好，公民也好，都朝着这一个思想目标走。然后对党和政治、国家的发展是有利的么。然后对于国家和人民来讲的话，它通过这一些理论体系知识让他们了解一下我们这个国家就是这个样子的，告诉人家中国目前是怎样的，我们要求的是什么样的人。……但现实状态的话和书本的相差是有的，是矛盾的。……我觉得，学习的东西，书本上的只是个参考。最重要的人的世界观、价值观的影响应该是在实际中的。

——HF3i

（五）小结

综上所述，强制灌输取向的课程观认为思想政治理论课是一门强制性灌输思想的课程。课程的内容是一种对与社会现实不符的主流思想合法化的论证；这门课程的课堂教学多是一种照本宣科式的说教，学校往往用学分、教师使用点名等手段来管控学生上课；学生迫于完成学业的现实压力只得把课程学习——考前背重点，当成一种不得不完成的任务，不少学生还因过度的控制和灌输而产生各种不听和逃课等逆反行为；这种课程的思想灌输目的不仅没有达到，反而往往引起学生对书本理论的怀疑，认为理论与现实是矛盾的，怀疑理论是虚假的，并觉得个人思想和价值判断会因此而受到束缚，进而更排斥。

这种课程观的形成，首先源自于课程本身的强制性因素，对于这种从小学到大学强制性的课程，学生本来就会有一种自然而然的排斥心理。然而，在教学实施过程中，作为关键转化因素的教师并没有运用各种能够吸引学生，使学生明白其中政治、社会原理的方式来讲授课程内容，而是受控于其课程的强制性，对学生进行照本宣科的说教，用强制管控的方式迫使学生学习。学生在被迫的情况下选择应付学习，产生逆反心理。面对社会现实中的各种问题以及多方位信息资讯的充斥，学生不由得产生矛盾，产生对课程内容实用性、真实性、真理性的怀疑，从而产生适得其反的教学效果。该课程观具体形成的模型如图 8 – 2 – 57 所示。

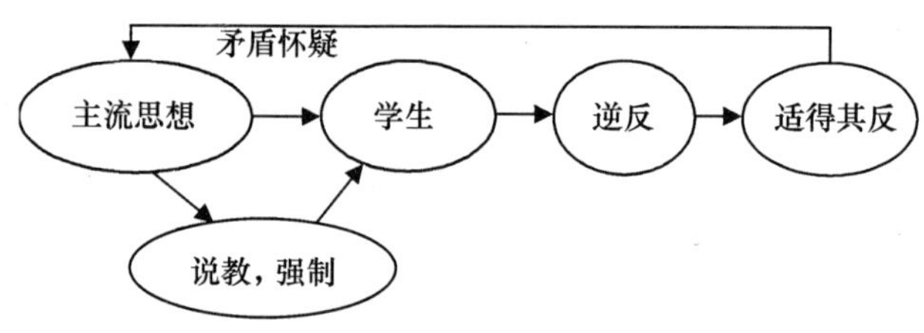


**图 8 – 2 – 57　强制灌输取向的课程观模型**

## 第三节　大学生的思想政治理论课程观类型特征概述

如上述分析，学生对思想政治理论课程的观念呈现出如下四种类型，从上至下依次是修身提升、社会适应、陈旧无用、强制灌输，具体内容见表 8 – 3 – 1。

**表 8 – 3 – 1　　大学生的思想政治理论课程观**

| 课程内容 | 课程教学 | 课程学习 | 课程作用 |
| --- | --- | --- | --- |
| 必需的正确思想 | 启发式；教师专业素养 | 内化于心，外化于行 | 个人提升；积极行为导向 |
| 政治经济法律常识 | 激发兴趣；联系社会实际 | 实用原则 | 拓宽视野；形成自我见解 |
| 空知识；高中政治理论化 | 消极应付 | 厌烦重复 | 没用；加深枯燥印象 |
| 主流思想；美丽的陷阱 | 说教式；强制 | 背重点；逆反 | 意识形态灌输；适得其反 |

分别从纵向的各维度来看这四种观念：在课程内容维度上，呈现出学生认为是一种对他们内在必需的、外在有用的知识，到无聊重复、与社会现实矛盾的知识的过渡；在课程教学维度上，呈现出学生认为是一种由高素养教师的内在启发、通过联系社会实际的外部兴趣激发，到消极教师的照本宣科、说教管控的过渡；在课程学习维度上，呈现出学生认为是一种为了内心、有用的主动学习，到厌烦、逆反式的被迫学习过渡；在课程作用维度上，呈现出学生认为课程对促进自身发展具有内在个人意义、外在工具意义，到无聊，毫无意义，甚至于混淆个人价值观的过渡。

由此可发现，修身提升、社会适应、陈旧无用以及强制灌输这四种课程观念，其实呈现出的是一种由学生出于内、外部学习动机去主动学习，到面对重复、强制而被迫接受学习的观念的过渡。存在着潜在的正负两极更高层次的观念取向，即包括“修身提升”与“社会适应”两种正面的“主动学习”的课程观念取向，以及包括“陈旧无用”与“强制灌输”两种负面的“被迫接受”的课程观念取向（具体见图 8 –3 –1）。

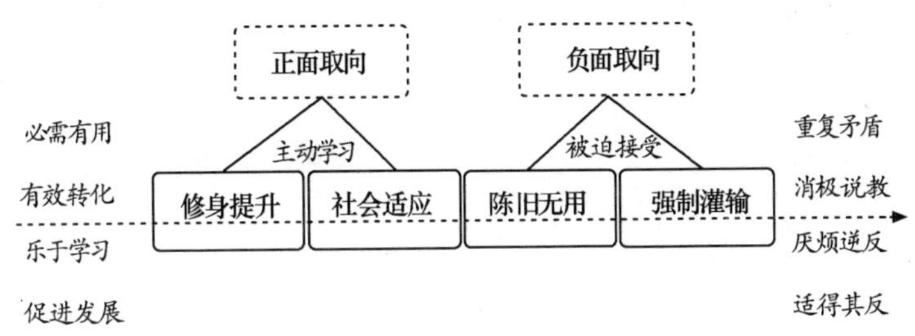


**图 8 –3 –1　大学生思想政治理论课程观取向模型**

这两种潜在课程观取向的划分取决于授课教师如何应对课程的内容以及如何实施教学。学生认为，面对同样的课程，具有较高专业素养的教师，能够通过有效的教学转化课程内容，使学生对这一课程充满兴趣，觉得这一课程对其自身的社会生活具有良好的作用，较好地达到课程目标；反之，专业素养不高、以消极态度应对此课程的教师，采用应付说教和强制管理的方法来迫使学生学习，使学生更厌烦和抵触这一内容重复、没有任何新意的课程，从而使学生更加深对课程的刻板印象，认为这一课程与社会现实不符，不仅不能给人指引方向和道路，反而会扰乱其个人价值判断，产生各种矛盾，以至于采取极端的行为来应付这一课程的学习。

# 第九章

# 量的研究过程

## 第一节　问卷的编制

### 一、维度界定

本研究中问卷调查的目的一方面在于验证质的研究阶段所获得的观念结果，另一方面在于调查大学生思想政治理论课程观的实际状况。因此，我们以质的研究阶段抽取分析出的四种具体大学生思想政治理论课程观类型（修身提升、社会适应、陈旧无用、强制灌输）和课程观维度（课程内容、课程教学、课程学习、课程作用）为问卷的基本框架，并在相关文献研究的基础上编制问卷。

### 二、题项起草

具体维度下题目的来源则以质的研究阶段所得关键元素为基本素材（见表 7－5－1），以确保每一维度的每一关键元素均有题项分布。具体题目的起草以质的阶段收集到的焦点群体访谈资料以及图画说明等学生的语言文字描述为表述参考（示例见表 9－1－1），最终形成问卷初稿的 82 个起草项目。

表9-1-1　　大学生思想政治理论课程观初稿问卷题目起草示例来源

| 题目初稿起草项 | 对应文稿资料 |
| --- | --- |
| 这门课的内容是很重要的 | 这门课它连接了生活的两边，他教会了我们在生活中在面对一些事情和问题时候的思想道德。我认为这门课讲的对生活是那么的重要的。<br>——DF2i<br>这门课主要是思想啊、理论方面的东西……就觉得思想对我们人很重要。它让我学到很多东西，思想上最起码都是向好的方向看齐。因为思想理论课不可能教一些坏的东西么。<br>——DF4i<br>（我画的）这是一潭湖水，水是人体必需的东西，也是构成人体最重要的部分。人没有了思想就如失去了水分，毫无半点生气可言。……水是我们人体的重要组成部分，而我认为思想政治课程，对于我们人来说就是很重要的部分。<br>——GF2i |
| 我们的老师对许多事情（比如他读到的书，看到的事件、现象或问题）都有自己的看法 | 还有老师传授的讲的一些也是他强调说是他的个人观点。我觉得这些也是可以共享一下的。就是学生也会很感兴趣老师你是怎么看的什么的。就是不要说只要单单针对教材上面的那些东西去讲。<br>——CF5i<br>就是那个××老师讲得很好……他一开始讲课都不会打开书念的。就是他不会照着书本读的。他一开始就会讲，这几天发生了什么事啊，很随性的。就是开始会讲得很引起大家的兴趣。……无论怎么样都能和要讲的课联系起来。<br>——EF4i<br>有些老师会很厉害的。很多东西都有自己的见解和看法的。……就有时候（听了）觉得自己也是这样想的，也会有人跟自己的想法差不多这样子，就挺喜欢的。<br>——HF1i |

**续表**

| 题目初稿起草项 | 对应文稿资料 |
| --- | --- |
| 我们的老师对许多事情（比如他读到的书，看到的事件、现象或问题）都有自己的看法 | 老师会给我们讲一些课本以外的东西，会讲一些他自己的看法，讲一些他的分析。这样的话我们听了也会对我有一定的影响，看历史、看问题都会有。……近代史的老师会这样。还有那个形势与政策的老师也会这样。还有那个思修老师挺负责任的，他每次讲的那些东西也会讲一些他自己的想法给我们，或者分享一些他自己的经历或者一些案例。<br>——HF2i |
| 老师讲的有趣的时候我就听 | 我并没有意识地去读这些课程，没有什么兴趣，上课只喜欢听老师讲讲有趣的事。<br>——CF3c<br>上课我是那种光注意翻书看书里面有什么好看的。<br>——CF3i<br>这些老师讲得多一点有趣一点我们就多听多学到一点。但有一些就是照着书读了，就没什么好听的。<br>——CF6i<br>有些就很喜欢思想方面的，尽管有些老师在上面讲的是照着书本的话，他也还是会去听的。<br>——EF3i<br>老师教的话基本上可以不听的。你想看哪个就看哪个，老师讲的话也就那个样子，虽然有些老师可能讲得比较有趣，可是你不想听的话，再有趣也还是不听，还是那个样子。<br>——FF5i<br>有些人很喜欢的话就会很专心地去听和老师互动。<br>——HF1i |

**续表**

| 题目初稿起草项 | 对应文稿资料 |
| --- | --- |
| 这门课所学的理论与社会现实不符，使我产生价值判断的矛盾 | 从我们的课程出发来说，我们是应该这样去做的。但是，实际上呢？你这样去做了，却得到了这样的后果。……它要求我们这样做。但是另一方面，在实际上呢，我们去做了，它又保护不了我们。这样做是合法的，有法律保护的、是正确的、是不会受到伤害的……如果它能够这样子引导我们去做。但是现在这种情况，事情发生了，我们是去这样做还是不去这样做呢？做了的话，我们是满足了自己的意愿，随着自己的价值判断。对吧？可能会比较舒服吧，跟随自己的内心。但是的话，从另一方面我们可能会受到伤害。但如果我们不去这样做的话，我们本身又有那种意愿和想法，曾经受过那样的教育，肯定会对自己的内心有影响的。觉得人心这样是很矛盾的。不会让我们更好，反而会让我们为难。所以这样的话，这个课程对于我们现在的社会生活其实是没有用处的，反而会增添矛盾。<br>——GF4i |

## 三、修订题项

### （一）修订原则

本研究从问卷初稿形成到正式问卷确定的过程中，主要针对如下几类问题对问卷进行修订。

1. 题项的文字表达所出现的问题。例如：使用的词语含混不清，可能造成歧义；问卷的用词可能对被试者的回答产生导向作用；语言逻辑不顺畅；等等。

2. 题项设计不当。例如：一题两义或多义；问题的内容与预定的框架范围不符或超出、跨越多个维度；问题的内容与实际情况不符；问题没有针对性，不能引出被试者的不同观点；题项本身存在矛盾，造成被试者难以选择或回答；等等。

3. 题项涉及被试者不方便或不愿意回答的问题。如涉及隐私或其他敏感问题等。

4. 通过应答数据的分析发现题项存在的问题。例如：造成信度大幅下降的题项，说明该题项与同一量表内的其他题项的内部一致性不好；区分度低的题项，说明所提问题缺乏针对性，不能导出被试者的不同观点；交叉负荷的题项，说明题项的含义或指向不明；等等。这样的题项显然应做修订或删除。

（二）试测前修订

在完成题目初稿的 82 个项目起草后，开始反复对问卷进行修订。首先是向思想政治教育和政治学科领域的学者、专家及高校任职教师进行咨询，请他们对整个问卷的起草题项进行审读，就题项的文字表达以及题项设计方面的问题提出意见和建议，看是否存在无意义项，并从学科性质和课程定位来看是否有偏差较大的题项。根据专家的意见进行斟酌修改、删除、合并等修订。例如，将题项“我去上课只是为了答一声‘到’”修改为“去上课就像完成任务一样”，因为个别学生的表述过于具体，可能会限制大部分学生的作答。又如，有学者提出将“这门课是国家意识的需要”修订为“这门课是我们社会制度的产物”，虽然这两种表述皆出自于学生，但“国家意识”这一概念比“社会制度”更难以理解，需要学生去仔细思考，尽管从政治学的角度来说“国家意识的需要”比“社会制度的产物”的表述用在这里更严密，但从该问卷面向学生的角度来看，“社会制度的产物”这一表述更易于学生作答。同样，也有学者指出“这门课是对我们进行‘三观’教育的一门课”和“这门课是进行价值观教育的一门课”这两题项重复，故删除后一表述，将题项修订为“这门课是对我们进行‘三观’教育的一门课”。最终保留 81 个项目。在这一轮根据专家意见的修订完毕后，随机打乱题项，以完成问卷第一稿（初稿）的编制，采用李克特量表（Likert-type Scale）6 点两极同意量表格式，表示被调查者对观点从“非常不同意”到“非常同意”的态度等，题目分布见表 9－1－2。

**表 9－1－2　　大学生的思想政治理论课程观调查初稿问卷题项分布**

| 维度<br>观念 | 课程内容 | 课程教学 | 课程学习 | 课程作用 | 项数 |
|---|---|---|---|---|---|
| 修身提升 | 46,54,60 | 5,17,26,42,52 | 1,2,27,45,81 | 3,11,30,58,68 | 18 |
| 社会适应 | 9,65 | 12,15,24,33,40,43 | 49,59,67,73,79 | 6,10,21,29,35,74,77 | 20 |
| 陈旧无用 | 16,18,75 | 7,13,14,36,56,78 | 19,23,34,39,50,51,80 | 25,38,47,64,76 | 21 |
| 强制灌输 | 8,61,66 | 28,53,57,62,69,72 | 20,31,32,41,44,48 | 4,22,37,55,63,70,71 | 22 |

之后的修订工作即在每次试测之后进行。具体是在每次试测后我们都会征求被试者对问卷的意见，并通过统计分析发现问卷存在的问题，据此对问卷的题项进行修订。下面将详细介绍试测和修订的过程。

## 第二节　问卷的试测

为了更进一步确定初稿问卷的可行性，本研究通过四次小样本（每次 50 人左右）试测对初稿问卷进行修订，从而确定正式问卷。具体过程如下：

### 一、第一次试测

2012 年 12 月 7 日，我们在广东省广州市 1A（a）高校内随机[①]对学生进行了《大学生的思想政治理论课程观调查问卷》第一稿的试测。参加试测的学生有 31 人，其中大二学生 19 人，大

① 笔者与研究助理对校园内随机碰到的学生在征求意见之后进行问卷试测。

一学生 12 人。试测完成的时间大约为 25 分钟。试测后就问卷的总体和各项目的表述、意义等，与参与试测的学生进行了短时间的访谈。其中，学生们都表示《大学生的思想政治理论课程观调查问卷》基本上能够覆盖他们对思想政治理论课程的认识和看法；认为问卷所设的大部分题项含义明确，没有含糊不清的情况，不涉及隐私或伦理方面的问题；同时，也就个别题项的表述和问题给出了意见和建议。

（一）文字表述检验及修订①

文字表述检验主要检查问卷题项文字描述的合理性，结合学生访谈中的意见反馈以及问卷漏答的情况，以发现问题。

《大学生的思想政治理论课程观调查问卷》第一稿的检验结果出现漏答情况的共有 5 个题项，除了第 43 题 2 人漏答外，其余 4 题各有 1 人漏答。结合访谈反馈来看漏答情况，例如：（1）第 43题漏答的学生是由于该门课程他们还没有开设，因而难以回答，因此建议在题项中不指明具体课程的名称；（2）第 3 题学生认为不应使用“三观”这一世界观、人生观、价值观的简写，这让他们一时反应不过来，故修订原简写的形式；（3）第23 题漏答的学生认为考试对他们来讲不涉及背诵的问题，与现实不符没有作答；（4）也有部分题目让学生觉得会有选填矛盾，如第 7、57 题等，学生认为他们对老师的看法并不确定，而且自己印象中的几位老师会有不同的态度，也有如第 5、52 题，采用“我们的老师”这一表述来具体针对老师个人的问题，学生认为“直接写我们的老师，很难选择，会矛盾。有些老师是这样，有些老师是那样”，因此建议写成“有的”或者“大部分”老师。但这样采用数量的限定词来限定选项，也可能会漏掉学生的观念。因此，为了避免此类让学生产生自我矛盾和难以回

① 为了便于修订，以使不同版本问卷题目标号保持一致，此章节四次试测修订期间的题号表述均为初稿中题目的题号。

答的情况，研究者进一步修改问卷的填答说明，以强调“个人最强烈的认识”。并将关于教师个人的个别问题，引申至正负两级取向的喜好，采用“我喜欢/不喜欢这门课是因为老师……”的句式，等等。具体题项的第一次修订情况示例见表9－2－1。

**表9－2－1　　第一稿问卷题项修订示例**

| 第一稿需要修订之处 | 被试学生的意见 | 修改后项目 |
| --- | --- | --- |
| 第43题<br>我们的马克思主义理论老师会教我们如何辩证地去看问题 | 各门课程在各学校开设的时间不同，有些专业大二上学期学，有些下学期学 | 该项改为：我们的老师会教我们如何辩证地去看问题 |
| 第3题<br>这门课是对我们进行“三观”教育的一门课 | 世界观、人生观、价值观的简写难以理解 | 该项改为：这门课是对我们进行世界观、人生观、价值观教育的一门课 |
| 第23题<br>我们考试的知识点太多，背诵压力大 | 此题项不符合学校的实际情况。现实中，有些学校是闭卷考试，有些学校是开卷考试 | 该项改为：我们考试的知识点太多，背诵、抄书压力大 |
| 第57题<br>我们的老师认为这门课就是一种灌输 | 学生认为自己无法对此题中“我们的老师”的态度进行判断，也有学生认为几门课的老师态度不同，因而矛盾，难以回答 | 将填答说明改为：既可以指向所有的课程也可以指向其中一门。请依据你个人最强烈的认识和感受在适当选项内打“√” |
| 第5题<br>我们的老师很有魅力 | 学生认为直接写我们的老师，很难选择，会矛盾。有些老师这是这样，有些老师是那样 | 该项改为：我喜欢这门课是因为老师很有人格魅力 |

（二）信度检验

《大学生的思想政治理论课程观调查问卷》第一稿包括第1—81题。这些题的信度可以用表征内部一致性的α系数来表示。该问卷分为4个分量表。由于两个分量表属正向，两个分量量表属负向，因此只做各分量表信度检测。表9－2－2为第一稿问卷的信度检验结果。

表9－2－2　第一稿问卷信度

| 信度 | 修身提升 | 社会适应 | 陈旧无用 | 强制灌输 |
| --- | --- | --- | --- | --- |
| 初始α系数 | 0.768 | 0.787 | 0.623 | 0.806 |
| 调整后α系数 | 0.769 | 0.761 | 0.723 | 0.790 |

根据统计数据结果，删去与各分项相关较差的第1、2、6、13、20、25、41、46、47、57、78、79题共12题后，信度有所提高。并根据部分学生的反馈对第3、5、7、8、10、23、26、27、34、43、52、75、81题进行文字表述上的修改，或标记保留。最后形成69个题项的《大学生的思想政治理论课程观调查问卷》第二稿，以进行第二次试测。

## 二、第二次试测

2012年12月11日，我们在广东省广州市3AB（a）高校内随机对学生进行了《大学生的思想政治理论课程观调查问卷》第二稿的试测。参加试测的学生有43人，其中大二学生3人，大三学生32人，大四学生8人。试测完成的时间大约为15分钟。试测后就问卷的总体和各项目的表述、问题、意义等，与参与试测的学生进行了短时间的访谈。在总结学生反馈的意见和建议后，具体修订如下。

（一）文字表述检验及修订

《大学生的思想政治理论课程观调查问卷》第二稿的检验结果

出现漏答情况的共有1个题项，漏答的三人均反映在第37题。结合题目作答的访谈反馈以及分析数据来看漏答情况以及问题题项，对第二稿问卷做出如下类型的题项修订，示例见表9-2-3。

**表9-2-3　　第二稿问卷题项修订示例**

| 第二稿需要修订之处 | 被试学生/数据反馈 | 修改或删除 |
| --- | --- | --- |
| 第37题<br>这门课大部分的理论不是从普通民众得来的，很难让我信服 | 学生表示难以选择，对课本的不信服，并不见得认为理论不是从普通民众中得来。由于学生对此难以选择，且该题项两次因子负荷值都过低，故删除 | 删除该题项 |
| 第68题<br>这门课对我的行为有一定积极引导，如礼貌、品德、关注社会问题、参与社会活动等 | 根据问卷结构数据反馈，该题目总落在“社会适应”取向观念群中，从题目来看“关注社会问题”以及“参与社会活动”确实会使学生难以分辨，故进行修订 | 该项改为：这门课对我的行为有一定积极引导，如礼貌、品德等 |
| 第23题<br>我们考试的知识点太多，背诵、抄书压力大 | 无论好或不好的学生都反映知识点多，且大部分院校大部分科目是开卷考试，因此学生按前半句选择大都同意，但对于抄书压力并不感觉大 | 由于两次该题项都给学生造成判断矛盾，故删除该题项 |
| 第42题<br>我们的课堂上有很多互动 | 学生反映，现在许多老师，都会在课堂上与他们进行或大或小范围的互动。从两次数据来看，该题项区分度并不大 | 删除该题项 |
| 第65题<br>这门课的内容主要是公民社会常识 | 从两次数据来看，该题项区分度并不大。反思，是因为课本中有具体的公民道德章节。题目中表述“主要”会影响学生的判断 | 删除该题项 |

（二）信度检验

表9－2－4为第二稿问卷的信度检验结果。

**表9－2－4　　第二稿问卷信度**

| 信度 | 修身提升 | 社会适应 | 陈旧无用 | 强制灌输 |
|---|---|---|---|---|
| 初始 α 系数 | 0.850 | 0.874 | 0.880 | 0.783 |
| 调整后 α 系数 | 0.891 | 0.870 | 0.826 | 0.881 |

根据统计数据结果，删去与各分项相关较差、交叉负荷的第4、23、31、34、37、42、48、59、63、65、66、69、72、73、80题共15题后，信度有所提高。并根据部分学生的反馈对第39、68题题项进行文字表述的修改，并标记保留。最后形成共有54道题项的《大学生的思想政治理论课程观调查问卷》第三稿。

## 三、第三次试测

2012年12月13日，本研究第三稿的试测，选择在1A（a）高校内对文理两个不同专业大二年级的学生展开。参加试测的学生有47人，其中文科专业学生23人，理科专业学生24人。试测完成的时间大约为15分钟。试测后就问卷的总体和各项目的表述、问题、意义等，与参与试测的学生进行了短时间的访谈。在总结学生反馈的意见和建议后，具体修订如下。

（一）文字表述检验及修订

第三稿的文字表述学生基本没有表示异议。对题项文字表述的修订，主要是根据题项因子负荷值的反馈数据对有问题的题项结合现实情况进一步修订。如第33题为："我们的老师会告诉我们如何面对就业、工作、爱情等问题。"但在实际中，思修课本中有具体的职业、家庭道德的章节。于是，研究者猜测大部分老师都会讲到此相关问题。在与学生沟通了解后发现，确实老师们通常都会就此问题借机与学生进行沟通。因此，才有前后三次试测在该题项的区分度均不是很好的现象。故根据统计数据结果，在第三稿中删去区分度较差的第 60、33 题，又加回第二稿删除的第 31、69 题。对第 12、19、52、76、81 题进行部分文字表述的修改。最终形成 54 道题项的《大学生的思想政治理论课程观调查问卷》第四稿。

（二）信度检验

表 9－2－5 为第三稿问卷的信度检验结果。在删去第三稿中区分度较差的第 60、33 题后信度保持不变。

**表 9－2－5　　　　第三稿问卷信度**

| 信度 | 修身提升 | 社会适应 | 陈旧无用 | 强制灌输 |
| --- | --- | --- | --- | --- |
| 初始 α 系数 | 0.891 | 0.880 | 0.657 | 0.796 |
| 调整后 α 系数 | 0.891 | 0.880 | 0.657 | 0.796 |

## 四、第四次试测

2012 年 12 月 15 日，我们在广东省广州市 1A（b）高校内随机对学生进行了《大学生的思想政治理论课程观调查问卷》第四稿的试测。参加试测的学生有 43 人，其中大二学生 22 人，大三学生 21 人。试测完成的时间大约为 15 分钟。试测后就问卷的总体和各项目的表述、问题、意义等，与参与试测的学生进行了短时间的访谈。在总结学生反馈的意见和建议后，具体修订如下。

（一）文字表述检验及修订

第四稿的文字表述学生基本没有表示异议。对题项的修订，主要是根据题项因子负荷值及结构反馈数据，对有问题的题项进行文字的提炼，尽量使题目的问题表述更符合学生的语言风格。如将第 49 题“我觉得这门课在现实社会还是能学以致用的”修订为“我觉得学好这门课在现实社会中还是有用的”。如此，对第7、31、36、81题进行部分文字表述的修改。

（二）信度检验

表9－2－6为第四稿问卷的信度检验结果。在删去第四稿中区分度较差的第43题后信度保持不变。最终形成53道题项的《大学生的思想政治理论课程观调查问卷》正式稿。

**表9－2－6　　第四稿问卷信度**

| 信度 | 修身提升 | 社会适应 | 陈旧无用 | 强制灌输 |
|---|---|---|---|---|
| 初始α系数 | 0.903 | 0.917 | 0.832 | 0.841 |
| 调整后α系数 | 0.903 | 0.917 | 0.832 | 0.841 |

## 五、问卷正式稿的确定

本研究在问卷初稿81道题项的基础上通过4次小范围试测、修正调整形成了53道题项的《大学生的思想政治理论课程观问卷》正式稿（见附录3），题项（初稿题号）分布见表9－2－7，整个修订的具体流程如图9－2－1所示。

**表9－2－7　　大学生思想政治理论课程观问卷正式稿题项分布**

| 维度／观念 | 课程内容 | 课程教学 | 课程学习 | 课程作用 | 项数 |
|---|---|---|---|---|---|
| 修养提升 | 3，11，54 | 5，17，26，52 | 27，45，81 | 30，35，58，68 | 14 |
| 社会适应 | 9，10，29 | 12，15，24，40 | 49，67 | 6，21，74 | 12 |
| 陈旧无用 | 16，18，75 | 7，14，36，56 | 19，39，50 | 38，64，76，51 | 14 |
| 强制灌输 | 8，55，61 | 28，53，62 | 31，32，44 | 22，69，70，71 | 13 |

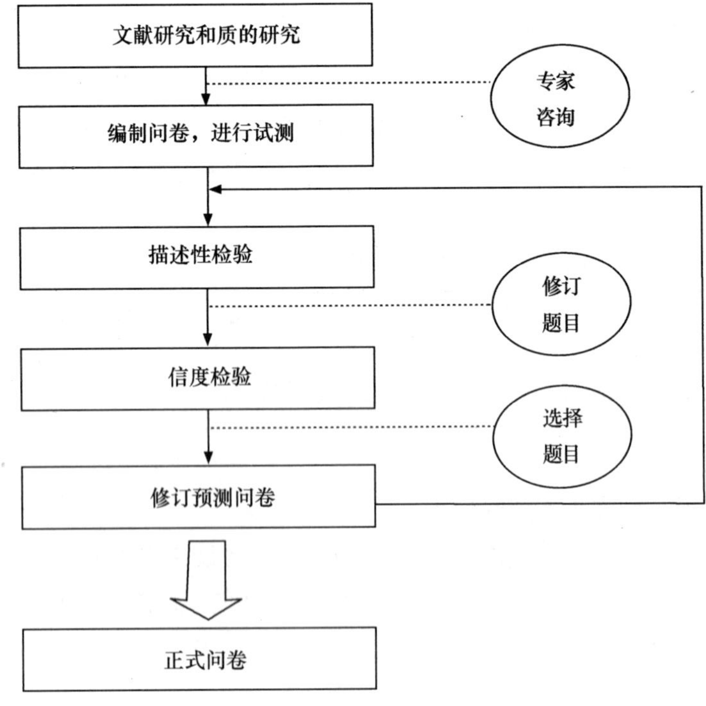


**图9-2-1　问卷编制确定流程图**

## 第三节　正式问卷的施测和数据处理

### 一、正式施测

从2012年12月17日至2013年1月15日进行了正式问卷的发放、回收与录入。考虑到人力、物力、时间的限制，以及使样本更具有代表性，研究者采取整群抽样（cluster sampling）的方法在广东省内选取以广州为中心的1A、2A和3A（B）三种类型15所院校发放问卷1820份，回收1568份（回收率为86.2%），有效问卷1269份。样本总体在性别、年级、专业以及学校类型上保持均衡，并且在三种类型的学校中也尽量地选择不同类型较具有代表性的专业。具体样本分布见表9-3-1。

**表9-3-1 有效学生样本分布一览表**

| 性别 | | 来源学校层次 | | | 专业 | | 年级 | | | |
|---|---|---|---|---|---|---|---|---|---|---|
| 男 | 女 | 1A类 | 2A类 | 3A(B)类 | 人文 | 理工 | 大一 | 大二 | 大三 | 大四 |
| 532 | 737 | 534 | 425 | 310 | 599 | 670 | 619 | 230 | 283 | 137 |
| 41.9% | 58.1% | 42.1% | 33.5% | 24.4% | 47.2% | 52.8% | 48.8% | 18.1% | 22.3% | 10.8% |

## 二、数据处理

本研究对回收的问卷进行了非统计层面的严格筛选。(1)同一性答案的清理：剔除了对于整份问卷呈同一性作答的或连续选择相同答案个数超过10个的问卷、波浪形作答的问卷、连续重复图形的问卷以及整份问卷漏答题目多于8题的问卷。(2)逻辑一致性[①]的清理：研究者在删选问卷的过程中，针对问卷维度课程观各要素的内部逻辑性对部分问题进行检查，如学生的选择从逻辑上讲不通，则更进一步仔细检查整份问卷是否是乱答。依照这样的标准，本研究共剔除了299份问卷。最终，用于数据分析的有效问卷为1269份。具体问卷编码回收情况见表9-3-2。

① 逻辑一致性清理的基本思路是依据问卷中问题相互之间存在的某种内在逻辑联系来检查前后数据之间的合理性。风笑天：《社会学研究方法》，中国人民大学出版社2005年版，第277页。

表 9-3-2　问卷编码情况

| 学校 | 发放 | 回收（遗失） | 有效（剔除） | 学校编码 |
|---|---|---|---|---|
| 1A 类 | | | | |
| 1A（a） | 50 | 36（14） | 21（15） | 1 |
| 1A（b） | 100 | 69（31） | 50（19） | 2 |
| 1A（c） | 80 | 74（6） | 68（6） | 3 |
| 1A（d） | 180 | 164（16） | 153（11） | 4 |
| 1A（e） | 160 | 157（3） | 140（17） | 5 |
| 1A（f） | 120 | 114（6） | 106（8） | 6 |
| 2A 类 | | | | |
| 2A（a） | 120 | 106（14） | 96（10） | 7 |
| 2A（b） | 120 | 97（23） | 88（9） | 8 |
| 2A（c） | 100 | 78（22） | 45（33） | 9 |
| 2A（d） | 110 | 101（9） | 87（14） | 10 |
| 2A（e） | 150 | 144（6） | 104（40） | 11 |
| 3A（B）类 | | | | |
| 3A（B）（a） | 130 | 117（13） | 81（36） | 12 |
| 3A（B）（b） | 100 | 78（22） | 46（32） | 13 |
| 3A（B）（c） | 170 | 142（28） | 127（15） | 14 |
| 3A（B）（d） | 130 | 111（19） | 57（54） | 15 |
| 总计 | 1820 | 1568 | 1269 | |

## 三、统计分析工具

本研究所使用的统计分析工具包括 Excel2003、SPSS21.0 以及 Amos21.0 统计软件。其中，Excel2003 主要用作原始数据的录入统计，通过 SPSS21.0 的数据转换，对问卷信度及变量的差异进行统计分析，而 Amos21.0 则主要用来进行效度检验，即验证性因素分析。

# 第十章

# 量的研究的结果

通过质的研究，我们找到了大学生对大学阶段开设的有关思想政治理论课程的四种典型看法：(1) 思想政治理论课是一门促进学生思想品德行为提升发展的修身课（简称“修身提升”）；(2) 思想政治理论课是一门使学生适应未来社会生活的训练课（简称“社会适应”）；(3) 思想政治理论课是一门枯燥的并重复过去所学政治、历史知识的毫无用处的课（简称“陈旧无用”）；(4) 思想政治理论课是一门强制性灌输思想的课程（简称“强制灌输”）。为了大面积地了解学生对这四种观念的认同情况，同时也从量的角度来检验这样抽取四种观念的做法的合理性，本研究编制了《大学生的思想政治理论课程观调查问卷》，问卷共分为四个分量表，分别对应四种不同的课程观，共设 53 道题项。根据本研究所得数据，在进行正式数据分析之前，在进行数据分析的过程中对问卷的题项进行了最后的一次筛选，共剔除 8 个无效题项①，得到最终的 45 道题项，至此得到《大学生的思想政治理论课程观调查问卷》最终版，结构见表 10-0-1。

---

① 删除项为正式稿问卷的第 1、5、9、14、15、24、42、46 题。具体删除原因则为该题项在结构效度检验中的因子负荷过小。

表 10－0－1　　大学生思想政治理论课程观调查问卷最终版结构

| 维度<br>观念 | 课程内容 | 课程教学 | 课程学习 | 课程作用 | 项数 |
| --- | --- | --- | --- | --- | --- |
| 修身提升 | 3，11，53 | 17，26，51 | 27，44 | 30，35，37 | 11 |
| 社会适应 | 10，29 | 12，40 | 34，48 | 6，21，25 | 9 |
| 陈旧无用 | 16，18，20 | 7，36 | 19，39，49 | 13，31，38，50 | 12 |
| 强制灌输 | 4，8，47 | 23，28，52 | 2，32，33，43 | 22，41，45 | 13 |

本章将针对研究的具体问题，利用经过数据预处理后所得的1269份有效问卷数据进行统计分析。研究结果则主要通过问卷的信度与效度检验、描述性检验、差异检验以及群体分析这四部分来呈现。

## 第一节　问卷的信度与效度检验

### 一、《大学生的思想政治理论课程观调查问卷》的信度

对于测验来说，信度（reliability）是测量效度的前提条件，简单来说就是测验的一致性。一个好的测量工具必须稳定可靠，无论在研究所规定的被试范围内如何重复取样，其结果都要能保持一致。本研究采用内部一致性（internal consistency）的方法，通过克伦巴赫（Cronbach）α系数来计算信度。结果显示问卷的总体信度较好，属中高信度。具体各观念分量表信度，见表 10－1－1。

**表 10－1－1　　问卷各分量表的信度指标①　　样本数：1269**

| 观念分量表 | 题数 | 均值 | 标准差 | 信度 α |
|---|---|---|---|---|
| 修身提升 | 11 | 3.942 | .899 | .909 |
| 社会适应 | 9 | 4.060 | .813 | .849 |
| 陈旧无用 | 12 | 3.461 | .890 | .877 |
| 强制灌输 | 13 | 2.478 | .870 | .876 |

## 二、《大学生的思想政治理论课程观调查问卷》的结构效度

结构效度（construct validity）是指问卷能测得抽象概念或特质的程度。本研究为检验问卷的结构效度，同时也检验本研究在第一阶段后的结果所发现的四种课程观的合理性，利用Amos 21.0统计软件对最终版的《大学生的思想政治理论课程观调查问卷》进行了模型的吻合度检验。

模型吻合度的检验分为三轮，见表10－1－2，第一轮检验的是所谓的“45－4模型”，即检验被试者对最终版的45道题项（可测变量）的应答数据是否如质性分析所预期的那样可以归结为4个分量表（4个潜变量即四种课程观），这一检验的目的在于验证质性研究所归纳出来的四种课程观的合理性。第二轮检验的是所谓的“16－4模型”，目的和第一轮检验相同，只是换了一个检验层次，以构成各个分量表中的维度为基本自变量，看是否收敛为4个因变量（课程观），通过这样不同层次的检验再一次验证模型的合理性。这样的做法同时还可以减少因自变量过多而可能带来的运算误差。在前面两个检验得出的结论符合统计检验要求的基础上，第三轮检验所谓的“4－2模型”，以被试者

① 一般认为，信度系数在0.7—1.0之间的测验较为可靠。也有学者提出更为严格的标准，如认为信度系数大于0.8才能接受。从本研究各观念分量表的信度值来看均大于0.8，因此总体较好。

在4个分量表（课程观）的应答为自变量，检验它们是否如质性分析结果所预期的那样收敛为两个高阶的潜在变量（正向和负向的课程取向）。

**表10－1－2　大学生的思想政治理论课程观模型的吻合度检验**

| | $\chi^2$ | *df* | *p* | *RMR* | *RMSEA* | *GFI* | *CFI* |
|---|---|---|---|---|---|---|---|
| 45－4模型 | 2906.232 | 909 | .000 | .073 | .042 | .901 | .929 |
| 16－4模型 | 464.527 | 91 | .000 | .042 | .057 | .957 | .974 |
| 4－2模型 | 5.674 | 1 | .017 | .047 | .061 | .998 | .999 |

注：$\chi^2$（卡方值）和*df*（自由度）为描述模型的变量，随被试样本的大小而改变；*p*为检验假设是否成立的阈值，根据实际情况可以设定不同的要求，通常设为$p<0.05$、$p<0.01$、$p<0.001$；*RMR*和*RMSEA*均为表示残差的统计量，*RMR*的数值容易受变量的影响而出现不稳定，*RMSEA*则是一种不需要基准参照的绝对指标，因而更加稳定和重要，两者一般要求小于0.05，不能超过0.08；*GFI*称模型吻合度指标，*CFI*比较吻合度指标，在表示模型吻合度的指标中，这两个指标是最主要的，通常的要求应大于0.90（小于1）①。

（一）“45－4模型”的结构效度

第一轮对“45－4模型”的检验利用原始测量数据进行，按照AMOS的程式绘制了如图10－1－1所示的模型一，检验结果如表10－1－2的第一行所示，各题项的负荷以及相互关系如图10－1－1中系数所示。

① 吴明隆：《结构方程模型》（第二版），重庆大学出版社2010年版，第10页。

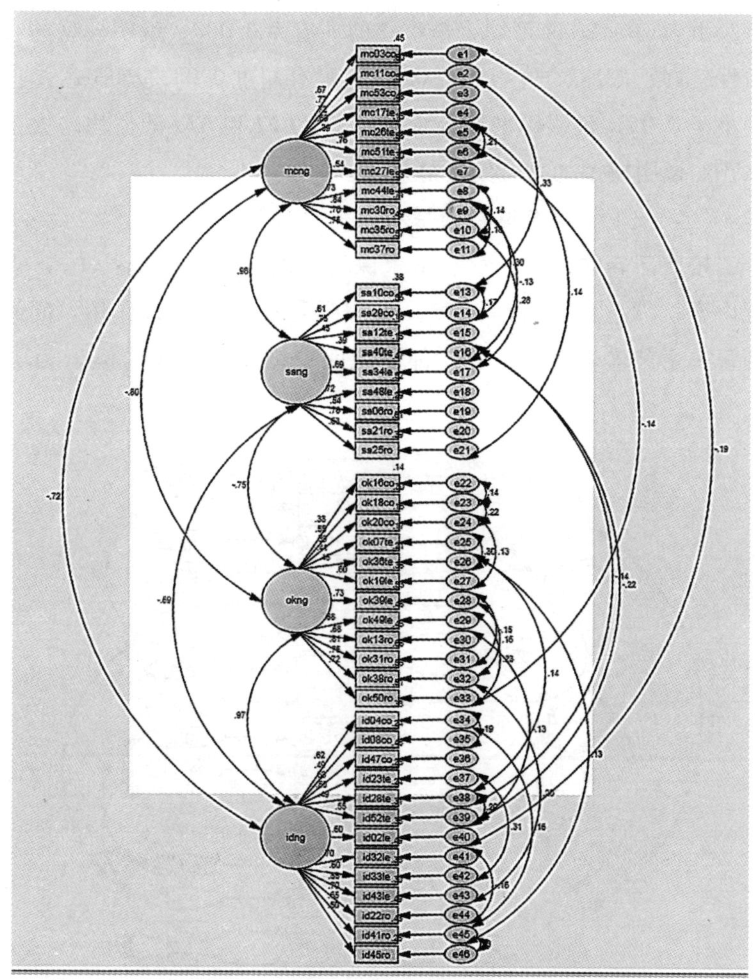


**图 10－1－1　大学生思想政治理论课程观问卷的结构模型与吻合度检验**

注：图中矩形框表示测量变量，对应问卷中的题项。每一个测量变量的符号由三部分组成：前两个字母 mc、sa、ok 和 id 分别代表该题项所属的量表（课程观）为“修身提升”、“社会适应”、“陈旧无用”和“强制灌输”；中间的数字代表问卷题项编号；后两个字母 co、te、le 和 ro 分别表示该题项所属的维度是“课程内容”、“课程教学”、“课程学习”和“课程作用”。圆框表示潜在变量，mcng 代表“修身提升”，sang 代表“社会适应”，okng 代表“陈旧无用”，idng 代表“强制灌输”。

由表 10－1－2 可知，模型一的 $p$ 值为 0.000，说明模型的收敛性良好；*RMR* 的值略大于 0.05 但没有超过 0.08，*RMSEA* 的值则小于 0.05，说明模型符合统计要求；*GFI* 和 *CFI* 的值均略大于 0.90，说明模型的吻合度良好。

（二）“16－4 模型”的结构效度

按照问卷的设计，影响学生课程观的维度有四个：（1）课程内容；（2）课程教学；（3）课程学习；（4）课程作用。问卷的每一个分量表（课程观）都由这四个维度的问题构成，为了

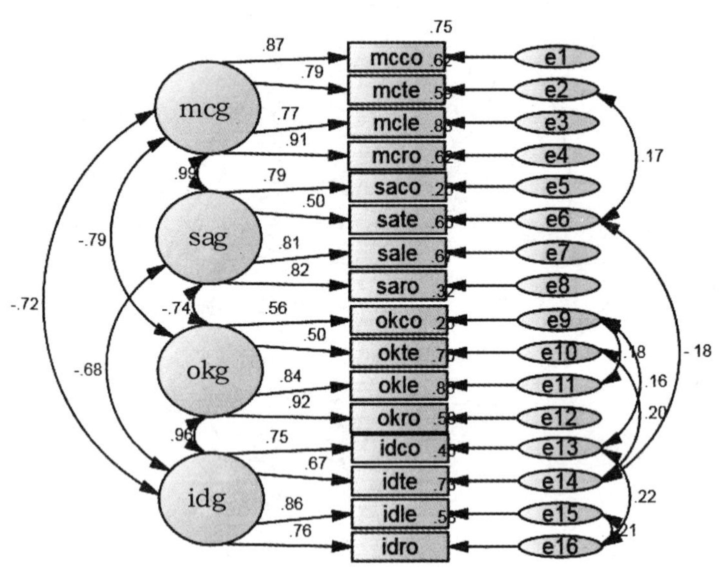


**图 10－1－2　大学生思想政治理论课程观**
**问卷均值模型与吻合度检验**

注：图中矩形框表示测量变量，对应问卷中的各维度在分量表中的平均值。每一个测量变量的符号由两部分组成：前两个字母 mc、sa、ok 和 id 代表该题项所属的分量表（课程观），分别为“修身提升”、“社会适应”、“陈旧无用”和“强制灌输”；后两个字母 co、te、le 和 ro 分别表示该题项所代表的维度是“课程内容”、“课程教学”、“课程学习”和“课程作用”。圆框表示潜在变量，mcg 代表“修身提升”，sag 代表“社会适应”，okg 代表“陈旧无用”，idg 代表“强制灌输”。

减少测量变量数过多而带来的误差所造成的影响，在每一分量表中都对上述4个维度求平均值，以平均值代表该维度的若干题项的测量值，再进行模型吻合度的检验。由此构成“16－4模型”，如图10－1－2所示。吻合度检验结果见表10－1－2的第二行，各题项的负荷以及相互关系如图10－1－2中系数所示。

由表10－1－2可知，模型二的 $p$ 值为0.000，说明模型的收敛性良好；*RMR* 的值小于0.05，*RMSEA* 的值则略大于0.05但没有超过0.08，说明模型符合统计要求；*GFI* 和 *CFI* 的值均大于0.90，说明模型的吻合度很好。

（三）“4－2模型”的结构效度

从图10－1－1和图10－1－2可以看出，分量表1（修身提升）和分量表2（社会适应）之间有高度的正相关，分量表3（陈旧无用）和分量表4（强制灌输）之间也有高度的正相关，而分量表之间的其他相关则为显著的负相关，说明可能存在潜在的高阶变量。实际上，“修身提升”和“社会适应”这两种课程观反映了对思想政治理论课“主动学习”的一种正面的看法，“陈旧无用”和“强制灌输”这两种课程观则反映了对思想政治理论课“被迫接受”的负面的看法，可以用“正面取向”和“负面取向”作为潜在的高阶变量加以代表。由于“修身提升”和“社会适应”之间以及“陈旧无用”和“强制灌输”之间的相关非常接近于1，难以原始测量变量为基础的二阶模型进行检验，因而采用以分量表的累加值为基础的一阶模型（模型三，见图10－1－3）进行模型吻合度的检验。吻合度检验结果见表10－1－2的第三行，各题项的负荷以及相互关系如图10－1－3中系数所示。

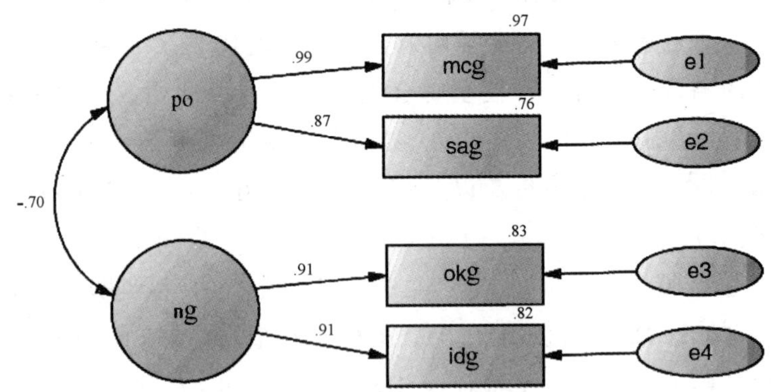


**图 10－1－3　大学生思想政治理论课程观问卷二阶模型与吻合度检验**

注：图中矩形框表示测量变量，对应问卷中的各个分量表。mcg 代表“修身提升”，sag 代表“社会适应”，okg 代表“陈旧无用”，idg 代表“强制灌输”；圆框表示潜在变量，po 代表正面的观念取向，ng 代表负面的观念取向。

由表 10－1－3 可知，模型三的 *p* 值为 0.017，以 0.05 为阈值，模型收敛；*RMR* 的值略小于 0.05，*RMSEA* 的值则大于 0.05 但没有超过 0.08，说明模型符合统计要求；*GFI* 和 *CFI* 的值均略大于 0.90，说明模型的吻合度良好。

综上所述，本研究所设计的问卷的结构效度是好的。由于问卷是基于前一阶段的质性研究的发现而设计的，统计检验的结果也从量的角度验证了质性研究结果的合理性。从这样的结果构建一个大学生对思想政治理论课的课程观的模型，如图 10－1－4 所示。

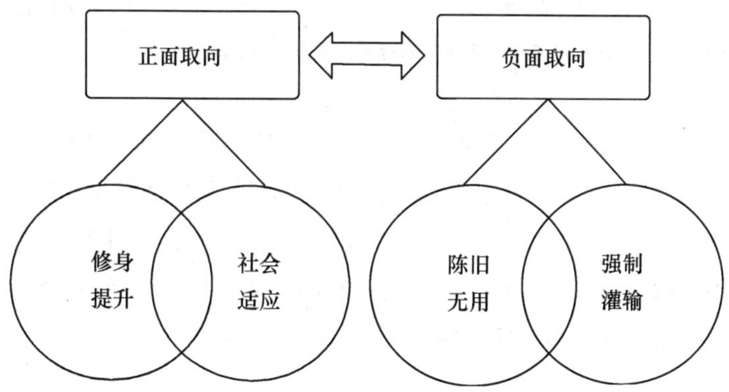


**图 10-1-4　大学生思想政治理论课程观模型**

## 第二节　大学生思想政治理论课程观的调查结果

首先对《大学生的思想政治理论课程观调查问卷》的应答情况进行了描述分析。以每位被试者在 4 个分量表上所做应答的平均分，也即被试对四类课程观所持的态度为变量，得到描述性分布如表 10-2-1 所示。

**表 10-2-1　被试学生对四种课程观的态度**　样本数：1269

| 变量 | | MC | | SA | | OK | | ID | |
|---|---|---|---|---|---|---|---|---|---|
| 总体平均值 | | 4.40 | | 4.53 | | 3.89 | | 3.92 | |
| 标准差 | | .96 | | .84 | | .95 | | .94 | |
| 被试分布 | 均值范围 | 频数 | % | 频数 | % | 频数 | % | 频数 | % |
| | 1.01—2.00 | 42 | 2.3 | 16 | 1.2 | 79 | 6.2 | 65 | 5.1 |
| | 2.01—3.00 | 138 | 10.9 | 113 | 8.9 | 312 | 24.6 | 318 | 25.1 |
| | 3.01—4.00 | 460 | 36.2 | 442 | 34.8 | 565 | 44.5 | 564 | 44.5 |
| | 4.01—5.00 | 510 | 40.2 | 577 | 45.5 | 279 | 22.0 | 274 | 21.6 |
| | 5.01—6.00 | 119 | 9.4 | 121 | 9.5 | 34 | 2.7 | 48 | 3.8 |

注：表中第一行 MC、SA、OK、ID 分表代表“修身提升”、“社会适应”、“陈旧无用”、“强制灌输”四种课程观。表中第二行为全体 1269 位被试的总体平均值。第三行为总体分布的标准差。表中从第四行起，给出了被试的分布情况。

表 10－2－1 的第 4—9 行给出的是被试学生对四种课程观的态度的分布情况。为了更为形象地描述被试的分布情况，将 SPSS 的统计分析结果以柱形图表示如下。图 10－2－1、图 10－2－2、图 10－2－3 和图 10－2－4 分别给出修身提升、社会适应、陈旧无用和强制灌输这四种课程观念的被试分布情况。

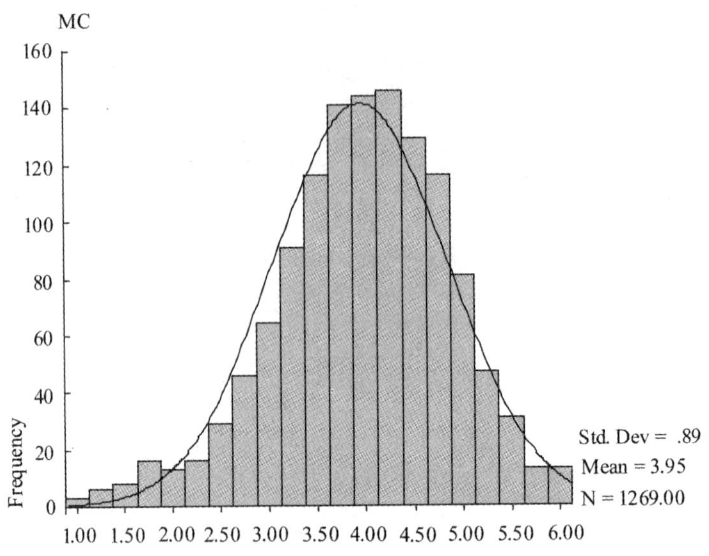


**图 10－2－1　修身提升观念的被试分布**

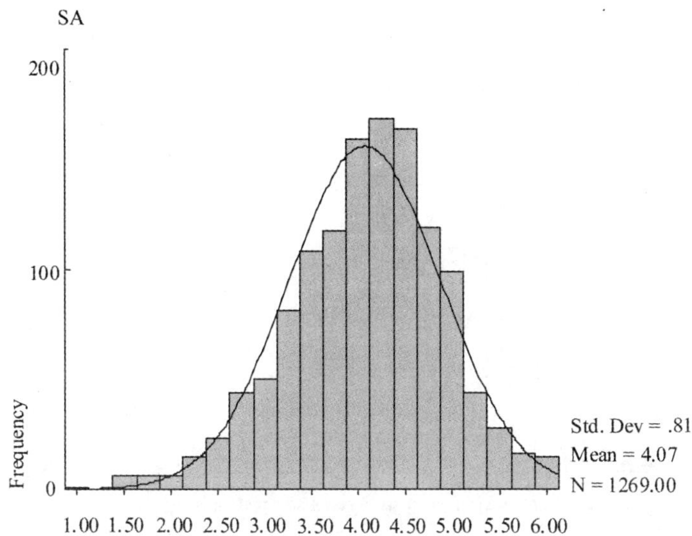


**图 10－2－2　社会适应观念的被试分布**

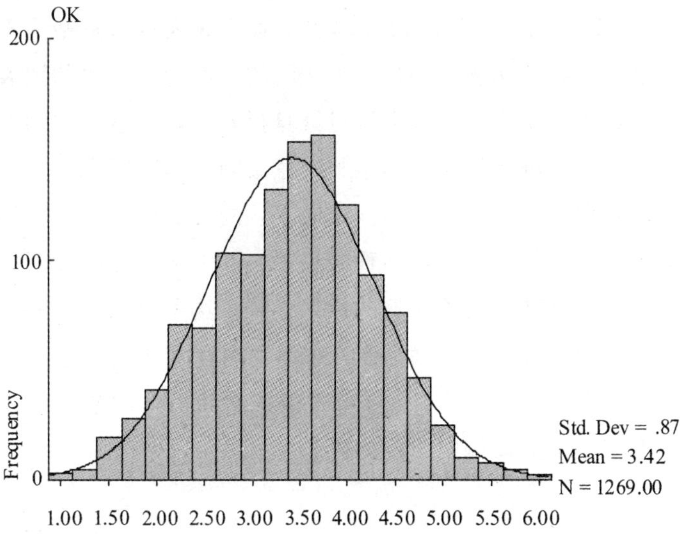


**图 10－2－3　陈旧无用观念的被试分布**

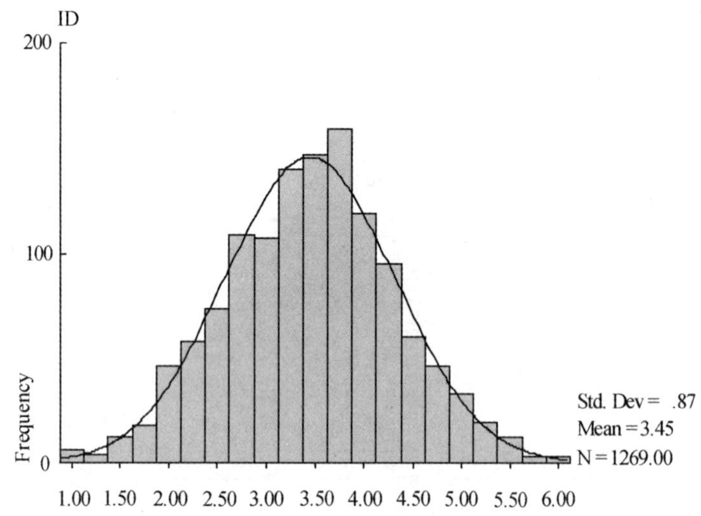


**图 10－2－4　强制灌输观念的被试分布**

本次调查的问卷采用的是李克特 6 点量表，从负向的非常不同意（1）到正向的非常同意（6），应答为 3 表示的是略为不认同的态度，应答为 4 表示的是略为认同的态度。从上述的图表中可以看出，被试学生从总体上看对修身提升和社会适应这两种课程观持认同的态度，居略为同意和同意之间；对陈旧无用和强制灌输这两种课程观持中立但稍微偏向于认同的态度。在质的调查结果的分析中已经阐明，这四种课程观实际上呈现了两种对立的取向：修身提升和社会适应这两种课程观表达了对课程的一种正面的态度取向，陈旧无用和强制灌输这两种课程观则表达了一种负面的态度取向。可以说，被试学生从总体上看对思想政治理论课程的态度是中立而偏向正面的。

# 第三节　大学生思想政治理论课程观的差异检验

本研究主要是从性别、专业、年级、学校层次这四种变量，运用T检验和单因素方差分析来对学生的思想政治理论课程观进行差异检验。

## 一、性别因素

表10-3-1中的数据显示，以 $p \leq .05$ 为阈值，不同性别的大学生在修身提升、陈旧无用、强制灌输的观念上有显著差异。其中，强制灌输观念上的性别差异程度更高（$p \leq 0.01$）。从总体上看，在陈旧无用和强制灌输观念上男生的均值高于女生，在修身提升观念上女生的均值要高于男生，表明男生比女生更倾向于持有负向的陈旧无用和强制灌输观念，女生则比男生更倾向于持有正向的修身提升观念。

**表10-3-1　　性别差异的独立样本T检验**　　样本数：1269

| 思想政治理论课程观 | 性别 | 人数 | 均值 | 均值差 | t值 | 2-tail Sig. |
|---|---|---|---|---|---|---|
| 修身提升 | 男 | 532 | 3.874 | -.117 | -2.299 | .022 |
| | 女 | 737 | 3.991 | | | |
| 社会适应 | 男 | 532 | 4.008 | -.088 | -1.905 | .057 |
| | 女 | 737 | 4.096 | | | |
| 陈旧无用 | 男 | 532 | 3.523 | .118 | 2.328 | .020 |
| | 女 | 737 | 3.406 | | | |
| 强制灌输 | 男 | 532 | 3.562 | .176 | 3.583 | .000 |
| | 女 | 737 | 3.385 | | | |

## 二、专业因素

表 10－3－2 中的数据显示，以 $p \leq 0.05$ 为阈值，不同专业的大学生在修身提升和社会适应的观念上的差异显著。从总体上看，在这两种观念上，人文学科学生的均值高于理工学科，表明文科生比理科生更倾向于持有正向的修身提升和社会适应的观念。

**表 10－3－2　　专业差异的独立样本 T 检验**　　样本数：1269

| 思想政治理论课程观 | 专业 | 人数 | 均值 | 均值差 | t 值 | 2－tail Sig. |
|---|---|---|---|---|---|---|
| 修身提升 | 人文 | 599 | 4.001 | .112 | 2.215 | .027 |
| | 理工 | 670 | 3.889 | | | |
| 社会适应 | 人文 | 599 | 4.115 | .106 | 2.331 | .020 |
| | 理工 | 670 | 4.009 | | | |
| 陈旧无用 | 人文 | 599 | 3.432 | －.044 | －.887 | .375 |
| | 理工 | 670 | 3.477 | | | |
| 强制灌输 | 人文 | 599 | 3.412 | －.089 | －1.827 | .068 |
| | 理工 | 670 | 3.501 | | | |

## 三、年级因素

为检验不同年级的大学生的思想政治理论课程观是否呈现某种趋势，对数据进行单因素方差分析（F 检验），表 10－3－3 给出了检验的结果；图 10－3－1、图 10－3－2、图 10－3－3、图 10－3－4描绘了四种课程观念的年级变化趋势。

**表 10－3－3　　　　年级差异的方差分析　　　　样本数：1269**

| 因变量 | (I) 年级 | (J) 年级 | 均值差 (I－J) | 显著性 |
| --- | --- | --- | --- | --- |
| 修身提升 | 大一 | 大二 | .391* | .000 |
| | | 大三 | .481* | .000 |
| | | 大四 | .547* | .000 |
| | 大二 | 大三 | .091 | .240 |
| | | 大四 | .156 | .096 |
| | 大三 | 大四 | .065 | .470 |
| 社会适应 | 大一 | 大二 | .277* | .000 |
| | | 大三 | .409* | .000 |
| | | 大四 | .330* | .000 |
| | 大二 | 大三 | .131 | .303 |
| | | 大四 | .053 | .990 |
| | 大三 | 大四 | -.079 | .909 |
| 陈旧无用 | 大一 | 大二 | -.369* | .000 |
| | | 大三 | -.494* | .000 |
| | | 大四 | -.648* | .000 |
| | 大二 | 大三 | -.125 | .333 |
| | | 大四 | -.279* | .010 |
| | 大三 | 大四 | -.154 | .352 |
| 强制灌输 | 大一 | 大二 | -.387* | .000 |
| | | 大三 | -.523* | .000 |
| | | 大四 | -.692* | .000 |
| | 大二 | 大三 | -.137 | .223 |
| | | 大四 | -.305* | .004 |
| | 大三 | 大四 | -.1693 | .247 |

注：* 表示均值差显著性水平为 0.05。

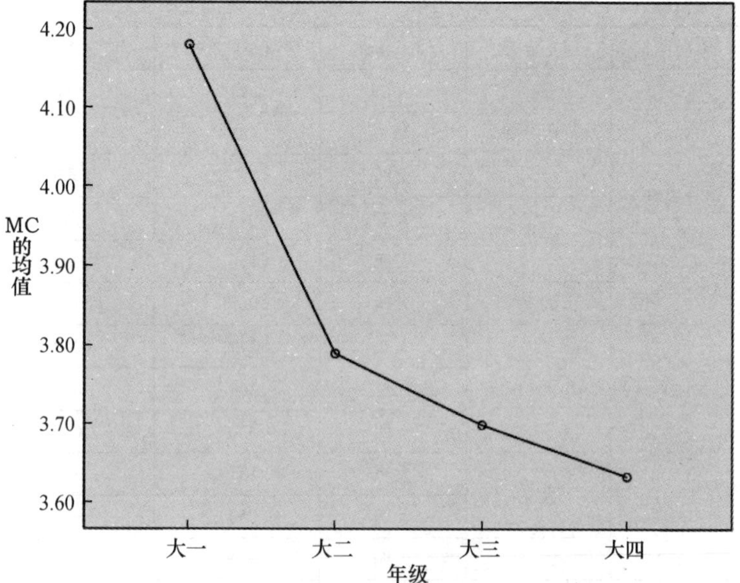


**图 10－3－1　修身提升取向课程观的年级均值分布**

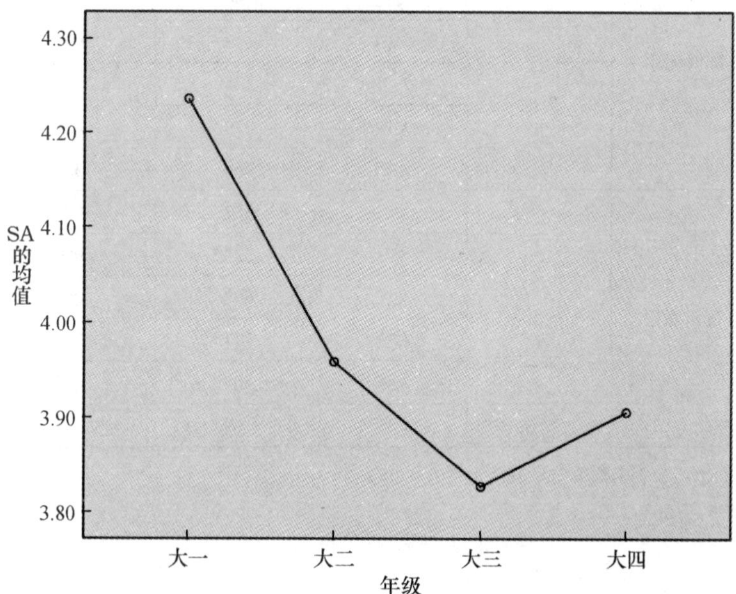


**图 10－3－2　社会适应取向课程观的年级均值分布**

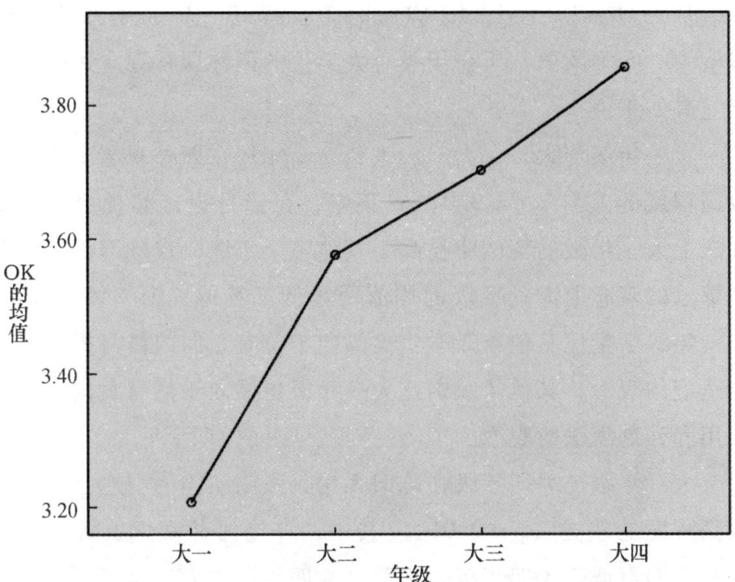


图 10-3-3　陈旧无用取向课程观的年级均值分布

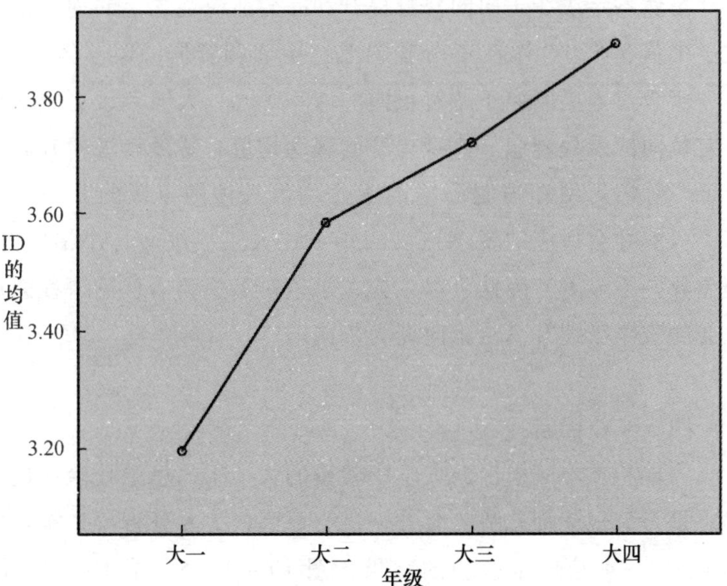


图 10-3-4　强制灌输取向课程观的年级均值分布

从表 10－3－3 以及图 10－3－1 至图 10－3－4 中可以看出，以 $p \leq 0.05$ 为阈值，所在年级对大学生的四种课程观念影响都显著。具体来说：

大一年级与大二、大三、大四三个年级在四种观念上都存在较高程度的差异（$p \leq 0.01$）。其中，在修身提升和社会适应的观念上大一年级的均值明显高于其他三个年级，在陈旧无用和强制灌输的观念上大一年级的均值明显低于其他三个年级。表明，大一年级学生比其他年级学生更倾向于持有正向的修身提升和社会适应的观念，其他年级则比大一年级更倾向于持有负向的陈旧无用和强制灌输的观念。

大二年级与大四年级在陈旧无用、强制灌输的观念上也存在较高程度的差异（$p \leq 0.01$）。其中，在这两种观念上大二年级的均值明显低于大四年级。表明，大四年级比大二年级更倾向于持有负向的陈旧无用和强制灌输的观念。

虽然各年级在正向的修身提升和社会适应观念上的均值都超过了中值 3.5，总体在正向观念上呈中立和赞同，但总体来看，大一年级学生更倾向于持有正向的课程观念，大四年级更倾向于持有负向的课程观念。修身提升的观念均值总体随年级的升高而降低，陈旧无用和强制灌输的观念均值总体随年级的升高而升高。虽然社会适应的观念在大四年级比大三年级又有小幅回升，但差异并不显著。因此可以认为，学生对思想政治理论课程的观念会随着年级的升高由正向变为负向。

### 四、学校因素

为检验在不同层次的大学中就读的大学生的思想政治理论课程观是否呈现某种趋势，对数据进行单因素方差分析（F 检验），表 10－3－4 给出了检验的结果；图 10－3－5、图 10－3－6、图 10－3－7、图 10－3－8 描绘了四种课程观念的学校层次变化趋势。

表 10-3-4　　学校差异的方差分析　　样本数：1269

| 因变量 | (I) 层次 | (J) 层次 | 均值差 (I—J) | 显著性 |
|---|---|---|---|---|
| 修身提升 | 1A | 2A | -.183* | .003 |
| | | 3A (B) | -.765* | .000 |
| | 2A | 3A (B) | -.582* | .000 |
| 社会适应 | 1A | 2A | -.113 | .086 |
| | | 3A (B) | -.569* | .000 |
| | 2A | 3A (B) | -.457* | .000 |
| 陈旧无用 | 1A | 2A | .119 | .079 |
| | | 3A (B) | .659* | .000 |
| | 2A | 3A (B) | .540* | .000 |
| 强制灌输 | 1A | 2A | .126 | .050 |
| | | 3A (B) | .592* | .000 |
| | 2A | 3AB | .466* | .000 |

注：*表示均值差显著性水平为0.05。

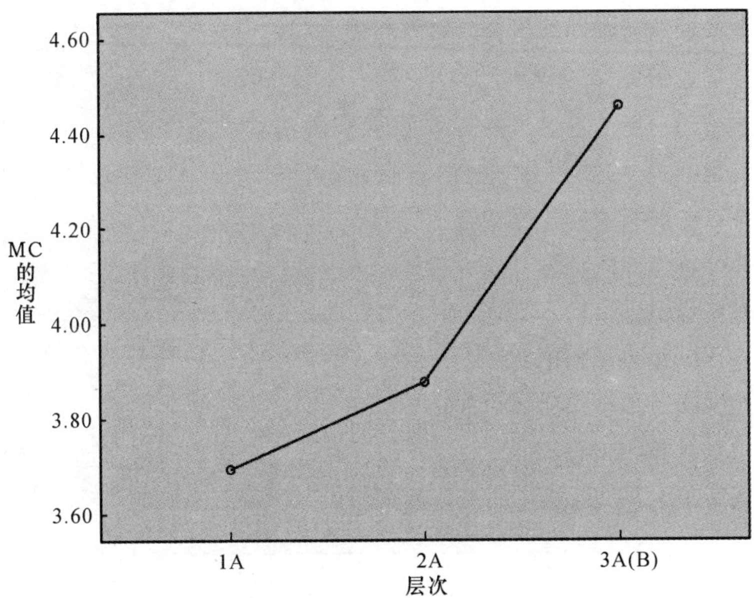


图 10-3-5　修身提升取向课程观的学校层次均值分布

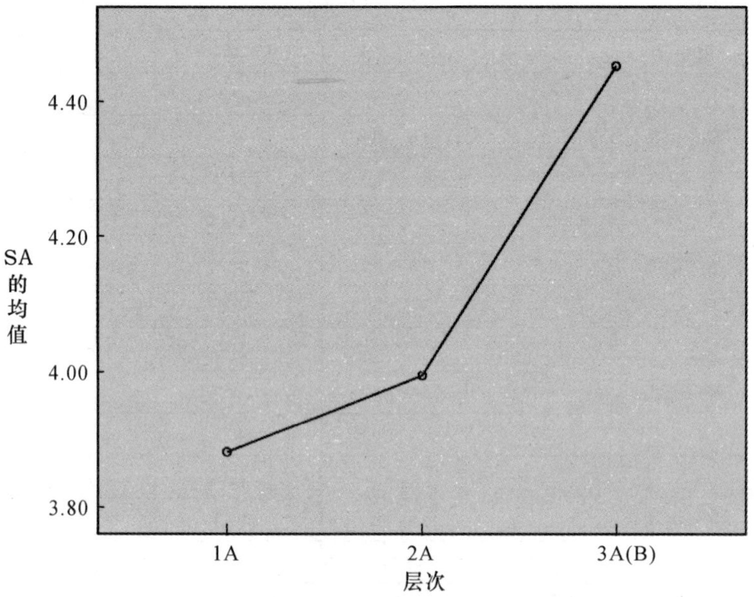


**图 10－3－6　社会适应取向课程观的学校层次均值分布**

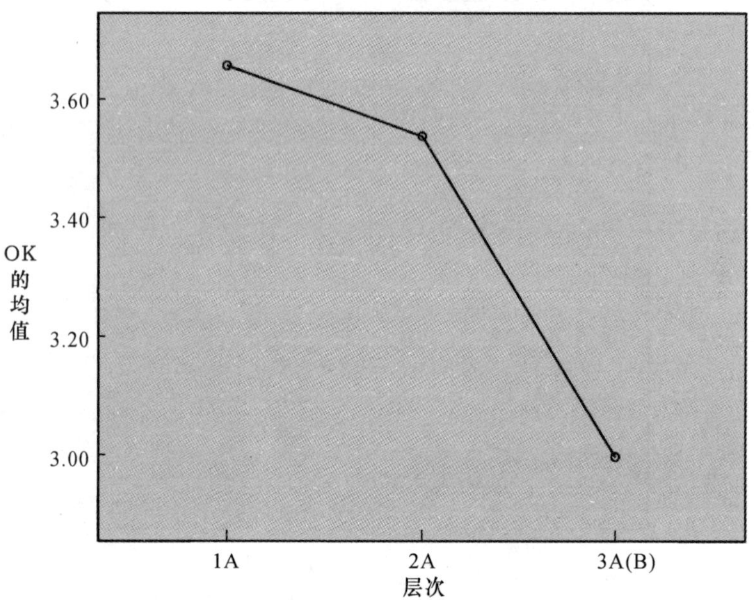


**图 10－3－7　陈旧无用取向课程观的学校层次均值分布**

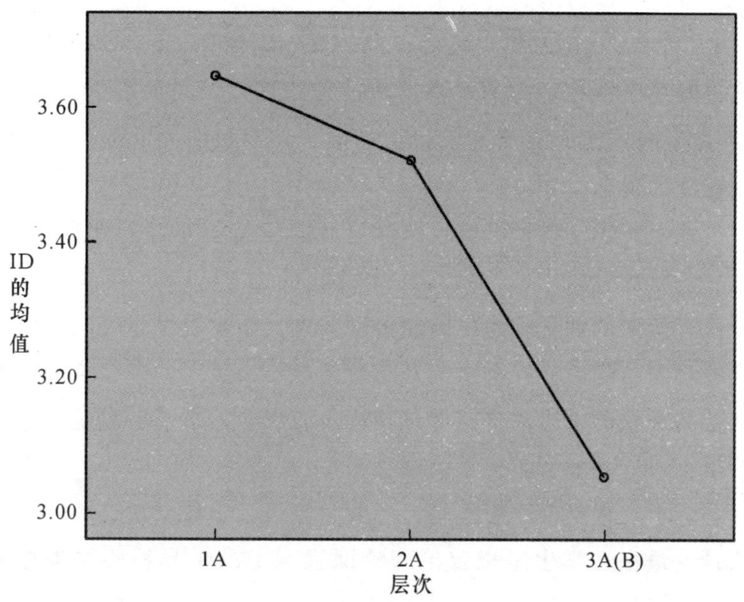


**图 10－3－8　强制灌输取向课程观的学校层次均值分布**

从表 10－3－4 中以及图 10－3－5 至图 10－3－8 中可以看出，以 $p \leq 0.05$ 为阈值，所在学校层次对大学生的四种课程观念影响也都较为显著。具体来说：

在修身提升观念上，1A 院校与 2A 院校以及 3A（B）院校相互间都存在较高程度的差异（$p \leq 0.01$）。其中，三种类型院校在修身提升观念上的均值超过了中值 3.5，总体在此观念上呈中立和赞同。但从具体各类型院校的均值来看，1A 院校最低，3A（B）院校最高。表明，低层次院校比高层次院校学生更倾向于持有正向的修身提升的观念。

在社会适应、陈旧无用以及强制灌输的观念上，3A（B）院校与其他两种类型层次院校也存在较高程度的差异（$p \leq 0.01$）。其中，在正向的社会适应观念上，3A（B）院校的均值明显大于 1A 和 2A 类型院校；在负向的陈旧无用和强制灌输的观念上，

3A（B）院校的均值（等于3，表明不太认同负向观念）明显低于1A和2A类型院校。表明，3A（B）院校比1A和2A类型院校更倾向于持有正向的社会适应的观念而反对负向观念，1A和2A类型院校比3A（B）院校更倾向于持有负向的陈旧无用和强制灌输的观念。

综上所述，各类型院校总体更倾向于持有正向的课程观念。但在各层次院校中，1A和2A类型院校比3A（B）院校更倾向于持有负向的课程观念。因此可以认为，学生对思想政治理论课程的观念会随着学校层次的升高由正向变为负向。即综合水平层次越高学校的学生对这一课程越持负向观念，水平层次越低学校的学生对这一课程越持正向观念。

综上，根据前面对性别、专业、年级、学校层次这四种不同背景变量在大学生思想政治理论课程观上的差异检验结果见表10－3－5。

**表10－3－5　　不同背景变量的差异检验结果**　　样本数：1269

| 影响因素 | 修身提升 | 社会适应 | 陈旧无用 | 强制灌输 |
| --- | --- | --- | --- | --- |
| 性别 | 女＞男 | .057 | 男＞女 | 男＞女 |
| 专业 | 文＞理 | 文＞理 | .375 | .068 |
| 年级 | 大一＞其他 | 大一＞其他 | 大四＞大二＞大一 | 大四＞大二＞大一 |
| 学校 | 3A(B)＞2A＞1A | 3A(B)＞其他 | 3A(B)＜其他 | 3A(B)＜其他 |

注：在“性别”、“专业”变量检验中，使用的是独立样本T检验，表格中对应行的数值为sig.（2－tailed）数值。其他两背景变量，即“年级”、“学校”，则采用单因素方差分析的方法。如果检测结果表明不存在显著差异，则在表格中给出组间（between group）的显著性概率值(sig.)；存在显著差异($p \leq 0.05$)的地方，以文字标明。

## 第四节　基于思想政治理论课程观的学生群体分类

### 一、群体分类的确定

在本研究中，通过质的研究发现大学生对思想政治理论课程持有“修身提升”、“社会适应”、“陈旧无用”以及“思想灌输”这四种典型观念。这四种观念还可以进一步归纳为高阶的“正倾向”和“负倾向”，正、负倾向是矛盾对立的两个极端。根据对问卷调查所取得的数据所做的统计分析确认了这四种观念和两种高阶倾向的存在以及它们之间的相互关系。然而，通过这样的方法找到的是学生群体所共有的观念，或者说是他们的共同看法。至于每一名学生，在通常的情况下，都不会只持有一种观念，而是同时持有多种不同的观念，只是对各种观念的倾向程度会因人而异。比如说，某位学生非常倾向于“修身提升”和“社会适应”的观念；另一位学生则可能非常反对这两种观念而支持“陈旧无用”和“强制灌输”的观念。因此，我们不仅需要概括出学生共有的观念类型，还需要了解每一个学生所持有的观念倾向，或者说他对上述几种观念的认同程度。通常来讲，一名学生的情况可以通过该名学生对问卷的回答加以确认，但是如果是一批数量相当多的学生，逐一查证不仅相当麻烦，而且得到的只是个人的情况，而不是对整个学生群体的描述。为了避免这种“只见树木、不见森林”的描述方式，以更好地描述整个学生群体，最好的办法是根据个人对思想政治理论课程的观念倾向，将他们分为几个有典型代表性的群组加以描述。聚类分析的方法可以帮助我们达到上述目的。

聚类统计方法很多，采用不同的聚类方法可以得到很不相同的结果[①]，一般需要配合采用两种不同的方法，并对分组后的数据进行鉴别度（discriminate）检验。最通用的聚类方法是先采用分层聚类（hierarchical cluster）的方法确定最佳分组标准，然后用鉴别度检验确认分组的合理性，再用等距离聚类（K - mean Cluster）的方法对整个群体进行分类。首先需要注意的是，分层聚类的计算相当繁复，如果被试样本大于200，要求计算机的内存很大，目前的小型台式计算机都难以满足要求[②]。其次需要注意的是，用于进行鉴别度检验的被试群体不能是用于进行分层聚类的同一被试群体，因为分层聚类的目的在于设定分组数，再用同一被试群体来检查分组的合理性就没有意义了[③]。综合这两点要求，通常的做法是将大样本数据通过随机的方法拆成两份数据，小于200个样本的一份用于分层聚类以设定分组数，另外的一份用于鉴别度检验以确认分组的合理性。本研究中，通过计算机将整个样本拆成两部分：第一部分（data set：cluster - selectH - 130120）200个样本，约占总体的15%，用于分层聚类以设定分组数目；第二部分（data set：cluster - selectD - 130120）为余下的1069个样本，用于检验分组的合理性。经过确定组数并检验分组的合理性之后，再对所有样本（data set：cluster - all - 130120）做等距离聚类。

对第一部分样本进行分层聚类后得到如表10 - 4 - 1所示的聚合明细表。

---

① Aldenderfer M. S.，Blashfield R. K.，*Cluster analysis*，California：Sage，1984.

② Norusis M. J.，*SPSS for windows - Professional statistics - release* 6.0，Chicago：SPSS Inc，1994.

③ Aldenderfer M. S.，Blashfield R. K.，*Cluster analysis*，California：Sage，1984.

**表 10－4－1　　聚合明细表**　　样本数：200

| Clusters Combined | | | | Stage cluster 1st appears | | |
|---|---|---|---|---|---|---|
| Stage | cluster 1 | cluster 2 | Coefficient | cluster 1 | cluster 2 | Next stage |
| 1 | 118 | 174 | .014 | 0 | 0 | 24 |
| 2 | 110 | 184 | .025 | 0 | 0 | 81 |
| 3 | 40 | 46 | .030 | 0 | 0 | 25 |
| 4 | 68 | 197 | .033 | 0 | 0 | 48 |
| . | . | . | . | . | . | . |
| . | . | . | . | . | . | . |
| . | . | . | . | . | . | . |
| 194 | 3 | 15 | 3.177 | 185 | 183 | 197 |
| 195 | 1 | 4 | 4.277 | 192 | 190 | 196 |
| 196 | 1 | 6 | 6.999 | 195 | 191 | 197 |
| 197 | 1 | 3 | 7.623 | 196 | 194 | 198 |
| 198 | 1 | 12 | 13.777 | 197 | 187 | 199 |
| 199 | 1 | 9 | 23.852 | 198 | 193 | 0 |

表 10－4－1 中所示的系数越大，说明样本组群中的相似性越差，在两相邻的点之间的系数差开始变大的地方，即是给出的合理的组群数的建议①。表 10－4－1 中第 197 和 198 操作之间的系数差值开始变得很大，建议可以将样本通过聚类分为 3 组、4 组或 5 组。为了得到有意义的分组，采用等距离聚类的方法对第一部分的数据进行聚类，看得出的分组是否能够有较好的解释。聚类得出不同分组设定下各组的中心如表 10－4－2所示。

---

① Norusis M. J., *SPSS for windows-Professional statistics-release* 6.0, Chicago: SPSS Inc, 1994.

**表 10－4－2　　设定不同组数对第一部分数据进行聚类后各组的中心**

样本数：200

| 分组设定 | 组别 | 样本数 | MC | SA | OK | ID |
|---|---|---|---|---|---|---|
| 3 组 | 1 | 39 | 2.81 | 3.12 | 4.35 | 4.54 |
| | 2 | 58 | 4.79 | 4.75 | 2.43 | 2.58 |
| | 3 | 103 | 3.90 | 3.99 | 3.63 | 3.63 |
| 4 组 | 1 | 39 | 5.06 | 4.90 | 2.25 | 2.45 |
| | 2 | 34 | 2.71 | 2.95 | 4.28 | 4.64 |
| | 3 | 65 | 3.88 | 4.09 | 3.16 | 3.10 |
| | 4 | 62 | 3.99 | 4.06 | 3.97 | 4.06 |
| 5 组 | 1 | 22 | 2.50 | 2.86 | 4.51 | 4.70 |
| | 2 | 35 | 3.30 | 3.43 | 3.48 | 3.42 |
| | 3 | 57 | 3.94 | 4.03 | 4.05 | 4.13 |
| | 4 | 59 | 4.30 | 4.40 | 3.01 | 3.09 |
| | 5 | 27 | 5.18 | 5.06 | 2.05 | 2.23 |

组的中心表示全组在某个观念上的态度的平均值，即对某个观念的平均认同程度。根据表 10－4－2 的数据，首先可以看出分 3 组的设定相对来说不是太好，因为其中的第 3 组样本数特大，没能将其中一部分完全采取中立态度的学生与采取矛盾态度的学生区分出来。分 5 组的结果相对好一些，不同的群组特点比较明显：第 1 组代表了对课程相当不认同的一群，第 2 组代表了态度暧昧、中立的一群，第 3 组是态度矛盾的一群，第 4 组对课程基本上是认同的，第 5 组则是对课程非常认同的一群。由此，决定采取分 5 组的聚类设定。

## 二、学生群体分类的判别分析

在确定分组设定之后，需要对分组的合理性进行统计检验。为此，首先对第二部分数据进行等距聚类，确定每个样本所属的类别，再进行判别分析。表 10－4－3 给出了各变量的分组平均值的等效性检验结果，表 10－4－4 给出了判别函数（canonical discriminate function）与测量变量之间的相关性，表 10 –4 –5 给出了判别函数的本征值（eigenvalue），表 10 –4 –6 给出了判别函数的检验结果，表 10 –4 –7 给出判别函数的维氏 λ 系数（Wilks' Lambda）。表 10 –4 –8 给出了聚类结果的估计，各组中样本预测的正确率达到 96.3%。所有这些结果都表明，设定 5 组的分组是合理的。具体 5 个组的数据分布情况如图 10 –4 –1 所示。

**表 10 –4 –3　　各变量分组平均值的等值性**　　样本数：1069

| Variable | Wilk's Lambda | F | Significance |
|---|---|---|---|
| MC | .242 | 835.314 | .000 |
| SA | .309 | 595.891 | .000 |
| OK | .296 | 631.160 | .000 |
| ID | .296 | 633.094 | .000 |

**表 10 –4 –4　　各变量与判别函数的相关性**　　样本数：1069

| | 正则区分函数 F | | | |
|---|---|---|---|---|
| Variable | 1 | 2 | 3 | 4 |
| MC | –.721* | .547 | .370 | .210 |
| SA | .618* | .558 | .337 | –.439 |
| OK | .616* | .580 | –.211 | .489 |
| ID | –.591 | .615* | –.410 | –.323 |

注：* 表示判别指标的显著水平为 0.05。

**表 10 –4 –5　　判别函数的本征值**　　样本数：1069

| Function | Eigenvalue | % of Variance | Cumulative % | Canonical Correlation |
|---|---|---|---|---|
| 1 | 5.599[a] | 88.0 | 88.0 | .921 |
| 2 | .757[a] | 11.9 | 99.9 | .656 |
| 3 | .006[a] | .1 | 100.0 | .078 |
| 4 | .001[a] | .0 | 100.0 | .026 |

注：a 表示分析中使用的典型判别式函数。

**表 10－4－6　　判别函数的检验结果　　样本数：1069**

| Box's M | F | | | |
|---|---|---|---|---|
| | Approx | df1 | df2 | Sig. |
| 218.817 | 5.415 | 40 | 607397.877 | .000 |

**表 10－4－7　判别函数的维氏 λ 系数（Wilks' Lambda）　样本数：1069**

| Test of Function（s） | Wilks' Lambda | Chi－square | df | Sig. |
|---|---|---|---|---|
| 1 through 4 | .086 | 2613.520 | 16 | .000 |
| 2 through 4 | .565 | 606.724 | 9 | .000 |
| 3 through 4 | .993 | 7.247 | 4 | .123 |
| 4 | .999 | .718 | 1 | .397 |

**表 10－4－8　　分类结果　　样本数：1069**

| | | | 分组预测 | | | | | 总计 |
|---|---|---|---|---|---|---|---|---|
| | | 组别 | 1 | 2 | 3 | 4 | 5 | |
| 预设 | 数量 | 1 | 196 | 1 | 2 | 3 | 0 | 202 |
| | | 2 | 3 | 261 | 4 | 0 | 2 | 270 |
| | | 3 | 6 | 2 | 227 | 4 | 5 | 244 |
| | | 4 | 0 | 0 | 0 | 80 | 0 | 80 |
| | | 5 | 0 | 6 | 2 | 0 | 265 | 273 |
| | % | 1 | 97.0 | .5 | 1.0 | 1.5 | .0 | 100.0 |
| | | 2 | 1.1 | 96.7 | 1.5 | .0 | .7 | 100.0 |
| | | 3 | 2.5 | .8 | 93.0 | 1.6 | 2.0 | 100.0 |
| | | 4 | .0 | .0 | .0 | 100.0 | .0 | 100.0 |
| | | 5 | .0 | 2.2 | .7 | .0 | 97.1 | 100.0 |

图 10－4－1 以判别函数 1 和 2 为坐标描绘了 5 个组的数据分布情况。

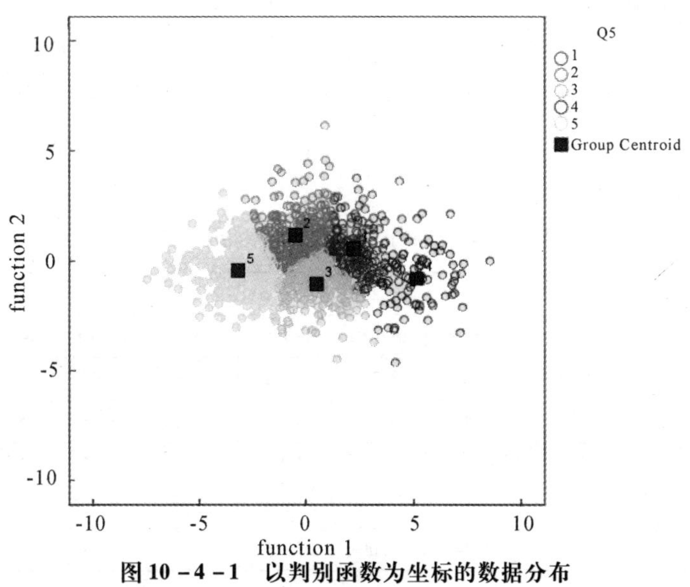


**图 10－4－1　以判别函数为坐标的数据分布**

## 三、对被试学生群体的分类以及各类学生特征

经过鉴别度检验之后，设定 5 个组，对所有的测量样本进行聚类，得到 5 个类群的中心分布如表 10－4－9 所示。

**表 10－4－9　以一阶课程观为变量得出的 5 组样本的中心**　　样本数：1269

| cluster | cases | MC | SA | OK | ID |
|---|---|---|---|---|---|
| A | 303 | 4.86 | 4.82 | 2.32 | 2.38 |
| B | 326 | 4.38 | 4.53 | 3.48 | 3.48 |
| C | 270 | 3.59 | 3.81 | 4.17 | 4.20 |
| D | 250 | 3.47 | 3.53 | 3.29 | 3.30 |
| E | 120 | 2.26 | 2.63 | 4.58 | 4.66 |

4 个测量变量（即学生课程观）非常明显地分成两组：“修

身提升”与“社会适应”的课程观高度相关，可以进一步地概括为正面课程倾向；“陈旧无用”与“强制灌输”课程观也高度相关且可以概括为负面课程倾向。以“正面倾向（POS）”和“负面倾向（NEG）”为变量计算各组的平均值和分布范围，如表10－4－10所示。进一步用图10－4－2把各组样本的中心和分布范围形象地表示出来，可以更方便地看出各组样本的特点。

**表10－4－10 以高阶课程倾向为变量得出的5组样本的中心** 样本数：1269

| 组别 | 样本数 | 正面倾向 | | | 负面倾向 | | |
|---|---|---|---|---|---|---|---|
| | | 平均值 | 最小值 | 最大值 | 平均值 | 最小值 | 最大值 |
| A | 303 | 4.84 | 3.71 | 6.00 | 2.35 | 1.00 | 3.14 |
| B | 326 | 4.45 | 3.94 | 5.54 | 3.48 | 2.78 | 5.30 |
| C | 270 | 3.70 | 2.94 | 4.92 | 4.18 | 3.67 | 5.65 |
| D | 250 | 3.50 | 2.19 | 4.04 | 3.29 | 2.25 | 3.90 |
| E | 120 | 2.44 | 1.00 | 3.25 | 4.61 | 3.41 | 5.96 |

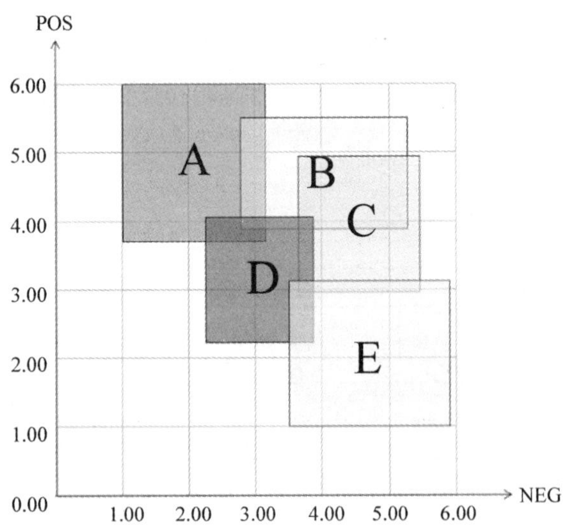


**图10－4－2 各组样本的分布范围和中心**

从表 10－4－10 和图 10－4－2 可以看出，A 组学生高度认同正面的课程观而对负面的课程观持反对的态度，B 组学生对正面的课程观是认同的，但是对负面的课程观持中立的态度，C 组学生则略为倾向于负面的课程观，对正面的课程观基本上是一种中立的态度，D 组学生无论对哪一种课程观都是中立的，E 组学生则明显倾向于负面的课程观而不认同正面的课程观。从样本数量上看，持正面或倾向正面课程观念的 A、B 组的人数较多（629 人），持负面或倾向负面课程观念的 C、E 组人数较少（390 人）。可见，当前大学生对思想政治理论课的看法是总体倾向正面的。

通过进一步按学生的性别、专业、所在年级、就读学校的层次来做分析（见表 10－4－11 至表 10－4－14），可以更清晰地了解学生的课程观分布。

**表 10－4－11　　不同性别学生的课程观分布**　　样本数：1269

| 性别 | A 组 | | B 组 | | C 组 | | D 组 | | E 组 | | 小计 | |
|---|---|---|---|---|---|---|---|---|---|---|---|---|
| | 人数 | % | 人数 | % | 人数 | % | 人数 | % | 人数 | % | 人数 | % |
| 男 | 114 | 21.4 | 137 | 25.6 | 108 | 20.5 | 113 | 21.2 | 60 | 11.4 | 532 | 100 |
| 女 | 189 | 25.6 | 189 | 25.6 | 162 | 22 | 137 | 18.6 | 60 | 8.1 | 737 | 100 |
| 总计 | | | | | | | | | | | 1269 | |

**表 10－4－12　　不同专业学生的课程观分布**　　样本数：1269

| 专业 | A 组 | | B 组 | | C 组 | | D 组 | | E 组 | | 小计 | |
|---|---|---|---|---|---|---|---|---|---|---|---|---|
| | 人数 | % | 人数 | % | 人数 | % | 人数 | % | 人数 | % | 人数 | % |
| 文科 | 163 | 27.2 | 144 | 24.0 | 135 | 22.5 | 97 | 16.2 | 60 | 10.0 | 599 | 100 |
| 理科 | 140 | 20.8 | 182 | 27.2 | 135 | 20.2 | 153 | 22.8 | 60 | 9.0 | 670 | 100 |
| 总计 | | | | | | | | | | | 1269 | |

**表 10－4－13　　不同年级学生的课程观分布**　　样本数：1269

| 年级 | A 组 | | B 组 | | C 组 | | D 组 | | E 组 | | 小计 | |
|---|---|---|---|---|---|---|---|---|---|---|---|---|
| | 人数 | % | 人数 | % | 人数 | % | 人数 | % | 人数 | % | 人数 | % |
| 大一 | 216 | 34.9 | 157 | 25.4 | 101 | 16.3 | 111 | 17.9 | 34 | 5.5 | 619 | 100 |
| 大二 | 40 | 17.5 | 67 | 29.3 | 42 | 18.3 | 54 | 23.6 | 26 | 11.4 | 229 | 100 |
| 大三 | 32 | 11.3 | 69 | 24.4 | 80 | 28.3 | 63 | 22.3 | 39 | 13.8 | 283 | 100 |
| 大四 | 15 | 10.9 | 33 | 23.9 | 47 | 34.1 | 22 | 15.9 | 21 | 15.2 | 138 | 100 |
| 总计 | | | | | | | | | | | 1269 | |

**表 10－4－14　　不同层次学校学生的课程观分布**　　样本数：1269

| 学校层次 | A 组 | | B 组 | | C 组 | | D 组 | | E 组 | | 小计 | |
|---|---|---|---|---|---|---|---|---|---|---|---|---|
| | 人数 | % | 人数 | % | 人数 | % | 人数 | % | 人数 | % | 人数 | % |
| 1A | 81 | 15.2 | 129 | 24.2 | 132 | 24.8 | 119 | 22.3 | 72 | 13.5 | 533 | 100 |
| 2A | 80 | 18.8 | 115 | 27.0 | 98 | 23.0 | 93 | 21.8 | 40 | 9.4 | 426 | 100 |
| 3A(B) | 142 | 45.8 | 82 | 26.5 | 40 | 12.9 | 38 | 12.3 | 8 | 2.6 | 310 | 100 |
| 总计 | | | | | | | | | | | 1269 | |

从表 10－4－11 至表 10－4－14 中性别、专业、所在不同年级、就读不同层次学校学生所持课程观的分布情况来看，与差异检验分析结果一致。

（1）在不同性别学生的群体分布上，A 组高度认同正面的课程观而对负面的课程观持反对的态度的女生比率多于男生，E 组明显倾向于负面的课程观而不认同正面的课程观的男生比率多于女生。表明女生相对于男生更倾向于持正面的课程观念，男生则比女生更倾向于持有负面的课程观念。

（2）在不同专业学生的群体分布上，人文专业学生在 A 组的比率明显多于理工专业学生，表明文科生比理科生更倾向于持有正面、反对负面的课程观念。

（3）在不同年级学生的群体分布上，大一学生在 A 组所占的比率明显多于其他年级学生，表明大一年级学生与其他年级学生相比更倾向于持有正面的课程观，不认同负面的课程观。且在C组“倾向负面，中立正面”以及E组“完全负面，反对正面”观念的分布上，从大一年级到大四年级学生所占比率递增。可见，大四年级学生比其他年级学生更倾向于持有负面的课程观念，也可以说越高年级的学生越倾向于负面的课程观念，不认同正面的课程观念。

（4）在不同层次学校学生的群体分布上，3A（B）院校学生在第一组所占的比率明显多于1A、2A院校学生，且在C、D、E组所占的比率明显少于1A、2A院校。可见，3A（B）院校学生与1A、2A院校学生相比，更倾向于持有正面的课程观念而不认同负面的课程观念。

# 第五部分　结论与讨论

本书的第五部分总结归纳了包括质的与量的研究的主要发现。根据研究所得的结论，笔者一方面在研究发现的基础上来探讨大学生的思想政治理论课程观到底是什么样的，是否与理论者、教育家、教师们的看法一致；抑或是与以往研究者的发现一致，学生们有着其独到的看法。那么面对本研究这一性质独特的课程，学生们的看法是否会与其他课程所发现的不同？等等。另一方面，笔者结合研究的发现，也从课程理论、学生学习的视角，进一步探讨了当前高校思想政治理论课程所存在的问题，提出相关促进课程改革与发展的建议，并对本研究进行反思和展望。

# 第十一章

# 研究结论与讨论

## 第一节　当前大学生的思想政治理论课程观及其现状

高校的思想政治理论课程是对大学生进行思想政治教育的重要途径之一，一直以来都是国家、社会关注的重点。尤其是在新世纪阶段，自2005年开始实行“一课一本”的思想政治理论课程。从我国高校思想政治理论课程的发展历程来看，国家如此大力度的“规范课程组织管理、教学管理、师资队伍管理和学科建设”以及“努力完善学科课程体系”的课程变革是前所未有的。可以说，这是应对新世纪社会的一次课程范式的转换过程。那么，作为这一课程真正主体的大学生们是如何看待这一课程的？这是本研究最为关心的问题。

### 一、质的研究发现

本研究首先采用了画图分析和焦点群体访谈技术，从课程内容、课程教学、课程学习以及课程作用这四个维度上探讨了广州市各层次大学生群体对当前高校所开展的思想政治理论课程的基本看法。在此质的研究阶段发现：当前大学生存在四种对思想政治理论课程的观念。

1. 修身提升的课程观。学生认为思想政治理论课的内容是对个人必需的正确的思想；任课教师往往具有良好的专业素养、折射出较高的人格魅力，采用引导启发式的方法教学；且这种课程通过用“心”学习后可以反映体现在个体的外在行为之上；可以与个人的思想和情感产生共鸣，促进个体世界观、人生观、价值观的形成与提升，对道德行为素养有较为积极的导向性。简言之，它是一门促进人的思想品德行为提升发展的修身课。

2. 社会适应的课程观。学生认为思想政治理论课的课程内容是社会生活中所需要的政治、经济、法律、历史常识；任课教师往往采用多种形式来教学，擅于通过联系社会实际来拓展、转化课程内容，以坦诚、生动、实际的个人观点等来激发学生的学习兴趣；对课程的学习以“实用”为原则来进行，强调问题解决的思考和方法；一方面可以开拓个人眼界，另一方面也可以增强个人的法律意识、问题意识，学会辩证地去看问题，最终形成自我的认识见解，对适应未来社会生活具有一定指导作用。简言之，它是一门使学生适应未来社会生活的训练课。

3. 陈旧无用的课程观。学生认为思想政治理论课的内容过于理论上的空大，其中很大一部分与过去的高中政治、历史等知识相重复；任课教师也如同课程内容一般古板，上课往往采用一页页读书式的单向应付讲授；学生厌烦学习重复的内容知识，只得根据自己的个人兴趣碰到老师讲一些自己喜欢的内容就听，不喜欢的就不听，没听过的就听，听过的就不听；这样的课程除了可以提高个人绩点，此外别无他用，只会加深对此门课程的刻板枯燥印象。简言之，它是一门枯燥的、重复过去所学政治、历史知识的毫无用处的无聊课。

4. 强制灌输的课程观。学生认为思想政治理论课的课程内容是一种对与社会现实不符的主流思想合法化的论证；任课教师往往采用说教式的讲授，使用点名、学分等手段来管控学生；学生迫于完成学业的现实压力只得把课程学习——考前背重点，当成一种不得不完成的任务，不少学生还因过度的控制和灌输而产生各种不听和逃课等学习逆反行为；在学生看来，这种形式的课程教学，不仅没达到思想灌输的目的，却往往能引起他们对书本理论的怀疑和内心价值判断的矛盾与束缚，进而更排斥。简言之，它是一门强制性灌输思想的高学分必修课。

这四种课程观念存在着一种以学生学习为主线——由主动到被动——正负两极的观念过渡。其中，在课程内容维度上，呈现出学生认为课程内容是一种对个人必需、有用的知识，到重复矛盾的知识的过渡；在课程教学维度上，呈现出学生认为课程的教学是一种由高素养教师的有效转化，到应付心态教师的消极说教的过渡；在课程学习维度上，呈现出学生乐于学习，到厌烦逆反学习的过渡；在课程作用维度上，呈现出学生认为课程是促进自身发展的，到适得其反的过渡。凸显出一种由学生出于内、外部学习动机去主动学习，到面对重复、强制而被迫接受学习的观念的过渡。存在着潜在的包括“修身提升”与“社会适应”两种正面的“主动学习”的课程观念取向，以及包括“陈旧无用”与“强制灌输”的两种负面的“被迫接受”的课程观念取向。且这两种潜在正负面课程观取向的划分，是基于学生立足其自身实际需要，从学习者的角度认识课程所得。在学生认识课程的过程（即学习过程）中，授课教师对课程内容的转化及其言传身教是影响学生形成课程观念的关键，同时也是扭转已有课程观念的关键。

学生们所持有的这四种、两极的“课程观”，一方面，与以往研究中的理论家以及教师所持有的“课程观”相比，学生对课程本质的认识同样来自对反映课程本质属性的课程共同要素的认识，但与其认识的维度大有不同。以往理论家所强调的对课程来讲必不可少的“课程目标”、“课程内容”、“课程教学”、“课程评价”等要素，在本研究中的学生看来，浓缩为与其个人学习直接相关的“课程内容”和“课程教学”，“课程目标”被转化为对自身最“实用”的“课程作用”，而“课程评价”则局限于客观的考试现实转化为对“课程学习”的自我认定，充分体现出个人的视角。

另一方面，与以往所存在的课程观的各种认知、过程、行为、学科以及人本主义等取向相比，学生对课程本质的认识虽然会与学科知识、社会需要以及学生自身等因素相关联，但与理论家和教师所定位的“技术”、“学术”、“学生”以及“社会”不同。学生对课程的观念在根本上定位于其“自身定位”，课程能否满足学生对自我定位的需要是学生对课程进行价值判断的标准。例如，课程的内容对我现在/将来来说是否有用/必要？课程的教学对我是否有用/有趣/有效等等，凸显出“实用”主义的学习取向。

## 二、量的研究发现

为了进一步大面积了解当前大学生的思想政治理论课程观现状，本研究根据质的研究结果编制了《大学生的思想政治理论课程观问卷》（初稿 81 -4 问卷），共 81 个题项，包括修身提升、社会适应、陈旧无用以及强制灌输四个分量表。问卷初稿编制出来之后，对问卷进行了一系列的试测修正，改正了问卷初稿存在的一些问题。例如：文字表达学生难理解，引起歧义；与学校的实际情况不符；学生觉得表述上有矛盾，无法判断；缺乏针对性，绝大多数学生都会给出相同的回答，无法区分学生的真实观念；数据统计分析结果不好，反映题项的设计或结构存在问题；等等。修订过程中共删除了 36 道难以修改的题项，最后形成正式的《大学生的思想政治理论课程观问卷》（正式稿 45 -4 问卷）。通过对以广州市为中心的广东省各层次大学本科生群体大范围的调查数据显示，该问卷信度值及结构效度的各项指标均较为理想，表明《大学生的思想政治理论课程观问卷》（45 -4 问卷）在统计学意义上是可靠而有效的测量工具，同时也验证了质的研究结果——大学生的思想政治理论课程观的内涵与结构的有效性。

根据对大学生的思想政治理论课程观的调查结果，本研究对大学生群体进行了课程观的差异检验和群体分类。结果显示：(1) 调查样本数量显示，被试学生从总体上看对思想政治理论课程的态度是中立而偏向正面的。对修身提升和社会适应这两种课程观持认同的态度，居“略为同意”和“同意”之间；对陈旧无用和强制灌输这两种课程观持“中立”但稍微偏向于“认同”的态度。持正面或倾向正面课程观念的学生明显多于持负面或倾向负面课程观念的学生。(2) 依据个体所持思想政治理论课程观的情况，可将学生群体分为高度认同型、基本认同型、矛盾型、中立型以及相当不认同型五类。高度认同型学生，高度认同正面的课程观，对负面的课程观持反对态度；基本认同型学生，认同正面的课程观，对负面的课程观持中立态度；矛盾型学生，对正面的课程观持中立态度，但又略倾向负面课程观；中立型学生，对课程保持中立态度；相当不认同型学生，则明显倾向于负面的课程观，不认同正面的课程观。(3) 大学生的思想政治理论课程观念存在性别、专业、年级以及学校层次的群体差异。女生、文科生、大一年级学生、3A (B) 院校学生比男生、理科生、其他年级学生、1A 和 2A 院校学生更倾向于持有正面的修身提升和社会适应的课程观念；男生比女生更倾向于持有负面的强制灌输观念；高年级学生比低年级学生（大四 > 大二 > 大一），高层次学校（1A、2A）学生比 3A (B) 层次学校学生更倾向于持有负面的陈旧无用和强制灌输的课程观念。

## 第二节 对当前高校思想政治理论课程的反思及其建议

### 一、研究结果的讨论

#### （一）大学生思想政治理论课程观的特征

基于本研究质的和量的研究结果发现，大学生对思想政治理论课程的观念与以往研究者们所得的有关学生课程观念的部分研究结论相一致。尽管我们调查研究的是个体独立思维发展相对较成熟的青年大学生，所针对的课程也是颇具政治敏感性的思想政治理论课程，但学生们对课程的看法无不从自身的课程学习经验出发，从他们内心真实的现实需要来进行衡量。虽然在学生们的观念表达中掺杂有许多不成熟的言语表述以及凸显出个体矛盾的心态，但学生们对课程确实是有着其自身独特的视角，都会基于自身，以课程满足其自身定位需求的实用程度来对课程进行价值判断，较明显地突出了其观念的个体性和进行价值判断的实用性。除此之外，本研究还发现大学生对课程的观念同样也具有群体性、差异性、过程性以及文化性的特征。

1. 群体性。

大学生思想政治理论课程观念的群体性体现在，在大量不同个体对这一课程独特的认识中存在着对课程基本要素的共识性，并呈现出一定群体性的倾向。个体的观念是一种在周围社会文化影响下的个性化建构，因此会具有一定共同的特征，呈现出一定的取向或类型。学生对课程观所指征的“课程”这一认识对象，在同一时空范围内也会具有一定的同一或共识性。那么，即便是不同学生，对同一门课程的观念也必然具有一定的相同之处。对此，本研究在质的研究阶段发现了群体大学生对思想政治理论课程具有四种类型、两种取向的观念。并通过量的研究进一步验证了这四种课程观念的类型和取向、内涵和结构是合理且可信的。且研究中，通过对调查所得学生课程观念数据所进行的统计分析来看，群体的差异分析与聚类分析的群体划分结果是吻合的，从而也进一步证明了调查研究的工具与数据分析是可信和有效的。因此，大学生对思想政治理论课程的观念是具有一定群体性特征的。

2. 差异性。

大学生思想政治理论课程观念的差异性，既体现在不同个体对这一课程具有独特的认识，也体现在不同群体取向特征间存在的显著差异。而这一群体除了可以是学生之间的不同观念群体外，也可以是与学生立场不同的家长、教师、专家、学者、理论家等。根据课程的决定层次理论，课程由最初理论家所构想出的“理想的课程”，在国家、地方、学校、教师、教学等诸多决定层级的流动中大量的流失和蒸发，与最后抵达学生个体所“经验的课程”必然不尽相同。这其中差距的根本就在于个体出于不同立场形成的对课程观念的差异，从而导致对课程理解和行为的不同。本研究发现，虽然学生对思想政治理论课程本质的认识同样来自于对反映课程本质属性的课程共同要素的认识，但与以往哲学家、理论家以及教师的认识维度并不相同。学生出于对自身的定位，以学习者的视角来认识课程，以这一具体课程能否满足其对自我定位的需要来判断课程价值，决定着学生的课程观与教师、专家学者的差异性。同样，本研究中对群体学生的差异检验结果，也从另一方面证明了不同群体特征学生间差异性的存在。

3. 过程性。

大学生思想政治理论课程观念的过程性体现在，学生对课程的看法会随着学习的进程呈现出一种动态过程的变化。一般来讲，个体观念的形成至少会经历从“接受”到“质疑”或从“无意识”到“反思”再到“哲学化”这样两到三个阶段的反复才会形成一种较稳定的观念系统。对学生而言，课程观的形成直接来源于其课程学习过程中的经验，是一种基于个体课程学习行为开展过程而逐步建构起来的个人意义系统，在一定时期内也会呈现出动态过程性。本研究在对大学生的年级因素进行思想政治理论课程观念的差异检验中发现，正面的修身提升和社会适应的观念均值会总体随年级的升高而降低，负面的陈旧无用和强制灌输的观念均值会总体随年级的升高而升高。可见，大学生对思想政治理论课程的观念会随着年级的升高，随着一定负面学习经验的累积由正面变为负面。同样，在正面的社会适应课程观念上，虽然总体在随着年级升高的情况下学生的认同度逐渐降低，但在大四年级又有小幅回升的数据也表明，学生在面临进入社会时，实用主义的学习取向会对学生的课程观产生一定的影响。例如，本研究中来自大四学生的反馈，在即将面临各种工作考试和社会现象问题时，他们对思想政治理论课程的看法上有所改观，更多的学生会认同思想政治理论课是对其适应未来或步入社会生活有用的课程。

4. 文化性。

大学生思想政治理论课程观念的文化性体现在，学生对课程的看法会受到自身社会文化背景以及周围社会文化环境，如学校、班级氛围、同伴以及与教师交往等的影响。就课程这一客观现象来讲，与文化有着天然的联系。一般认为，课程本身就是一种文化选择与传承的载体，更有不少研究者认为，课程就是一种文化。观念是一种在社会文化传承影响下的个人建构，学生对课程的认识也是出于个人的社会文化背景来认识定位于社会主流或大众文化下的课程。在本研究中，对大学生在性别、专业以及学校层次背景的差异检验的结果恰恰证明了学生课程观的文化性。

例如，女生更倾向于高度认同正面观念，男生更倾向于高度认同负面观念的结果，较好地印证了性别这一文化因素在课程观中的不同。男性更倾向于反抗，关注权力问题；女性则更倾向于内心的平和，关注关系的维系。从本研究质的阶段研究的结果来看，无独有偶，直接提及有关课程中所体现的权力问题（如HF3）、要求读原著，表示反抗（FF4）的参与者均为男性，强调课程内容重要（如GF2），强调内心（DF6）、强调家庭和谐（DF5）的参与者均为女性。同样，在专业以及学校层次问题上，不同学科偏好以及学科天性导致不同专业学生对课程的认识不同，不同层次学校在培养模式、环境、管理以及教师态度素质等方面也都会造成学生对课程的不同看法。如研究中，有理科生表示，“我是主修工学科目的，在大学应该把主要精力放在专业知识的学习上。对于这些课程，会耗费我大量时间去背诵应付考试”（HF4），文科生则表示“一个人要树立正确的观念才能引导自己走正确的道路，思想影响实践活动”（DF4）。可见，在对课程的描述中，理工科的实用性以及人文科的精神性显而易见。同样，在1A、2A学业水平较高层次院校学生的图画描述中，体现的更多的是对课堂上的逆反行为情绪以及对学分的关注；而在更强调实践能力和社会能力的3A（B）院校的学生的图画中，体现更多的是对课程内容重要性，对行动的指导性，以及相关实用性、现实性问题的关注。可见，学校环境的文化因素、应试教育的强弱也是影响学生的思想政治理论课程观的关键因素。另外，不少学生也都提出对有关教师以及同伴较为鲜明的看法。在学生看来，教师的言传身教是影响整个课程的关键，“百分之八十与教师有关”（JF1c）；学生群体中类似“学生领袖”的观点突出者也会影响学生的看法，“那些人很牛的……不会和其他愤青一样人云亦云”（EF1c）。

### （二）对当前高校思想政治理论课程的建议

本研究试图在我国高校思想政治理论课程新世纪改革的背景下，通过从学习者的角度把握大学生对这一新型的“思想政治理论课程”的观念及现状，来探讨影响这一观念形成的课程因素，以进一步反观当前我国高校思想政治理论课程改革中的问题。

在前述质的研究阶段，本研究确定了学生认识课程的四个基本要素，即课程内容、课程教学、课程学习以及课程作用。从对四种思想政治理论课程观的内涵及形成模型分析中可以看到，学生对思想政治理论课程的认识，首先产生于立足自身对课程内容进行价值的判断，如课程的内容是否重要，是否对我未来进入社会有用，是否是新颖有趣的，是否是重复无聊的，是否是真实的，等等。在此基础上，学生对接触到的任课教师的言传身教进一步判断，如：老师的整体印象如何？很有活力？知识渊博？沉闷？古板？老师讲课的内容和方法、形式怎么样？很精彩吗？是照本宣科吗？能激起我的兴趣吗？老师管得严吗？老师怎么考试？等等。进而，选择相适应的行为方式参与上课、学习以及备考。然后产生一定的行为效果和作用，再循环影响到学生对课程的看法，如图 11 -2 -1 所示。

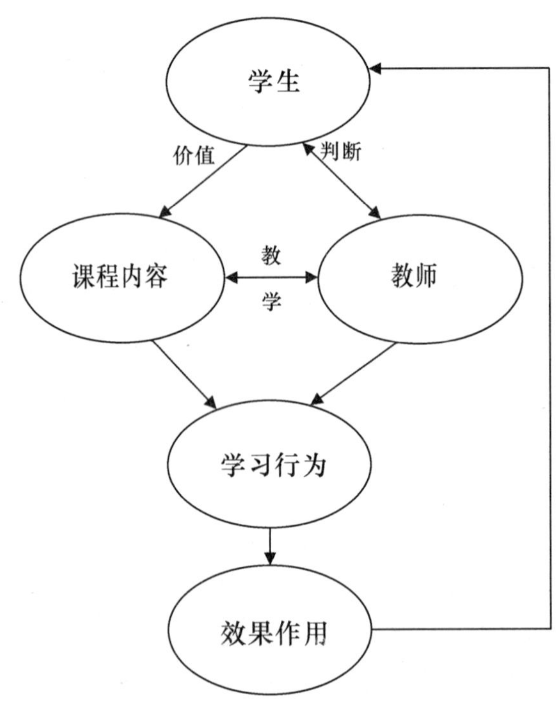


**图 11 -2 -1　大学生的思想政治理论课程观模型**

比如，以修身提升的课程观为例来看此模型。学生在接触课程时先在观念上就已经认为思想对个人很重要，那么他对所接触到的课程内容的判断则是以教科书中的内容体现的是否是对提升个人思想道德修养、世界观等有用的重要思想为依据；对教师的判断则是以教师是否能够言行一致，是否具有良好专业素养，教师在教学中对课程内容的转化能否给他们引导和启发为标准。当发现这一课程的内容、教师及其授课都符合其修身提升的观念时，学生就会自然而然地选择用心来学习这门课程，并运用于实践，进而产生一定的效果，以进一步加强其修身提升的课程观念或对其调整。在这其中，学生的学习行为通常是较为稳定的，根据学习观念与学习方式的相关研究表明，个体的学习方式是一种习惯化的行为方式，在其动机和元认知水平相对稳定的前提下是稳定的。前述梅耶[①]以及里德[②]等的实证研究表明，学生个体对所学具体课程的观念与其学习的动机显著相关，借此影响其对不同深层或表层学习方式的选择。因此，“如何去学习课程”对持有某种较稳定课程观的学生个体来讲是相对稳定的。但是，课程本身的内容以及教师的教学是否符合学生的价值判断标准，在学习行为之后的课程学习效果是否能够符合观念中的课程作用，这些都是影响大学生思想政治理论课程观的课程因素。下面就此问题结合本研究所收集到的具体资料以及研究发现，对当前的思想政治理论课程提出相关建议。

1. 加强高校与基础教育阶段思想政治理论课程教材体系的整体规划。

在本研究中，学生对课程内容的负面看法主要集中表现为教材内容的重复性问题，过于空大不实用的问题，以及与现实的矛盾性问题。

首先，从事实上来讲，虽然当前05方案实施所采用的“一课一本”是在国家高度重视下大力组织专家编写而成的，但课程

---

① Meyer J. H. F., Shanahan M., Martin P., “Developing metalearning capacity in students: actionable theory and practical lessons learned in first – year economics”, *Innovations in Education and Teaching International*, Vol. 41, No. 4, 2004.

② Reid A., Petocz P., “Students’ Conceptions of Statistics: A Phenomenographic Study”, *Journal of Statistics Education*, Vol. 10, No. 2, 2002. (http: //www. amstat. org/publications/jse/v10n2/reid. html)

的内容体系确实与高中的思想政治课程内容存在衔接性的问题。如高校“毛泽东思想与中国特色社会主义理论体系”课程中一些最基本的“我国基本经济制度”、“中国特色的社会主义政治”、“发展社会主义先进文化”等经济、政治、文化建设内容与高中必修课程中的“经济生活”、“政治生活”、“文化生活”部分内容相重复。同样，高校“马克思主义基本原理概论”课程中一些基本的哲学问题与高中的“生活与哲学”课程部分内容相重复。此种与高中或之前内容重复的现象在学生们反映更为强烈的“中国近现代史纲要”课程中有过之而无不及。除了这种当前课程与学生之前所学课程内容重复的情况外，甚至于在这四门必修课程的内容之间也存在重复的现象。

有研究者曾就“高中思想政治课与大学思想政治理论课教学内容的衔接”问题对当前大学生进行过调查研究，研究发现①，大学生能够保持对高中所学政治课程内容60%以上的记忆。并且在问及“你对大学思想政治理论课教材中高中所学过的部分整体感觉如何”这一问题时，有60%的学生认为一般和不满意。如本研究中学生这样表述道：“重复的太多了，从高二开始就一直在背了。背了那四本书，现在就又来学。”（EF2）而且，从现存的重复事实以及大量实证的研究中表明，该课程的内容除了存在与高中内容的重复外，还存在与高中政治课“多、深、难”相对应的“假、大、空”问题。面对此种情况，我们不得不反思我们在课程教材编制过程中的种种断层和衔接性问题。

总的来讲，我国基础教育阶段课程多采用螺旋上升式的课程设计模式，强调在基础教育阶段形成一种结合学科逻辑体系与学习者身心发展规律，由浅至深、由简至繁的课程内容组织设计。那么到了大学阶段，同样的情况重复出现。大学教育课程设计的

---

① 陈超：《高中思想政治课与大学思想政治理论课教学内容衔接研究》，硕士学位论文，新疆大学，2007年。

理念也同样是在强调课程内容广度的同时强调其深度。鉴于我国传统上基础教育与高等教育之间的衔接不畅问题，便出现了思想政治理论课程简单内容的重复以及过深内容的枯燥和空洞，形成了高中与高校思想政治理论课程内容结构螺旋上升的断层和部分重叠现象。

那么，面对学生如此真实的反映，加强高校与基础教育阶段思想政治理论课程教材体系的整体规划建设势在必行。首先，基础教育与高等教育课程体系的整体规划是要建立在相互沟通协调的基础上才可以实现的。假设，基础教育阶段课程内容的学习是为了尽可能使学生了解我国社会基本国情概况，奠定良好的思想道德知识基础，那么在高等教育阶段，就应该在已有知识的基础上不断深化和提升，在深入我国社会与国情的基础上进一步扩大至政治学、经济学、哲学、社会学、法律学、教育学、心理学等理论的学习。也就是说，在基础教育阶段以“德育”和“社会常识”为重，在高等教育阶段以“思想”和“政治”为重。如此，在基础教育和高等教育思想政治理论课程体系完整性的前提下，在不同学段设置由浅入深、由具体到抽象、由感性到理性、由常识性到原理性的内容，而并非在各阶段对所有的相关内容都求广求全。正如本研究参与者所讲“思想道德教育放在初中、小学上上就可以了，放在大学很无语”（CF3），“来到大学以后，我们所接受的事物可能会越来越多，对我们来讲更愿意去读一些原著，比如看马克思主义的那些理论，你还自己可以去提取一些观点”（FF4）。

2. 加强高校思想政治理论教师群体的素质要求。

高校里最受学生欢迎的课程是思想政治理论课，最不受学生欢迎的课程也是思想政治理论课。这其中的关键就在于学生所面对的思想政治理论课的任课教师。加强对思想政治理论教师群体的素质要求既是这一课程发展的内在必然要求，同时也是当前学生的真切需求。

在本研究中，学生对“教师”问题的关注是十分明显的。不少学生认为“这种课程很考验老师的创新与表达能力”（CF4），“排斥，觉得沉闷无聊，也是因为一些老师上课也很沉闷”（EF3），“那种很八十年代七十年代的这种感觉。就是很呆板的那种，跟他那个课可能是一样的，闷闷的，面无表情，天天上无聊的课……（老师）他自己也觉得很无聊”（EF5），“不注重于把这些知识传授给我们。而是侧重于他在消磨时间”（GF5）。更有甚之学生讲道“老师就在课堂上说……这种课其实应付一下就好了”（CF7），“他上课讲的和课下做的似乎不一样”，等等。可见，教师的教学基本能力素养、个人形象、教学态度、言传身教等问题都是影响学生对课程看法的重要教师因素。

另外，除了对教师负面问题的反映之外，从不少学生对课程任课教师认同的描述中也凸显出了能够吸引他们参与学习的教师特质。学生讲道“老师很有魅力的，本身他讲课很好的。而且人啊，声音还很有魅力呢。大家都很喜欢那个老师，看到了眼睛就会发光了。去晚的话好像都会没有位置的”（EF5），“确实这个老师给我们讲课以后，让我们对这个课程有了一些不一样的认识”（HF3），“他会告诉我们很多道理，不仅仅是知识性的一些问题。他不会把他的观点强加给我们。他只是说把那些东西告诉我们，给我们做一个参考，让我们去看看。他会给很多东西让我们产生共鸣的”（GF4）。“他讲的很多都是很有用，很实际的。就是开始会讲的很引起大家的兴趣。无论怎么样都能和要讲的课联系起来。比较实际一点就会感觉……让我们对这门课程有兴趣。”（GF3）因此，在学生的看法中，教师的人格特质魅力、教学的方法形式直接影响着他们对课程的学习。“有趣、有办法的老师是可以把这类课讲得同样精彩，那么学生也会喜欢这类课程的。”（EF3）

当前，我国高校的思想政治理论课教师队伍中“80后”教师逐渐成为这一课程教学主体的现象日趋明显。但“80后”教师其本身的成长和学习经历就始于改革开放以后的文化环境，接受着多元价值观的浸染。面对高校思想政治理论课程自身兼具综合与深度性的特征要求，“80后”教师肩负着极大的责任与挑战。虽然当前高校思想政治理论课程的“80后”任课教师都有着较高的学历，但由于其从小接受着与当前类同模式的教育，缺乏真实的社会历史经验，个人的知识沉淀、观点视角难免狭隘和存在偏颇。但“80后”教师在当前也具有其独特的优势所在。现有研究调查显示，越年轻化的教师越容易受到学生的喜爱，“80后”教师与“90后”学生诸多的成长环境决定着他们之间存在更多的语言共同点。然而也出现了当前不少“80后”教师“亲切有余、引导不够”[①] 的现象。面对此情况，加强对“80后”思想政治理论课教师的政治素质、理论素养和专业水平等素质培养与提高显得尤为重要。

3. 提升课程学习效果与课程作用的匹配度。

学生对课程学习实践效果与课程作用匹配度的感知，直接影响着学生对课程看法的稳定性。如本研究中DF4参与者（修身提升观念持有者）认为“思想对个人来说很重要。会直接影响我们的行为活动”。她认为这一课程及教师的言传身教对她的世界观、人生观、价值观有很大的影响。在该小组的群体访谈过程中她曾讲述过这样一个例子，“在雷锋节的时候，我们去看那些孤儿或者老人那些人。你去看他，或者说有些人会觉得很好有人去看他，可是有些人会觉得‘你们是在可怜我’，他也不想有人去看他那样子。有一些小孩子会这样想。可能他们不希望我们用怜悯的眼光去看他们吧。因此有的人会拒绝我们去看他们”。据她的描述，她对这件事情感到很尴尬，从而有感触地说：“我所

---

① 韦日平：《“八〇后教师、九〇后学生”与高校思想政治理论课教育》，载《光明日报》2009年12月21日。

认为的好，并不见得就是好的。可能我所认为的好，会造成别人的不好，或者不方便这类的。”尽管她坚持“从书上学到的东西可以让我很理性地来分析我实际上遇到的东西。就是我从书上学到的东西可以让我来分析，形成一定的分辨性”。但面对将书本的理论运用到社会中的实际效果时，她也仍表示出了“书本上是一种情景，而现实中又是另外一种情景”的无奈。

从该名参与者对这一课程看法的描述中可以看出，课程学习的行为效果是否能够起到学生所持课程观认为的课程作用，是影响学生课程观保持稳定性的重要因素。但这一因素的影响更多的是来自自身外在的社会实践经验，又或者来自他人的实践经验影响，并不直接来源于课程本身。因此，本研究认为，随着学生年级的升高，接触社会信息以及实践的资源信息越广泛，就越有可能从中感受到理论与实践的偏差，课程理论的实践效果与学生所持课程观中课程作用的差异，是导致大部分学生对思想政治理论课程的看法由正面向负面观念转变的原因之一。

如前所述，研究中不少学生都表示出了“教师”对这一课程的关键性。“有些老师会给我们讲一些课本以外的东西，会讲一些他自己的看法，讲一些他的分析。这样的话我们听了也会对我有一定的影响，看历史、看问题都会有影响。”（HF2c）可见，教师的有效教学，是提升课程学习效果与课程作用匹配度的关键。首先，教师要转换对思想政治理论课程的消极态度和对学生进行知识灌输的逻辑思维。将社会现实与教科书内容理论相结合，以培养学生正确认识国家、社会以及国际形式与发展的客观规律为教学目标，有效地将学生们关注的社会热点问题转化为与课程相连的内容，以培养学生在认识社会现象的过程中锻炼分析和解决实际问题的能力为重点。在当前信息时代社会，大学阶段的学生处于一个相对开放的社会环境，对社会政治经济文化信息接收来源广泛，教师一味地脱离社会、回避社会矛盾热点，则会更进一步地加深学生对课程产生的疑问和矛盾，也会使教师的教学缺乏说服力，从而也进一步导致教师个人言行在学生眼中威信度的降低。如研究中学生所提到的“老师一般会讲一些比较正面的理论和事迹，就不会很全面地阐述某些观点。一般老师会讲某某是什么什么他怎样怎样，他很伟大，大部分同学就会认为‘思想——就是这样！’就算老师会讲一些野史，他也不会讲一些特别怎么怎么样的，还是只会讲一些能够拿上课堂上面来讲的那些咯”（CF5）。另外，教师在转变教学思维的时候，也要转换采用强制管理手段使学生参与学习的行为方式，要通过激发学生学习的积极性和主动性的方式来使学生参与到学习中来。这样才能使学生主动学习，在一种和谐自然的氛围中转变其对思想政治理论课固有的刻板观念。

## 二、研究的反思

### （一）研究的贡献

首先，从理论层面来看，本研究较为系统地梳理了当前有关学生课程观研究的发展脉络，以及相关的实证与分析研究。将学生的观念纳入课程研究的视域，丰富了我们认知课程的视角。同时，理论的梳理也为我国当前对学生行为研究向思维研究的转向提供了依据。

其次，从方法层面来看，本研究尝试综合运用了更适合针对学生的，抽象以及敏感问题的画图分析技术，以及更能获得个人真实看法资料的焦点群体访谈技术来开展实证研究。研究表明，画图分析技术可以有效地避免使用传统访谈时学生所出现的不愿意回答或不想回答的情况，不同于对单纯式访谈问题的回答，参与者仅在某一关键主题下进行任意内容和形式的绘画表达，不会给参与者的表达带来研究者的观念引导或限定。同时，焦点群体访谈技术也能更好地降低研究者的角色，营造良好的研究氛围。值得注意的是，本研究在实际分析中发现，参与者在图画所反映出的观念信息较群体访谈阶段中个体所表达的观念信息，更具有其个人鲜明观念的特征及真实性。因此，两方法的结合使用可以更有效地使研究者最大限度地获取参与者关于某一事物最真切的观点和特征。作为一种在教育研究领域较新的研究工具，画图分析与焦点群体访谈技术在个体观念研究中的运用值得关注和推广。

另外，从实践层面来看。首先，本研究从课程的共同要素出发，从课程理论的视角来探查当前大学生对高校思想政治理论课程的基本观念。将课程理论引入大学生对思想政治理论课程看法的研究实践，打破了当前我国对思想政治理论课相关调查“实践与理论相脱节，分析与数据相脱节”的散乱研究的局面。其次，本研究在发现当前大学生对这一课程存在的正面修身提升、社会适应观念以及负面陈旧无用、强制灌输四种课程观的基础上，编制了经过严格修正检验过的《大学生的思想政治理论课程观调查问卷》，大范围地探查了广东地区大学生对思想政治理论课程的真实观念。一方面，获得了大量第一手的真实资料；另一方面，从文献的梳理和实践的修正中建立的学生课程观的框架维度和调查工具也为后人的研究提供了一定参考。最后，本研究还在当前我国高度重视大学生思想政治理论课程建设的时代背景下，从课程、学习理论的视域出发，结合学生现有的思想政治理论课程观念及形成影响因素对当前课程进行了反思和建议，对我国思想政治理论课程建设工作具有一定参考意义。

（二）研究的不足

在对本研究形成结论进行反思的阶段，研究者也深刻地意识到本研究中存在的一些不足之处，需要在后续研究中充分重视。本研究中的不足之处以及有待进一步探讨的内容主要包括以下三个方面：

第一，本研究虽然发现了大学生对思想政治理论课程所持有的观念、类型、特征以及总体现状，但并不能由此下结论说，当前大学生仅存在如此呈正负两种取向的课程观念。因为个体观念是一种因人而异的客观现象，不同群体、文化背景下的学生会存有一定的差异。因此，仅能代表部分群体学生的观念。

第二，与质的研究结论的可推广性类似。本研究在此基础上研制出的《大学生的思想政治理论课程观调查问卷》工具同样也主要是在广东地区投放检验。如果需要进一步推广，仍需要在全国其他地区更广泛地施测进行复核效度检验并建立常模，才可以更真实和广泛地把握当前我国大学生对思想政治理论课程的观念状况。

第三，本研究对大学生思想政治理论课程观形成的影响因素的确定，仅讨论了课程领域范围内的现实因素。但确切地说，大学生的思想政治理论课程观的形成究竟有多大程度受课程内容、教师及教学等因素的影响，这是研究者无法充分把握的。由学生课程观的文化性可知，除了来自课程教学过程、学校教育环境之外，学生对课程的看法还会受到多种其他因素的影响，如社会地位、所处阶层、个人经历、社区文化、同伴群体，等等。未来的研究还需要充分考虑课程以外的其他因素对学生课程观的影响。

# 附　　录

## 附录 1　画图图纸

画一幅有关你现在大学所学习的思想政治理论课程的图画。

这幅画应该从一个学习者的角度，表现你个人对思想政治理论课程最强烈的看法、感受、理解、回应或经历。

＊思想政治理论课是指当前你所学习的“马克思主义基本原理概论、毛泽东思想和中国特色社会主义理论体系概论、思想道德修养与法律基础、中国近现代史纲要”四门必修课以及包括“形势与政策、当代世界经济与政治”等选修课程。

| 说明： |
| --- |
| |

请提供你的资料，仅助研究用途。

姓名：＿＿＿＿＿＿＿

性别：❐ 男　　❐ 女

年龄：＿＿＿＿＿＿＿

民族：❐ 汉　　❐ 其他，请注明：＿＿＿＿＿＿＿

你现正就读哪一所学校？＿＿＿＿＿＿＿

你现正修读以下哪一种学位？　　❐ 本科　　❐ 大专

你现正主修以下哪一个科目？

❐管理学　❐理学　❐文学　❐工学　❐教育

❐哲学　❐经济学　❐法学　❐医学　❐农学

❐历史　❐其他：＿＿＿＿＿＿＿

你现正就读哪一年级？

❐一年级　❐二年级　❐三年级　❐四年级　❐五年级

截至目前你大学期间所修过的思想政治理论课程都有哪几门？

❐思想道德修养与法律基础　❐马克思主义基本原理概论

❐中国近现代史纲要

❐毛泽东思想和中国特色社会主义理论体系概论

❐形势与政策　❐当代世界经济与政治

❐其他：＿＿＿＿＿＿＿

你认为你在大学期间所修读过的思想政治理论课程对你个人而言有什么影响？

______________________________________________

______________________________________________

______________________________________________

______________________________

邮箱：

电话/QQ：

谢谢你的参与！

# 附录 2 “图画—说明—访谈”印证关键元素一览表

| 课程内容 | 课程教学 | 课程学习 | 课程效果（功能） |
| --- | --- | --- | --- |
| 必需的、正确的思想<br>DF2/DF4/DF6/EF2/GF2 | 教师专业素养，人格魅力<br>CF4/EF3/EF4/HF1 | 内化于心，外化于行<br>CF2/DF4/DF6/HF2 | 提升自我<br>DF4/GF1/GF3/HF2/GF1<br>积极行为导向<br>CF2/DF4/DF5/DF6 |
| 法律常识<br>DF1<br>经济政治常识<br>EF1 | 形式多样<br>CF7<br>联系社会实际<br>CF2/CF4<br>个人观点透析社会<br>CF2/HF1/HF2<br>激发兴趣<br>EF3 | 实用<br>EF4/GF4/HF1 | 开拓视野<br>EF1<br>促进自我见解<br>CF2/DF4/EF2/GF3<br>提升法律意识<br>DF1/EF4 |
| 空知识（无语）<br>CF3/EF4/FF5<br>重复（陈旧）知识<br>CF3/FF3/GF4/GF5/HF2<br>深远理论<br>FF5/GF1 | 一言堂<br>CF6/EF3/EF5<br>应付<br>GF2<br>消极<br>EF5 | 兴趣原则<br>EF3/FF5/HF5/HF1<br>厌烦（重复）<br>FF3/HF5 | 无用（反感）<br>CF3/EF2/EF5/FF6/GF4<br>与自身无关<br>FF6/HF4<br>加深枯燥无聊<br>EF2/EF5/GF2 |
| 主流思想<br>CF5/FF2/FF4/HF3<br>美丽的陷阱<br>CF4/DF3/HF3 | 照本宣科（说教）<br>CF5/FF4<br>强制控制<br>CF7/FF1/FF3 | 完成任务<br>CF7/FF3<br>逆反<br>CF1/CF3/CF4/CF6/EF1/EF4/EF5/HF1/HF5<br>被迫（背重点）<br>CF1/CF3/CF4/CF7 | 意识形态灌输<br>FF2/FF4<br>束缚想法<br>FF4/GF4<br>适得其反<br>（怀疑/矛盾）<br>DF2/DF3 |

# 附录 3　大学生的思想政治理论课程观调查问卷

亲爱的同学，你好！这份问卷的目的在于帮助我们了解大学生对当前大学一至三年级所开展的一系列思想政治理论课程（具体包括《马克思主义基本原理概论》《毛泽东思想和中国特色社会主义理论体系概论》《思想道德修养与法律基础》《中国近现代史纲要》四门必修课以及《形势与政策》《当代世界经济与政治》等选修课）的认识和看法，为高校课程与教学研究提供参考。

请填写基本资料后，根据你个人的真实想法来选择对题目表述的同意程度。每道小题只选一个答案，请勿多选或漏答。本问卷的内容不涉及任何个人隐私，各项答案均无好坏对错，数据仅用于学术研究，所有资料绝对保密。

谢谢你的合作与协助！

**第一部分：个人基本资料**

［说明］请依据你个人的情况在适当选项旁的“❒”内打“√”，或在________中填写有关信息。

1. 性别：❒男　　❒女
2. 年级：❒大一　　❒大二　　❒大三　　❒大四
3. 所在学校名称：________________
4. 专业：❒人文类　　❒理工类
5. 所在学校类别：❒重点本科　❒普通本科　❒大专院校

**第二部分：大学生的思想政治理论课程观问卷（共 53 题）**

［说明］以下各题目中所涉及的课程现象（如这门课，我们的老师，课堂，上课，学习，考试等）是在这一系列思想政治理论课程的范围内，既可以指向所有的课程也可以指向其中一门。

请依据你个人最强烈的认识和感受在适当选项内打“√”。

| | 非常不同意 | 不同意 | 有点不同意 | 有点同意 | 同意 | 非常同意 |
|---|---|---|---|---|---|---|
| 1. 要学好这门课，重要的是通过实际行动来落实所学的东西 | | | | | | |
| 2. 上课对我来说就像是走过场、对付一项任务 | | | | | | |
| 3. 这门课是对我们进行世界观、人生观、价值观教育的一门课 | | | | | | |
| 4. 课本里面好多假话 | | | | | | |
| 5. 我喜欢这门课是因为老师很有人格魅力 | | | | | | |
| 6. 这门课让我懂得如何用法律保护自己 | | | | | | |
| 7. 老师自己曾表示过他也觉得这个课很无聊 | | | | | | |
| 8. 课程的内容很完美，看似与实际一致但实际并不相符 | | | | | | |
| 9. 这门课主要是关于社会政治、经济、法律常识的课程 | | | | | | |
| 10. 这门课是为了使我们更了解社会而开设的 | | | | | | |
| 11. 这门课是让我们提高自我修养的一门课 | | | | | | |
| 12. 这门课有时候会组织我们一起讨论社会现实问题 | | | | | | |
| 13. 这门课的理论离我太远，让我觉得与自己无关 | | | | | | |
| 14. 我们的老师是很呆板的一个人，讲课一成不变 | | | | | | |
| 15. 我们的老师很关注社会现实，如新闻事件、流行的微博 | | | | | | |
| 16. 这门课的内容多数在初高中阶段都学过了 | | | | | | |
| 17. 课堂能激发我们去思考 | | | | | | |
| 18. 这门课里面都是条条框框的理论知识 | | | | | | |
| 19. 当老师讲的是我们以前学过的东西，我就不会认真去听 | | | | | | |

续表

| | 非常不同意 | 不同意 | 有点不同意 | 有点同意 | 同意 | 非常同意 |
|---|---|---|---|---|---|---|
| 20. 课本里面都是很宏大、很高远的理论 | | | | | | |
| 21. 这门课让我的视野更开阔 | | | | | | |
| 22. 这门课所描绘的内容与现实反差太大，我不相信，也不想接受 | | | | | | |
| 23. 我们的老师用点名来强制大家上课 | | | | | | |
| 24. 我们上课的形式多样，比如看视频、纪录片、案例、访谈，开展学习会等 | | | | | | |
| 25. 这门课让我意识到社会中的许多问题 | | | | | | |
| 26. 我喜欢这门课是因为老师和我们没有代沟 | | | | | | |
| 27. 这门课是要通过内心的感悟来学习的 | | | | | | |
| 28. 我们老师上课不讲“为什么”的道理，只讲“是什么”的结论 | | | | | | |
| 29. 这门课为我们进入社会提供准备 | | | | | | |
| 30. 这门课提高了我的思想道德素质 | | | | | | |
| 31. 这门课对我没有任何意义和用处，只会加深我对它枯燥的印象 | | | | | | |
| 32. 大家都用各种不同的手段来逃避上课，比如看书、睡觉、聊天、玩游戏、逃课等 | | | | | | |
| 33. 我们的老师会用成绩来卡我们 | | | | | | |
| 34. 我会认真参与学习如何思考问题、解决问题的方法 | | | | | | |
| 35. 这门课让我逐渐形成自己的看法 | | | | | | |
| 36. 老师也曾说过这门课只要对付对付就可以了 | | | | | | |
| 37. 这门课对我的行为有一定积极引导，如礼貌、品德等 | | | | | | |
| 38. 我学习这门课只是为了绩点 | | | | | | |

续表

| | 非常不同意 | 不同意 | 有点不同意 | 有点同意 | 同意 | 非常同意 |
|---|---|---|---|---|---|---|
| 39. 我们从小到大不停地在学这种理论，自然觉得很烦 | | | | | | |
| 40. 我们的老师对许多事情都有自己的看法，比如他读到的书，看到的事件、某些现象或问题 | | | | | | |
| 41. 我怀疑这门课的内容是真实的还是编造的 | | | | | | |
| 42. 这门课对我的世界观、人生观、价值观有较大的影响 | | | | | | |
| 43. 学分是控制我们参与学习、考试的手段 | | | | | | |
| 44. 这门课会让我去反思自己 | | | | | | |
| 45. 这门课所学的理论与社会现实不符，使我产生价值判断的矛盾 | | | | | | |
| 46. 我们上课就是老师不停地讲 PPT | | | | | | |
| 47. 这门课就是在做思想灌输 | | | | | | |
| 48. 我觉得学好这门课在现实社会中还是有用的 | | | | | | |
| 49. 这门课没有什么能引起我的兴趣 | | | | | | |
| 50. 我觉得大学还继续上这门课真的没必要 | | | | | | |
| 51. 老师讲的对我提高修养很有用，所以我喜欢这门课 | | | | | | |
| 52. 我们的老师只会讲那些正面宏大的内容 | | | | | | |
| 53. 这门课的内容是很重要的 | | | | | | |

# 附录4 大学生的思想政治理论课程观调查问卷的分析统计结果

## 一、性别对各类思想政治理论课程观的影响

| 独立样本检验 | | | | | | | | | | |
|---|---|---|---|---|---|---|---|---|---|---|
| | | Levene 检验 | | t - test for Equality of Means | | | | | | |
| | | F | Sig. | t | df | Sig.(双侧) | 均值差 | 标准误 | 95% 置信区间 | |
| | | | | | | | | | 下限 | 上限 |
| MC | 等方差 | 7.892 | .005 | -2.299 | 1267 | .022* | -.11740 | .05107 | -.21759 | -.01721 |
| | 异方差 | | | -2.253 | 1055.538 | .024* | -.11740 | .05210 | -.21964 | -.01516 |
| SA | 等方差 | 2.874 | .090 | -1.905 | 1267 | .057 | -.08806 | .04623 | -.17876 | .00264 |
| | 异方差 | | | -1.878 | 1082.853 | .061 | -.08806 | .04689 | -.18006 | .00394 |
| OK | 等方差 | .489 | .484 | 2.328 | 1267 | .020* | .11763 | .05052 | .01851 | .21675 |
| | 异方差 | | | 2.314 | 1118.283 | .021* | .11763 | .05083 | .01789 | .21737 |
| ID | 等方差 | .002 | .963 | 3.583 | 1267 | .000* | .17647 | .04925 | .07984 | .27310 |
| | 异方差 | | | 3.568 | 1126.411 | .000* | .17647 | .04946 | .07942 | .27351 |

注：* 表示均值差显著性水平为 .05。

## 二、专业对各类思想政治理论课程观的影响

| 独立样本检验 | | | | | | | | | | |
|---|---|---|---|---|---|---|---|---|---|---|
| | | Levene 检验 | | t - test for Equality of Means | | | | | | |
| | | F | Sig. | t | df | Sig.(双侧) | 均值差 | 标准误 | 95% 置信区间 | |
| | | | | | | | | | 下限 | 上限 |
| mc | 等方差 | 2.339 | .126 | 2.215 | 1267 | .027* | .11183 | .05049 | .01278 | .21087 |
| | 异方差 | | | 2.207 | 1229.307 | .027* | .11183 | .05066 | .01243 | .21122 |
| sa | 等方差 | .529 | .467 | 2.331 | 1267 | .020* | .10644 | .04566 | .01685 | .19602 |
| | 异方差 | | | 2.327 | 1240.803 | .020* | .10644 | .04575 | .01668 | .19619 |

**续表**

| 独立样本检验 | | | | | | | | | | |
|---|---|---|---|---|---|---|---|---|---|---|
| | | Levene 检验 | | t-test for Equality of Means | | | | | | |
| | | F | Sig. | t | df | Sig.（双侧） | 均值差 | 标准误 | 95%置信区间 下限 | 95%置信区间 上限 |
| ok | 等方差 | 15.461 | .000 | -.887 | 1267 | .375 | -.04436 | .05003 | -.14251 | .05379 |
| | 异方差 | | | -.879 | 1181.599 | .380 | -.04436 | .05048 | -.14339 | .05467 |
| id | 等方差 | 24.850 | .000 | -1.827 | 1267 | .068 | -.08929 | .04886 | -.18515 | .00657 |
| | 异方差 | | | -1.808 | 1162.213 | .071 | -.08929 | .04939 | -.18619 | .00761 |

注：*表示均值差显著性水平为.05。

## 三、年级对各类思想政治理论课程观的影响

| 年级对各类观念影响的方差分析 | | | | | | | |
|---|---|---|---|---|---|---|---|
| 因变量 | (I) 年级 | (J) 年级 | 均值差（I-J） | 标准误 | 显著性 | 95%置信区间 下限 | 95%置信区间 上限 |
| MC | 大一 | 大二 | .39057* | .06710 | .000 | .2589 | .5222 |
| | | 大三 | .48120* | .06235 | .000 | .3589 | .6035 |
| | | 大四 | .54656* | .08204 | .000 | .3856 | .7075 |
| | 大二 | 大一 | -.39057* | .06710 | .000 | -.5222 | -.2589 |
| | | 大三 | .09063 | .07714 | .240 | -.0607 | .2420 |
| | | 大四 | .15600 | .09377 | .096 | -.0280 | .3400 |
| | 大三 | 大一 | -.48120* | .06235 | .000 | -.6035 | -.3589 |
| | | 大二 | -.09063 | .07714 | .240 | -.2420 | .0607 |
| | | 大四 | .06537 | .09044 | .470 | -.1121 | .2428 |
| | 大四 | 大一 | -.54656* | .08204 | .000 | -.7075 | -.3856 |
| | | 大二 | -.15600 | .09377 | .096 | -.3400 | .0280 |
| | | 大三 | -.06537 | .09044 | .470 | -.2428 | .1121 |

续表

| 年级对各类观念影响的方差分析 | | | | | | | |
|---|---|---|---|---|---|---|---|
| 因变量 | (I) 年级 | (J) 年级 | 均值差 (I-J) | 标准误 | 显著性 | 95% 置信区间 | |
| | | | | | | 下限 | 上限 |
| SA | 大一 | 大二 | .27714* | .06267 | .000 | .1115 | .4428 |
| | | 大三 | .40853* | .05486 | .000 | .2637 | .5534 |
| | | 大四 | .32996* | .07480 | .000 | .1312 | .5287 |
| | 大二 | 大一 | -.27714* | .06267 | .000 | -.4428 | -.1115 |
| | | 大三 | .13139 | .06926 | .303 | -.0516 | .3144 |
| | | 大四 | .05282 | .08592 | .990 | -.1748 | .2804 |
| | 大三 | 大一 | -.40853* | .05486 | .000 | -.5534 | -.2637 |
| | | 大二 | -.13139 | .06926 | .303 | -.3144 | .0516 |
| | | 大四 | -.07857 | .08041 | .909 | -.2918 | .1346 |
| | 大四 | 大一 | -.32996* | .07480 | .000 | -.5287 | -.1312 |
| | | 大二 | -.05282 | .08592 | .990 | -.2804 | .1748 |
| | | 大三 | .07857 | .08041 | .909 | -.1346 | .2918 |
| OK | 大一 | 大二 | -.36867* | .06327 | .000 | -.5358 | -.2015 |
| | | 大三 | -.49393* | .05803 | .000 | -.6471 | -.3408 |
| | | 大四 | -.64794* | .08097 | .000 | -.8629 | -.4329 |
| | 大二 | 大一 | .36867* | .06327 | .000 | .2015 | .5358 |
| | | 大三 | -.12526 | .06777 | .333 | -.3043 | .0538 |
| | | 大四 | -.27927* | .08821 | .010 | -.5131 | -.0455 |
| | 大三 | 大一 | .49393* | .05803 | .000 | .3408 | .6471 |
| | | 大二 | .12526 | .06777 | .333 | -.0538 | .3043 |
| | | 大四 | -.15402 | .08453 | .352 | -.3783 | .0702 |
| | 大四 | 大一 | .64794* | .08097 | .000 | .4329 | .8629 |
| | | 大二 | .27927* | .08821 | .010 | .0455 | .5131 |
| | | 大三 | .15402 | .08453 | .352 | -.0702 | .3783 |

**续表**

| 年级对各类观念影响的方差分析 | | | | | | | |
|---|---|---|---|---|---|---|---|
| 因变量 | (I) 年级 | (J) 年级 | 均值差 (I-J) | 标准误 | 显著性 | 95% 置信区间 | |
| | | | | | | 下限 | 上限 |
| ID | 大一 | 大二 | -.38662* | .06288 | .000 | -.5528 | -.2205 |
| | | 大三 | -.52333* | .05522 | .000 | -.6690 | -.3776 |
| | | 大四 | -.69206* | .08113 | .000 | -.9076 | -.4765 |
| | 大二 | 大一 | .38662* | .06288 | .000 | .2205 | .5528 |
| | | 大三 | -.13671 | .06678 | .223 | -.3132 | .0397 |
| | | 大四 | -.30544* | .08940 | .004 | -.5424 | -.0685 |
| | 大三 | 大一 | .52333* | .05522 | .000 | .3776 | .6690 |
| | | 大二 | .13671 | .06678 | .223 | -.0397 | .3132 |
| | | 大四 | -.16873 | .08419 | .247 | -.3922 | .0547 |
| | 大四 | 大一 | .69206* | .08113 | .000 | .4765 | .9076 |
| | | 大二 | .30544* | .08940 | .004 | .0685 | .5424 |
| | | 大三 | .16873 | .08419 | .247 | -.0547 | .3922 |

注：* 表示均值差显著性水平为 0.05。

## 四、学校层次对各类思想政治理论课程观的影响

| 学校层次对各类观念影响的方差分析 | | | | | | | |
|---|---|---|---|---|---|---|---|
| 因变量 | (I) 年级 | (J) 年级 | 均值差 (I-J) | 标准误 | 显著性 | 95% 置信区间 | |
| | | | | | | 下限 | 上限 |
| MC | 1A | 2A | -.18309* | .05541 | .003 | -.3156 | -.0506 |
| | | 3A (B) | -.76479* | .05978 | .000 | -.9079 | -.6217 |
| | 2A | 1A | .18309* | .05541 | .003 | .0506 | .3156 |
| | | 3A (B) | -.58170* | .06159 | .000 | -.7291 | -.4343 |
| | 3A (B) | 1A | .76479* | .05978 | .000 | .6217 | .9079 |
| | | 2A | .58170* | .06159 | .000 | .4343 | .7291 |

**续表**

| 学校层次对各类观念影响的方差分析 | | | | | | | |
|---|---|---|---|---|---|---|---|
| 因变量 | (I) 年级 | (J) 年级 | 均值差 (I-J) | 标准误 | 显著性 | 95%置信区间 | |
| | | | | | | 下限 | 上限 |
| SA | 1A | 2A | -.11300 | .05186 | .086 | -.2371 | .0111 |
| | | 3A (B) | -.56973* | .05392 | .000 | -.6988 | -.4406 |
| | 2A | 1A | .11300 | .05186 | .086 | -.0111 | .2371 |
| | | 3A (B) | -.45673* | .05813 | .000 | -.5959 | -.3176 |
| | 3A (B) | 1A | .56973* | .05392 | .000 | .4406 | .6988 |
| | | 2A | .45673* | .05813 | .000 | .3176 | .5959 |
| OK | 1A | 2A | .11916 | .05384 | .079 | -.0097 | .2480 |
| | | 3A (B) | .65871* | .06310 | .000 | .5076 | .8098 |
| | 2A | 1A | -.11916 | .05384 | .079 | -.2480 | .0097 |
| | | 3A (B) | .53955* | .06693 | .000 | .3793 | .6998 |
| | 3A (B) | 1A | -.65871* | .06310 | .000 | -.8098 | -.5076 |
| | | 2A | -.53955* | .06693 | .000 | -.6998 | -.3793 |
| ID | 1A | 2A | .12574 | .05259 | .050 | -.0001 | .2515 |
| | | 3A (B) | .59186* | .06293 | .000 | .4412 | .7426 |
| | 2A | 1A | -.12574 | .05259 | .050 | -.2515 | .0001 |
| | | 3A (B) | .46612* | .06572 | .000 | .3088 | .6235 |
| | 3A (B) | 1A | -.59186* | .06293 | .000 | -.7426 | -.4412 |
| | | 2A | -.46612* | .06572 | .000 | -.6235 | -.3088 |

注：*表示均值差显著性水平为0.05。

# 参考文献

## 中文文献

[1] [美] 阿伦·C. 奥恩斯坦、琳达·S. 贝阿尔·霍伦斯坦、爱德华·F. 帕荣克：《当代课程问题》，余强主译，浙江教育出版社2004年版。

[2] [美] 阿尔蒙德：《公民文化》，徐湘林等译，华夏出版社1989年版。

[3] [美] 布鲁纳：《布鲁纳教育论著选》，邵瑞珍译，人民教育出版社1989年版。

[4] [美] 布鲁纳：《教育过程》，邵瑞珍译，文化教育出版社1982年版。

[5] [美] 柏格丹·C. R.：《质性教育研究：理论与方法》，黄光雄译，涛石文化事业有限公司2001年版。

[6] [美] 拉尔夫·泰勒：《课程与教学的基本原理》，施良方译，人民教育出版社1994年版。

[7] [法] 卢梭：《爱弥儿·论教育》，李平沤译，商务印书馆1999年版。

[8] [美] 雷伯·A. S.：《心理学词典》，李伯黍译，上海译文出版社1996年版。

[9] [美] 鲁道夫·阿恩海姆：《视觉思维——审美直觉心理学》，滕守尧译，四川人民出版社2010年版。

[10] [英] 斯宾塞：《教育论》，胡毅译，人民教育出版社 1962 年版。

[11] [美] 约翰·杜威：《学校与社会·明日之学校》，赵祥麟、任钟印、吴志宏译，人民教育出版社 1994 年版。

[12] 班秀萍：《公民教育：高校思想政治教育的突破口》，载《理论前沿》2008 年第 21 期。

[13] 蔡碧夆：《升学氛围下国中学生的课程观——一个班级的民族志研究》，硕士学位论文，台湾师范大学，2008 年。

[14] 陈爱华：《〈思想道德修养与法律基础〉课教学实效性研究》，硕士学位论文，西南大学，2011 年。

[15] 陈超：《高中思想政治课与大学思想政治理论课教学内容衔接研究》，硕士学位论文，新疆大学，2007 年。

[16] 陈洪涛：《大学生满意度指数在大学评估中的应用探索》，载《经济与社会发展》2005 年第 3 卷第 8 期。

[17] 陈桂生：《漫画"理解学生"》，载《河南教育》2001 年第 6 期。

[18] 陈桂生：《聚焦学生经验的课程》，载《江苏教育学院学报》2006 年第 22 卷第 1 期。

[19] 陈桂生：《关于研究"学生经验的课程"的建议》，载《现代中小学教育》2003 年第 7 期。

[20] 陈玉琨：《课程价值论》，载《学术月刊》2000 年第 5 期。

[21] 陈向明：《质的研究方法与社会科学研究》，教育科学出版社 2000 年版。

[22] 辞海编辑委员会：《辞海》(教育心理分册)，上海辞书出版社 1980 年版。

[23] 曹侠：《多元文化视角下的课程价值观及其对课程建设的启示》，载《现代教育科学》2009 年第 3 期。

[24] 蔡先锋：《大学生对体育课程价值观与锻炼行为的相关研究》，载《湖北体育科技》2011 年第 30 卷第 2 期。

[25] 单丁:《课程流派研究》，山东教育出版社 1998 年版。

[26] 董奇:《心理与教育研究方法》，北京师范大学出版社 2004 年版。

[27] 冯契:《哲学大辞典》，上海辞书出版社 2001 年版。

[28] 风笑天:《社会学研究方法》，中国人民大学出版社 2005 年版。

[29] 方蒸蒸、程晋宽:《“焦点小组访谈”的比较教育研究方法意义》，载《外国教育研究》2012 年第 6 期。

[30] 高丽:《“90 后”大学生对高校思想政治理论课逆反心理的研究——以“思想道德修养与法律基础课程”为案例》，硕士学位论文，华中科技大学，2010 年。

[31] 高庆琦、廖建媚:《新增本科院校学生学习健美操课程的取向调查研究——以厦门理工学院为例》，载《福建体育科技》2007 年第 26 卷第 4 期。

[32]《国家中长期教育改革和发展规划纲要》(2010—2020 年)，中央政府门户网站，2010 年 7 月 29 日 (http: //www. gov. cn/jrzg/2010 -07/29/content_ 1667143. htm)。

[33]《高校思想政治理论课新课程方案及其实施——访教育部社会科学司司长杨光》，载《思想理论教育导刊》2006 年第 4 期。

[34]《高校政治课调整并统一教材 7 门必修课减为 4 门》，载《中国青年报》2007 年 4 月 23 日 (http: //edu. cyol. com/content/2007 -04/23/content_ 1742232. thm)。

[35] 郭秀兰、张丽娜:《基于学生满意度的高校思想政治理论课教学方法创新》，载《思想政治教育研究》2011 年第 27 卷第 2 期。

[36] 郭忠孝:《新形势下提高大学生思想政治教育有效性的思考》，载《沈阳农业大学学报》2005 年第 7 卷第 2 期。

[37] 郭元祥:《课程观的转向》，载《课程・教材・教法》2001

年第6期。

[38] 郭元祥：《教师的课程意识及其生成》，载《教育研究》2003年第6期。

[39] 何林智：《〈思想道德修养与法律基础〉课程实效性实证研究》，硕士学位论文，华中科技大学，2007年。

[40] 黄甫全：《现代课程与教学论》，人民教育出版社2006年版。

[41] 黄甫全：《大课程论初探——兼论课程（论）与教学（论）的关系》，载《课程·教材·教法》2000年第5期。

[42] 黄甫全：《美国多元课程观的认识论基础探析》，载《比较教育研究》1999年第2期。

[43] 黄鸿文：《国中中学生文化之民族志研究》，学富文化出版社2003年版。

[44] 黄鸿文、汤仁燕：《学生如何诠释学校课程》，载《教育研究集刊》2005年第51卷第2期。

[45] 黄显华：《寻找课程与教学的知识基础》，香港中文大学出版社2000年版。

[46] 黄政杰：《课程设计》，东华书局1991年版。

[47] 黄政杰：《课程改革》，汉文书店出版社1999年版。

[48] 姜涌：《中国的"公民意识"问题思考》，载《山东大学学报》（哲学社会版）2001年第4期。

[49] 金萍：《独立学院思想政治理论课教学学生满意度的调查与研究》，载《湖北经济学院学报》2011年第8卷第3期。

[50] 靳玉乐、罗生全：《中小学教师的课程取向及其特点》，载《课程·教材·教法》2007年第4期。

[51] 《教育部关于印发〈高等学校思想政治理论课建设标准（暂行）〉的通知》（教社科〔2011〕1号），2011年1月19日（http://www.moe.gov.cn/publicfiles/business/htmlfiles/moe/s6342/201102/xxgk_114966.html）。

[52]《教育部：近年高校思想政治理论课工作取得新进展》，中央政府门户网站，2008 年 7 月 10 日（http：//www. gov. cn/gzdt/2008 - 07/10/content_ 1040958. htm）。

[53] 教育部社会科学司：《普通高校思想政治教育课程文献选编》（1949—2008），中国人民大学出版社 2008 年版。

[54] 赖黎明：《西方社会思潮对思想政治理论课的影响初探——对广东部分高校学生调查结果的分析》，载《中国农业教育》2007 年第 6 期。

[55] 李广、马云鹏：《课程价值取向：含义、特征及其文化解析》，载《东北师大学报》2010 年第 5 期。

[56] 李军、黎宇：《医科学生对思想政治理论课兴趣的调查分析》，载《宜春学院学报》2010 年第 32 卷第 1 期。

[57] 李敬阳、韩东梁、刘畅：《临床医学专业学生对人文社会医学课程的态度》，载《中国临床康复》2005 年第 9 卷第 32 期。

[58] 李艳春：《思想政治理论课对大学生社会凝聚力作用的定量研究》，博士学位论文，哈尔滨工程大学，2011 年。

[59] 林伟伦：《离岛高中学生体育课程价值取向研究》，硕士学位论文，台湾师范大学，2009 年。

[60] 廖哲勋、田慧生：《课程新论》，教育出版社 2006 年版。

[61] 林金叶：《台北市公立高中学生对公民与社会科的课程诠释》，硕士学位论文，台湾师范大学，2011 年。

[62] 刘志军：《课程价值取向的时代走向》，载《教育理论与实践》2004 年第 10 期。

[63] 林崇德、杨志良、黄希庭：《心理学大辞典》，上海教育出版社 2003 年版。

[64] 马云鹏：《国外关于课程取向的研究及对我们的启示》，载《外国教育研究》1998 年第 3 期。

[65] 秦树理、王东虓、陈垠亭：《公民意识读本》，郑州大学出

版社 2008 年版。

[66] 秦宣：《新中国成立 60 年来高校思想政治理论课沿革及其启示》，载《思想理论教育导刊》2009 年第 10 期。

[67] 施章清、周幼萍、施丽君：《高校思想政治理论课学生满意度调查研究》，载《吉林教育学院学报》2008 年第 24 卷第 7 期。

[68] 史祝云：《高职高专学生思想政治理论课学习积极性的现状与对策研究》，硕士学位论文，云南师范大学，2009 年。

[69] 苏强：《发展性课程观：课程价值取向的必然选择》，载《教育研究》2011 年第 6 期。

[70] 苏强：《教师的课程观研究》，博士学位论文，西南大学，2011 年。

[71] 苏强、罗生全：《教师课程哲学观的生成及其实践功能》，载《课程·教材·教法》2011 年第 2 期。

[72] 唐星、郭学军：《高校思想政治理论课教学现状分析的学生视角》，载《今日中国论坛》2012 年第 10 期。

[73] 王恭志：《教师教学信念与教学实务之探析》，载《教育研究资讯》2000 年第 8 卷第 2 期。

[74] 王立华：《当代大学生对思想政治理论课的消极态度、原因及对策研究》，硕士学位论文，内蒙古师范大学，2010 年。

[75] 王敏、文红梅：《从学生视角看高校思想政治理论课新课程方案实施的效果》，载《教育探索》2010 年第 3 期。

[76] 王晓辉：《关于高职学生思想政治理论课学习行为的研究》，硕士学位论文，华中师范大学，2006 年。

[77] 吴宏洛、俞歌春：《把握学生思想脉络提高教学实效性——福建省高校思想政治教育理论课教学调查》，载《思想教育研究》2005 年第 9 期。

[78] 吴明隆：《结构方程模型》（第二版），重庆大学出版社

2010 年版。

[79] 吴维宁:《理科教师学业评价观研究》，博士学位论文，华南师范大学，2007 年。

[80] 吴扬、高凌飚:《学生的课程观：被忽视的研究视阈》，载《华南师范大学学报》2013 年第 2 期。

[81] 吴宗敏:《高校思想政治理论课教学中的学生参与研究》，硕士学位论文，华中师范大学，2011 年。

[82] 徐慧璇:《大学生如何理解通识教育课程》，载《大学通识报》2007 年第 2 期。

[83] 徐继存:《课程本质研究及其方法论思考》，载《当代教育科学》2003 年第 14 期。

[84] 邢永富:《危机面前的公民教育思考》，载《人民日报》2003 年 6 月 10 日（http://www.people.com.cn/GB/kejiao/20030610/1013676.html）。

[85] 夏征农:《辞海》，上海辞书出版社 1999 年版。

[86] 杨光:《扎扎实实贯彻落实好加强和改进高校思想政治理论课工作会议精神——访教育部社科司司长杨光》，载《思想理论教育导刊》2008 年第 9 期。

[87] 杨玲、谭晓岚:《“思想道德修养与法律基础”课实效性调查与思考——以云南农业大学为例》，载《云南农业大学学报》2008 年第 2 卷第 5 期。

[88] 杨天庆、崔学梅:《甘肃省高校学生野外生存生活训练课程价值取向的研究》，载《卫生职业教育》2009 年第 27 卷第 1 期。

[89] 易传英等:《在新课程下大学生思想政治理论课贴近学生教学方法探讨——关于思想政治理论课教学的期望和建议》，载《成都纺织高等专科学校学报》2008 年第 25 卷第 4 期。

[90] 尹弘飚、李子健:《论学生参与课程实施及其研究》，载

《课程·教材·教法》2005 年第 1 期。

[91] 于莉莉、肖松柏、李丽珍等：《高校学生思想政治理论课学习动力缺失成因探要》，载《广州大学学报》2007 年第 6 卷第 12 期。

[92] 张华：《经验课程论》，上海教育出版社 2001 年版。

[93] 张积家、刘国华、王慧萍：《论公民意识的结构及其形成》，载《烟台师范学院学报》（哲学社会版）1994 年第 4 期。

[94] 张社强：《广西高校思想政治理论课教学学生满意度研究》，硕士学位论文，广西大学，2008 年。

[95] 张社强、陈洪涛、陆伟华：《广西大学思想政治理论课教学学生满意度的调查与分析》，载《广西大学学报》2007 年第 29 卷第 6 期。

[96] 张社强、陆伟华、陈洪涛：《高校思想政治理论课教学学生满意度差异性研究——思想政治理论课教学学生满意度研究之五》，载《广西财经学院学报》2007 年第 10 期。

[97] 张社强、陆伟华、陈洪涛：《透视思想政治理论课教学满意度差异性》，载《思想理论教育》2007 年第 6 期。

[98]《中国大百科全书》（教育卷），中国大百科全书出版社 1985 年版。

[99]《中共中央宣传部、教育部关于进一步加强高等学校思想政治理论课教师队伍建设的意见》（教社科〔2008〕5 号），2008 年 9 月 25 日（http：//www. moe. gov. cn/publicfiles/business/htmlfiles/moe/moe_ 772/201001/xxgk_ 80380. html）。

[100] 朱红艳、金萍：《湖北省思想政治理论课程教学学生满意度调查》，载《湖北经济学院学报》2011 年第 8 卷第 7 期。

## 英文文献

[1] Aldenderfer M. S. , Blashfield R. K. , *Cluster analysis*, California: Sage, 1984.

[2] Amadeo J. A. , Purta J. T. , Lehmann R. , Husfeldt V. , et al. , "Civic Knowledge and Engagement: An IEA Study of Upper Secondary Students in Sixteen Countries", *Belgique: The International Association for the Evaluation of Educational Achievement.* 2002.

[3] Ashwbsr C. , Polytechnic M. , "Pestalozzi and the origins of pedagogical drawing", *British Journal of Educational Studies*, No. 2, 1981.

[4] Becker H. S. , Geer B. , Hughes E. C. , et al. , *Boys in white: Student culture in medical school*, New Brunswick, Chicago: University of Chicago Press, 1961.

[5] Bell P. , "Content analysis of visual images", Leeuwen T. V. , Jewitt C. , *Handbook of Visual Analysis*, London: SAGE Publications, 2001.

[6] Brooker R. , Macdonald D. , "Did we hear you? : issues of student voice in a curriculum innovation", *Curriculum Studies*, Vol. 31, No. 1, 1999.

[7] Campbell D. E. , "Student attitudes toward physical education", *Research Quarterly*, Vol. 39, No. 3, 1968.

[8] Cheung D. , Hatti J. , Bucat R. , Gouglas G. , "Srudents' perceptions of Implication of School – based Assessment Schemes for Practical Science", *Curriculum and Teaching*, Vol. 11, No. 1, 1996.

[9] Clarebout G. , Depaepe F. , Elen J. , et al. , "The use of drawings to assess students' epistemological beliefs", *Budapest*: 12th *European Conference for Research on Learning and Instruc-*

tion, 2007.

[10] Confrey J., "A Review of the Research on Student Conceptions in Mathematics, Science, and Programming", *Review of Research in Education*, Vol. 16, 1990.

[11] Cohen M. B., Garrett K. J., "Breaking the rules: A group work perspective on focus group research", *British Journal of Social Work*, Vol. 29, No. 3, 1999.

[12] Crawford K., Gordon S., Nicholas J., et al., "University mathematics students conception of mathematics", *Studies in Higher Education*, Vol. 23, No. 1, 1998.

[13] Curry L., "Individual differences in cognitive style, learning style, and instructional preference in medical education", Norman G., Van der Vleuten C., Newble D., et al., *International Handbook of Research in Medical Education*, Dordrecht: Kluwer Academic Publishers, 2002.

[14] Diem - Wille G., "A therapeutic perspective: The use of drawings in child psychoanalysis and social science", Leeuwen T. V., Jewitt C., *Handbook of Visual Analysis*, London: SAGE Publications, 2001.

[15] Eisner E. W., Vallance E., *Conflicting conceptions of curriculum*, Berkeley, CA: McCutchan, 1974.

[16] Eisner E. W., *The Educational Imagination: On the Design and Evaluation of School Programs*, New York: MacMillan, 1985.

[17] Ellis A. K., *Exemplars of Curriculum Theory*, Larchmont, N. Y.: Eye on Education, 2004.

[18] Engle S. H., Ochoa S. A., *Education for democratic citizenship: decision making in the social studies*, New York: Teachers College Press, 1988.

[19] Ennis C. D., Hooper L. M., "Development of an instrument

for assessing educational value orientations", *Journal of Curriculum Studies*, Vol. 20, No. 3, 1988.

[20] Ennis C. D., Chen A., "Domain specification and content representativeness of the revised value orientation inventory", *Research Quarterly for Exercise and Sport*, Vol. 64, No. 1, 1993.

[21] Erickson F., Shultz J., "Students' experience of the curriculum", Jackson P. W., *Handbook of research on curriculum: A project of the American Educational Research Association*, New York: Macmillan, 1992.

[22] Gao L. B., *A study of Chinese teacher's conceptions of teaching*, Wuhan: Hubei Education Press, 2004.

[23] Gibson M. A., Ogbu J. U., "Minority status and schooling: A comparative study of immigrant and involuntary minorities", Ogbu J. U., *Low school performance as an adaptation: The case of blacks in Stockton*, California. New York: Garland, 1991.

[24] Goodlad J. I. "Curriculum: The state of the field", *Review of Educational Research*, Vol. 39, No. 3, 1969.

[25] Goodlad J. I., Klein M. F., Tye K. A., "The Domains of Curriculum and Their Study", Goodlad J. I., *Curriculum inquiry: The study of curriculum practice*, New York: McGraw – Hill, 1979.

[26] Goodlad J. I., "The Scope of the Curriculum Field", Goodlad J. I., *Curriculum inquiry: The study of curriculum practice*, New York: McGraw – Hill, 1979.

[27] Harris L. R., Harnett J. A., Brown G. T. L., " 'Drawing' out student conceptions: Using pupils' pictures to examine their conceptions of assessment", McInerney D. M., Brown G. T. L., Liem G. A. D., *Student perspectives on assessment:*

*What students can tell us about assessment for learning*, Charlotte, CN: Information Age Publishing, 2009.

[28] Haney W., Russell M., Bebell D., "Drawing on Education: Using Drawing to Document Schooling and Support Change", *Harvard Educational Review*, Vol. 74, No. 3, 2004.

[29] Holland D. C., Eisenhart M. A., *Educated in romance: Women, achievement, and college culture*, Chicago: The University of Chicago Press, 1990.

[30] Jewett A. E., Ennis C. D., "Ecological integration as a value orientation for curriculum decision making", *Journal of Curriculum and Supervision*, Vol. 5, No. 2, 1990.

[31] John T, Francis C. I., Lucas A. O., "Students' Perspectives on the Secondary School English Curriculum in Kenya: Some Related Implications", *Educational Research*, Vol. 2, No. 1, 2011.

[32] Jun Li, "Fostering citizenship in China's move from elite to mass higher education: An analysis of student's political socialization and civic participation", *International Journal of Educational Development*, No. 29, 2009.

[33] Kitsinger J., "The Methodology of Focus Groups: The Importance of Interaction between Research Participants", *Sociology of Health and Illness*, Vol. 16, No. 1, 1994.

[34] Klein M. F., "A conceptual framework for curriculum decision - making", Klein M. F., *The politics of curriculum decision - making: Issues in centrallizing the curriculum*, New York: SUNY Press, 1991.

[35] Kneller G. F., *Introduction to the philosophy of education*, New York: Wiley, 1971.

[36] Krueger R. A., "Developing Questions for Focus Groups", *Review: The Focus Group* (Kit: Volumes 3), Thousand Oaks,

CA: Sage Publications, 1997.

[37] Lake J., "Young people's conceptions of sport, physical education and exercise: implications for physical education and the promotion of health – related exercise", *European Physical Education Review*, Vol. 7, No. 1, 2001.

[38] Lucas U., Meyer J. H. F., "'Towards a mapping of the student world': the identification of variation in students' conceptions of, and motivations to learn, introductory accounting", *The British Accounting Review*, Vol. 37, No. 2, 2005.

[39] Lyons T., "Different Countries, Same Science Classes: Students' experiences of school science in their own words", *International Journal of Science Education*, Vol. 28, No. 6, 2006.

[40] MacPhail A., Kinchin G., Kirk D., "Students' conceptions of sport and sport education", *European Physical Education Review*, Vol. 9, No. 3, 2003.

[41] MacPhail A., Kinchin G., "The use of drawings as an evaluative tool: students' experiences of Sport Education", *Physical Education and Sport Pedagogy*, Vol. 9, No. 1, 2004.

[42] Marsh C. J., *Perspectives: Key Concepts for Understanding Curriculum* 1, New York: Routledge, 2004.

[43] Marton F., "Phenomenography: exploring different conceptions of reality", Fetterman D. M., *Qualitative Approaches to Evaluation in Education: A Silent Scientific Revolution*, New York: Praeger, 1988.

[44] McNeil J. D., *Curriculum: A comprehensive Introduction*, Boston: Little Brown, 1977.

[45] Meyer J. H. F., "A nested model of student learning", *Accounting Education Symposium: Approaches to Learning*, University of Sydney, Feb. 2003.

[46] Meyer J. H. F. , "An overview of the development and application of the Reflections on Learning Inventory (RoLI)", First RoLI Symposium, London: Imperial College, July 25, 2000.

[47] Meyer J. H. F. , Eley M. G. , "The development of affective subscales to reflect variation in students' experiences of studying mathematics in higher education", *Higher Education*, Vol. 37, No. 2, 1999.

[48] Meyer J. H. F. , Shanahan M. , Martion P. , "Developing metalearning capacity in students: actionable theory and practical lessons learned in first – year economics", *Innovations in Education and Teaching International*, Vol. 41, No. 4, 2004.

[49] Miller J. P. , *The educational spectrum: orientations to curriculum*, New York: Longman, 1983.

[50] Morgan F. B. , Doyle W. , "Children's Interpretations of Curriculum Events", *Teaching and Teacher Education*, Vol. 13, No. 5, 1997.

[51] Ogbu J. U. , "Low school performance as an adaptation: The case of blacks in Stockton", Gibson M. A. , Ogbu J. U. , *Minority status and schooling: A comparative study of immigrant and involuntary minorities*, New York: Garland, 1991.

[52] Osborne J. , Collins S. , *Pupils' and parents' views of the school science curriculum*, London: King's College, 2000, p. 1 – 133. (http://www.kcl.ac.uk/content/1/c6/02/21/14/pupils.pdf)

[53] Osborne J. , Collins S. , "Pupils' views of the role and value of the science curriculum: A focus – group study", *International Journal of Science Education*, Vol. 23, No. 5, 2001.

[54] Osborne J. , Wittrock M. C. , "Learning science: A generative process", *Science Education*, Vol. 64, No. 4, 1983.

[55] Pinar W. F. , et al, *Understanding Curriculum: an introduction to the study of historical and contemporary curriculum discourses*, N. Y. : Peter Lang, 1995.

[56] Pollard A. , Thiessen D. , Filer A. , *Children and Their Curriculum: The perspectives of primary and elementary school children*, London: Falmer, 1997.

[57] Print M. , *Curriculum development and design*, NSW, Australia: Allen & Unwin, 1993.

[58] Prosser M. , Trigwell K. , *Understanding learning and teaching: the experience in higher education*, Buckingham: Open University Press, 1999.

[59] Reid A. , Petocz P. , "Student's Conceptions of Statistics: A Phenomenographic Study", *Journal of Statistics Education*, Vol. 10, No. 2, 2002. (http://www.amstat.org/publications/jse/v10n2/reid.html)

[60] Richardson J. T. , "The concepts and methods of phenomenographic research", *Review of Educational Research*, Vol. 69, No. 1, 1999.

[61] Roberts D. M. , Saxe J. E. , "Validity of a Statistics Attitude Survey: A Follow-Up Study", *Educational and Psychological Measurement*, Vol. 42, No. 3, 1982.

[62] Rogers C. R. , *A Way of Being*, Boston: Houghton Mifflin, 1980.

[63] Rogers V. , "Assessing the curriculum experienced by children", *Phi Delta Kappan*, Vol. 70, No. 9, 1989.

[64] Saljo R. , *Learning and understanding: A study of differences in constructing meaning from a text*, Goteborg: ACTA Universitatis Grothoburgensis, 1982.

[65] Schwab J. J. , "The Practical: A Language for Curriculum",

The School Review, Vol. 78, No. 1, 1969.

[66] Schwab J. J. , "The Practical: A Language for curriculum", Schwab J. J. , *Science*, *Curriculum and Liberal Education* (*Selected Essays*), Chicago: The University of Chicago Press, 1978.

[67] Seefeldt C. , "Art for Young Children", Seefeldt C. , *The early childhood curriculum*: *current findings in theory and practice*, New York: Teachers College Press, 1999.

[68] Shymansky J. A. , Kyle W. C. , "A Summary of research in science education in 1986", *Science Education*, Vol. 72, No. 3, 1988.

[69] Sumpter L. , "Younger student's conceptions about mathematics and mathematics education", 2010. (http://www.tktk.ee/bw_client_files/tktk_pealeht/public/img/File/yldine/2010/mavi/MAVI16_Sumpter.pdf)

[70] Tella J. , Indosh F. C. , Othuon L. A. , "Students' Perspectives on the Secondary School English Curriculum in Kenya: Some Related Implications", *Educational Research*, Vol. 2, No. 1, 2011.

[71] Tight M. , *Researching Higher Education*, Maidenhead: McGraw Hill, 2003.

[72] Vallance E. , "A second look at Conflicting Conceptions of Curriculum", *Theory Into Practice*, Vol. 25, No. 1, 1998.

[73] Walker D. F. , *Fundamentals of Curriculum*, New York: Harcourt Brace Jovanovich, 1990.

[74] Williams A. , Katz L. , "The Use of Focus Group Methodology in Education: Some Theoretical and Practical Considerations", *International Electronic Journal For Leadership in Learning*, Vol. 5, No. 3, 2001. (http://www.ucalgary.ca/iejll/williams_katz.html)

[75] Willis P. , *Learning to labor*: *How working class kids get working class job*, New York: Columbia University Press, 1977.

[76] Wilson B. , Wilson M. , "Children's Story Drawings: Reinventing Worlds", *School Arts*, Vol. 78, No. 8, 1977.

[77] Wilson V. , "Focus Groups: a useful qualitative method for educational research?", *British Educational Research Journal*, Vol. 23, No. 2, 1997.

# 后　记

再次翻阅这本熟悉的文稿，仍感慨万千。一晃间，工作已将满一年。作为一名教师的工作经历，给了我不少课程与教学实际的灵感和真实体会，同样也带给我对这篇博士论文的点滴思考。费尽思量，几经雕琢，虽然这本文稿大致成形，但是仔细看来仍显稚嫩。经历过这场研究的磨炼与考验之后，我发现我已不再为写作的力不从心而害怕，也不再为文字的推敲斟酌而担忧，在学问之路上的体验与感悟给了我更多前进的力量。我想，论文大概是每位研究者前行之路所必经的阶梯，总有或多或少的遗憾留在每一台阶作为铺垫。发现问题才能更好地进步，这大概也是一门具有遗憾之美的艺术。

时光如水，岁月如梭……回望过去，我是如此的幸运，能够得之各位良师益友，道路顺畅得连我自己偶尔都在感叹与惶恐……无比感激这一路陪我走来的各位领导、师长、朋友、同学、家人，以及那些曾经帮助过我的人们。

对于本书的成形，首先要深深地感谢我的博士生导师高凌飚教授。人生之幸，得遇良师。感激高老师在其关门之际不嫌不弃，收了我这样一个基础不好、能力不强、学科不对路的学生，使我的人生从此开始了一段不一样的旅程。在博士学习的整个期间，导师对我总是有问必应，提携有加，竭尽全力地帮助我和教导我。整个论文的写作，无论是选题、设计还是资料分析，都是经与老师商讨，在其悉心指导下才得以完成的，可以说倾注了恩师无数的心血。除了指导我学习如何做研究外，导师和师母洪文玲女士待我如自己孩子般，在生活上对我疼爱、照料有加。他们的言行也影响着我对生活、对人生以及对教师这一职业的认识。

同样，还要感谢为本书写作提供无私帮助的师长和朋友们。感谢新西兰奥克兰大学布朗教授（Brown，G. T. L.）以及香港教育学院的王贞琳教授对我论文的启发、资料的提供以及方法上的指导，这对我的论文写作大有裨益。感谢在华南师大课程系主任黄甫全教授带领下的各位师长以及同窗好友，没有他们多年来对我的教授与指导、在论文开题时提出的宝贵建议、在资料收集和整理中的各种帮助、写作过程中的相互关心与支持、论文评阅答辩时的诸多宝贵意见……论文写作的历程会不堪设想。尤其是硕导冯生尧教授，给我以良好的学术启蒙和自由的学习环境，使我逐渐认识到自己对学习的热爱以及自身的不足。其睿智的洞见、儒雅的风范一直在深深地指引和激励着我前行。

当然，关于本书最终得以出版的关键，还在于学校对我的支持。初来师院，学校及院系领导对我们新进博士给予了高度的关注。还记得，王北生副校长的关心、教务处长盛宾及副处长陈光磊的叮咛、院长陈国维的帮助，等等。学校尽力为我们创造一个良好的工作和生活环境，在学术上给予我们充分的肯定以及无私的资助，在重点学科建设的同时也为我们提供了良好的发展平台和空间。于是，才有了这一系列丛书。如初之感叹，这些幸运，都是始料未及的……

在此，无尽的感谢也难以表达我内心的感情……过往的相知、相助与理解我将一直铭记于心。

本书是我生平第一部著作，所在粗陋之处还望各位读者不吝批评和赐教，本人不胜感激！

吴　扬

2014 年 4 月 16 日于郑州师范学院教育系